FRITZ GEMPEL

MEHR VERKAUFEN
an der Theke

ISBN 978-3-86641-301-6

© 2014 by Deutscher Fachverlag GmbH, Frankfurt am Main.

Lektorat: Dr. Ulrike Strerath-Bolz, usb bücherbüro, Friedberg/Bayern
Repro: Repro: RGD Plus Repro-Grafik-Design, Langen
Gestaltung und Producing: die basis, Jeanne van Stuyvenberg, Wiesbaden

Printed in Germany

FRITZ GEMPEL

MEHR VERKAUFEN
an der Theke

50 Schritte zur starken
Verkäuferpersönlichkeit

dfv Mediengruppe
Fachbuch

Jnhalt

Warenkunde und Trends

FACHLICHE QUALIFIZIERUNG FÜR DIE FOOD-BRANCHE

DIE RICHTIGE EINSTELLUNG DES VERKÄUFERS ZU SEINER WARE

GUTE VERKÄUFER/INNEN BRAUCHEN EINEN »GUTEN RIECHER« FÜR TRENDS

Mitarbeiterführung

GUTE VERKÄUFER/INNEN BRAUCHEN GUTE FÜHRUNG

GUTE VERKÄUFER/INNEN MACHEN MEHR UMSATZ

VORWORT

Die übergeordnete Frage in der Lebens- und Karriere-planung lautet: »Wenn ich mich weiter in der gleichen Richtung und im gleichen Tempo bewege – komme ich dann dort an, wo ich hin will?« Schon die Frage zeigt: Zuerst muss die Richtung stimmen, dann das Tempo. Wer dann beides kennt, muss auch tatsächlich den ersten Schritt tun!

Das Ziel unserer »Schritte zur starken Verkäuferpersönlichkeit« ist der Erfolg. Erfolg ist in Geld messbar. Erfolg ist auf der Basis von Freude oder von Angst möglich. Langfristiger Erfolg braucht die Freude am Verkauf – kurzfristiger Erfolg ist auch auf der Basis von Angst, etwa vor Bestrafung, Abmahnung oder Kündigung möglich. Die Kunden wollen aber Freude-VerkäuferInnen! Daraus folgt: Wer VerkäuferInnen führt, muss mit Freude führen und den Spaß am Verkauf zulassen. Denn auch das Geld sucht sich immer seinen Weg zu den Freude-VerkäuferInnen.

Verkaufen ist kein Job, Verkaufen ist eine Aufgabe. Die Befriedigung daran ist, KundInnen »glücklich zu machen«. An der Bedientheke, also dort, wo es um feines Essen, gesunde Ernährung und wirklich gute Lebensmittel geht, wird das besonders deutlich. Immer klügere KundInnen haben immer höhere Ansprüche und Erwartungen. Wo die Bedientheke zur kulturellen Alternative gegenüber dem Billigsystem Discount werden soll, braucht sie natürlich Ambiente und Design, Auswahl und Präsentation, Medien und Technik. Das alles lebt aber erst durch Verkäuferpersönlichkeiten, die im Kontakt mit Lebensmitteln, KundInnen und KollegInnen einen achtsamen Umgang pflegen.

Die Formel lautet: Erfolgreiches Verkaufen = Ware lieb haben + KundInnen lieb haben + KollegInnen lieb haben.

Der Markt stellt uns allen, egal ob ChefInnen oder VerkäuferInnen, die gleiche Frage: »Welchen Nutzen bringst du?« Daher richtet sich dieses Buch gleichermaßen an die ChefInnen wie auch an die VerkäuferInnen – wir haben alle, egal in welcher Position, eine unternehmerische Aufgabe zu erfüllen.

Dieses Buch beschreibt den persönlichen Entwicklungsplan zur Verkäuferpersönlichkeit. Wie ein Navigationssystem leitet es zum Ziel. Nach den ersten Schritten erreichen wir eine fachliche Qualifizierung, mit der wir als BeraterInnen hinter der Bedientheke in Führung gehen können. Darauf aufbauend geht es um das richtige Benehmen – denn gute Manieren, die danach ausgerichtet sind, dass sich mein Gegenüber so wohl wie nur möglich fühlt, sind alles andere als altmodisch. Unser gutes Benehmen gilt gleichermaßen KundInnen wie KollegInnen. Denn das Lächeln, das wir uns im Verkaufsteam zum Start des Tages gegenseitig schenken, ist der Anfang für jeden Verkaufserfolg.

Dieses Buch will, dass die Arbeit hinter der Bedientheke viel mehr Spaß macht, dass VerkäuferInnen abends begeistert von ihrem Arbeitstag erzählen und wissen: »KundInnen sind mein großes Glück«. Dieses Glück verlangt aber Arbeit – auch solche in den eigenen Gehirnwindungen.

Viel Freude und Erfolg bei Ihren 50 Schritten wünscht Ihnen

Fritz Gempel

Einführung

Persönlichkeits-entwicklung zur/zum Top-VerkäuferIn

ICH WILL

Das Navigationssystem zur Erreichung persönlicher Ziele

1.

SCHRITT

10

Persönlichkeits-entwicklung

Bevor wir am Bahnhof in einen Zug einsteigen, prüfen wir: Stimmt das Ziel? Will ich dorthin? Im Job stellen sich ähnliche Fragen. Wir müssen in der richtigen Richtung und dann auch in einem ausreichenden Tempo unterwegs sein. Wenn die ganze Richtung nicht stimmt, hilft es nicht, das Tempo zu beschleunigen. Die wichtigste Frage ist: »Was mache ich gerne?« Es muss uns gut gehen in diesem Job, dann machen wir ihn auch gut. Wenn wir darunter leiden, wird der Erfolg ausbleiben und andere werden von unserem Leid angesteckt. Daher vergewissern wir uns in diesem Kapitel der Funktionstüchtigkeit des Navigationssystems im eigenen Kopf und werden zum Talentscout und Personalentwickler in eigener Sache, für unsere KollegInnen und MitarbeiterInnen.

Wir reden jetzt also noch nicht von Geld, Job oder Karriere. Sondern es geht zunächst darum, ob Sie das richtige Ziel verfolgen. Ob dieser Job zu Ihnen, zu Ihren Talenten und Fähigkeiten, aber auch zu Ihren Wünschen und Sehnsüchten passt. Bei dem Matching zwischen den Anforderungen eines Jobs und der Einzigartigkeit, die jedem Menschen innewohnt, gibt es selten die 100-Prozent-Trefferquote, aber oft gute und lohnende Kompromisse. Sie finden hier zwei bewährte Gedankenübungen, mit denen Sie prüfen können, ob Sie »im richtigen Film« sind:

»DIE ZEIT-AUTOBAHN«

Stellen Sie sich Ihr Leben als eine Autobahn vor. Sie sind auf dieser Autobahn in einer bestimmten Richtung und in einem bestimmten Tempo unterwegs. Wo werden Sie in fünf, zehn oder 15 Jahren ankommen, wenn Sie so weiterfahren? Wenn sich bei dieser Vorstellung Unbehagen einstellt, dann brauchen wir Änderungen. Vielleicht stellen Sie bei dieser Übung fest, dass irgendwann einmal das Geld für die Altersvorsorge nicht reichen wird. Dann brauchen Sie jetzt Fortbildungen, die Sie für besser bezahlte Aufgaben qualifizieren. Oder Sie stellen fest, dass gesundheitliche Probleme – vielleicht mit der Wirbelsäule oder den Knien – zunehmen. Dann finden Sie jetzt den Weg ins Fitnessstudio oder zur Krankengymnastik.

Machen Sie diese Übung für sich und für andere, dann werden Ihre Gehirnwindungen trainiert und Sie erweitern Ihre Berater-Fähigkeiten. Wenn Sie beispielsweise ChefIn oder InhaberIn eines Lebensmittelgeschäfts

sind, dann prüfen Sie mit dieser Übung, ob Ihre MitarbeiterInnen alle auf dem richtigen Platz sind. Gehen Sie davon aus, dass alle Menschen einzigartige Talente haben, und setzen Sie dann die einzigartigen Talente, die Sie auf Ihrer Gehaltsliste stehen haben, dort ein, wo sie für Ihr Unternehmen am nützlichsten sind. Lassen Sie sich nicht zu sehr von formalen Kriterien leiten: Die Talente von Menschen sind oft außerhalb der Leistungsbereiche, die in ihrem Job abgefragt oder die in ihrer Ausbildung gelernt wurden. Vielleicht haben Sie in der Küche oder in der Produktion MitarbeiterInnen, die soziale Kompetenz und Kommunikationstalent haben. Dann wägen Sie ab: Welches Talent, welches Können und Wissen ist wo in meinem Unternehmen am besten eingesetzt? »Am besten«, das heißt, dass es für das Unternehmen und die betroffenen MitarbeiterInnen Spaß und Geld bringt.

»DER WEG DURCHS LEBEN«

Es gibt drei grundsätzliche Einstellungen: Wir können auf unserem Weg durchs Leben erstens den Blick zurück richten. Dann können wir aus vielen schönen Erinnerungen Kraft schöpfen, diesen Weg so weiterzugehen. Wer aber den Blick nach hinten richtet, sieht nicht, was auf ihn zukommt.

Zweitens können wir auf unserem Lebensweg den sicheren Blick auf die Zehenspitzen richten. Damit werden wir Abgründe, die sich unmittelbar vor diesen Zehenspitzen auftun, sicher in letzter Minute erkennen und mit dieser Einstellung große Abstürze vermeiden. Wer aber den Blick immer so gesenkt auf das »Hier und Jetzt« hat, der hat keinen Plan. Der wird »irgendwo« ankommen. Der wird gelebt, der lebt nicht.

Die dritte Möglichkeit ist, den Blick nach vorne oder aus dem Fenster zu richten. Zu planen: Wie muss es sein im Leben, damit es gut ist – mit der Familie, der Liebe, den Freunden, dem Geld und der Gesundheit?

Wenn Sie dieses Denken an Ihre MitarbeiterInnen herantragen, werden diese vielleicht antworten »Aber das machen wir doch schon immer so!«, oder: »Das haben wir doch noch nie so gemacht!« Helfen Sie MitarbeiterInnen und KollegInnen mit Angst vor Veränderungen. Erklären Sie den Angstvollen, was für sie ganz persönlich besser wird, wenn sie jetzt Neues wagen.

Sie überprüfen mit diesen Übungen, ob Sie – und ebenso Ihre MitarbeiterInnen und KollegInnen – das richtige Spiel spielen oder im falschen Spiel Ihre Zeit vergeuden. Wenn diese Gedankenübungen zeigen, dass Sie auf einem Weg sind, der nicht Ihrer ist, dann gehen Sie auf die große Suche. Sie finden »Ihren Weg« mit den Fragen:

- *Was kann ich?*
- *Was habe ich gelernt?*
- *Was macht mir Spaß?*
- *Wo kann ich meine Träume leben?*
- *Wofür gibt's auch ausreichend Geld?*

Die meisten von Ihnen werden feststellen, dass Sie grundsätzlich das richtige Spiel spielen, aber der Gewinn in diesem Spiel doch größer ausfallen sollte. Prima! Denn damit gehören Sie zu der Zielgruppe für dieses Buch. Der erste Schritt zur Verbesserung der Lage ist eine solide Analyse: Wo stehe ich heute? Wie zufrieden bin ich mit den verschiedenen Bereichen meines Lebens? Und dann der Plan: Wie soll das alles in zwei oder fünf Jahren sein? Definieren Sie diese Ziele so konkret wie möglich. Die Neurowissenschaften geben uns heute für unsere Zielformulierungen gute Hilfestellungen, damit sich unser Gehirn auf die Erreichung unserer Ziele programmieren kann. Die Vorgehensweise ist mit der eines Navigationssystems zu vergleichen: Ist das Ziel erst einmal korrekt eingegeben, macht dieses System alles, damit wir dieses Ziel erreichen – selbst wenn wir uns einmal verfahren oder links mit rechts verwechseln sollten.

Die anerkannten Regeln der Zielformulierung heißen:

- **Mein Ziel ist konkret.** Sie wissen, wie es ist, wenn Sie Ihr Ziel erreicht haben. Auf »Wischi-Waschi-Ziele«, wie »Ich will reich und schön werden« kann sich unser Gehirn nicht einstellen. Aber »Am 30. Juni wiege ich nur noch 78 Kilo« – das ist konkret.

- **Mein Ziel ist von mir initiierbar.** Dinge, die nicht von uns selbst initiierbar sind (etwa das Wetter oder die Lottozahlen), sind für Zielformulierungen ungeeignet. Unser Gehirn erkennt eine Zielformulierung wie: »Am Samstag habe ich einen Sechser im Lotto«, oder: »Dieses Jahr gibt es eine weiße Weihnacht« in der Regel sofort als Müll.

- **Mein Ziel ist einfach.** Unser Gehirn mag keine komplizierten Ziele. Formulieren Sie so einfach und knapp wie möglich. Einfache Formeln prägen sich am leichtesten ein.

- **Mein Ziel ist messbar.** Ihr Ziel braucht eine Messgröße. Es muss klar sein, wann genau das Ziel erreicht ist. Denn die Zielerreichung ist meist die Marke für

Die Lebensmittelbranche braucht Sie, braucht Ihre Ziele!

Zielmanagement ist für alle Menschen eine gute Sache. Denn mit einem Ziel im Kopf läuft man nicht mehr zufällig und irgendwie durchs Leben. Zielmanagement ist aber für alle, die in der Lebensmittelbranche arbeiten, ganz speziell wichtig. Denn in den Fleischerfachgeschäften und Supermärkten, in den Wurstfabriken und bei den Fleischvermarktern sind diejenigen, die einfache Tätigkeiten verrichten, stark austauschbar und oft schlecht bezahlt. Der Markt ist zu den MitarbeiterInnen genauso gerecht, aber auch genauso hart wie zu den ChefInnen: Er fragt konsequent: »Welchen Nutzen bringst du hier?« Wer einen Nutzen bringt, den viele andere auch bringen – etwa Abverkauf an der Theke oder Fleisch zerlegen in der Produktion –, der ist weniger wichtig, der kann ausgetauscht werden. Wer aber für dieses Unternehmen einen einzigartigen Nutzen bringt und nicht austauschbar ist, der wird gefördert. Anders gesagt: Der Markt braucht keine »WurstaufschneiderInnen«, sondern

BeraterInnen für immer anspruchsvollere Kunden an immer aufwändigeren Bedientheken. Der Markt braucht auch keine Fleischer, die eben auch »Wurst machen« können, sondern die Spezialisten sind für »Wurst ohne Zusatzstoffe« oder den »kochenden Fleischer« oder den Fachmann. Und dieser Arbeitsmarkt der Foodbranche braucht vor allem Führungskräfte. Nicht die Verkaufshilfskräfte sind knapp, sondern die FilialleiterInnen! Die Fleischzerleger kommen von irgendwoher und sind gering bezahlt; gefragt und gut bezahlt sind aber die Kuttermeister und Produktionsleiter. Nicht nur die fachliche Qualifikation ist gefragt, sondern auch die Führungskompetenz, die zu gleichen Teilen aus einfühlsamer Menschenführung und konsequenter Ergebnisorientierung besteht.

Das Definieren von persönlichen Zielen, besonders von Karriere- und Fortbildungszielen, ist also nicht nur ein Stück individuelles Lebensglück, sondern auch ein Erfordernis unseres beruflichen und geschäftlichen Umfelds. Wer Ziele hat, erreicht auch mehr!

eine Belohnung und für das Formulieren neuer Ziele. Also: Ihr Ziel braucht eine solche Marke, eine solche Größe in Euro oder Kilo.

- **Mein Ziel ist in der Gegenwart.** Sie formulieren Ihr Ziel so, als wäre es jetzt. Also: »Im Jahr 2020 lebe ich in einer 100-Quadratmeter-Eigentumswohnung«, und nicht: »Im Jahr 2020 möchte ich gerne in einer 100-Qudratmeter-Eigentumswohnung leben«.

- **Mein Ziel ist realistisch.** Nur realistische Ziele werden von unserem Gehirn akzeptiert und verfolgt. »Im Jahr 2020 bin ich BundeskanzlerIn« – dieses Ziel wird unser Gehirn in den Mülleimer werfen, es sei denn, wir sind schon jetzt mindestens im Bundestag.

- **Mein Ziel ist getimt.** Das Ziel braucht ein Datum für die Zielerreichung.

- **Mein Ziel ist positiv beschrieben.** Wenn Sie etwa mit dem Rauchen aufhören wollen, dann heißt Ihre Zielformulierung nicht: »Ab morgen rauche ich nicht mehr«, sondern: »Ab morgen bin ich clean«. Denn sonst denkt Ihr Gehirn ja zuerst »Rauchen« und erst dann »nicht, nicht, nicht«!

- **Mein Ziel ist nicht als Vergleich beschrieben.** Was geht, ist: »Nächstes Jahr verdiene ich 100.000 Euro.« Was nicht geht: »Nächstes Jahr verdiene ich mehr Geld als mein Nachbar.«

- **Ich kommuniziere mein Ziel.** Sie schaffen einen positiv wirkenden sozialen Druck und bekämpfen den »inneren Schweinehund«, wenn Menschen in Ihrem Umfeld von Ihren Zielen wissen.

ChefIn oder MitarbeiterIn – egal!

Der Markt behandelt uns alle gleich. Ob Sie ChefIn oder MitarbeiterIn sind, ist dem Markt egal. Auch dieses Kapitel über die Erreichung persönlicher Ziele gilt für alle gleich. Die Personalverantwortlichen in den Unternehmen sollten dabei sowohl an sich, als auch an die MitarbeiterInnen denken, die sie führen. Es ist ein wichtiges Stück Personalentwicklung, die nachgeordneten MitarbeiterInnen bei der Festlegung und Erreichung ihrer Ziele zu unterstützen. Ein Unternehmen, in dem viele Mitarbeiter mit persönlichem Ehrgeiz und im Sinne des eigenen persönlichen Vorteils an Qualifizierung, Weiterkommen und Karriere arbeiten, wird sich immer besser entwickeln als eines, in dem jeder einfach seinen Job macht und damit zufrieden ist. Deshalb: Lassen Sie uns selbst Ziele finden und andere dabei fördern.

14

DER FUTURE-WALK

Vielleicht sind Sie sich noch nicht ganz sicher über Ihr wichtiges Ziel. Vielleicht fehlt Ihnen noch der Mut, daran zu glauben. Dann lassen Sie das Ziel einfach in Ihrem Kopf schon einmal Wirklichkeit werden. Sie wissen, was Sie in welchen Lebensbereichen erreicht haben und was Ihnen da fehlt. Gehen Sie jetzt in Ihren Gehirnwindungen auf einen Future-Walk, einen Zukunftsspaziergang. Sie stellen sich vor, wie es wäre, wenn Sie Ihr Ziel schon erreicht hätten. Wie fühlt es sich an? Wie sehen Sie da aus, bei der Erreichung dieses Zieles? Vielleicht stellen Sie sich auch lieber vor, wie sie sprechen oder sich verhalten werden, wenn Sie dieses Ziel erreicht haben. Wenn Ihnen diese Bilder von der eigenen Zukunft in Ihrem Kopf gefallen, dann schaltet die Ampel auf Grün! Geben Sie Gas zur Erreichung Ihrer Ziele.

Keine einschränkenden Blockade-Sätze zulassen

Ziele finden kann wie ein rauschhaftes Glückserlebnis sein. Die Energie, die durch diese Glücksgefühle freigesetzt wird, kann sofort in produktive Arbeit umgesetzt werden. Manchmal aber kommen schon beim Zukunftsspaziergang erste Blockade-Sätze, die sich eher wie ein Kater denn wie ein Glücksrausch anfühlen. Solche Blockade-Sätze heißen etwa: »Ich kann mein Ziel gar nicht erreichen, weil ich ja nur eine Fleischerei-Fachverkäuferin bin«, oder: »Das wird nichts mit der Führungsposition, ich habe ja nur einen Hauptschulabschluss«.

Lassen Sie sich mit einer Erinnerung an John F. Kennedy helfen, diese Blockade-Sätze in den Müll zu werfen: Am 25. Mai 1961 verkündete der damalige amerikanische Präsident: »... that this Nation should commit itself to

15

achieving the goal, before the decade is out, of landing a man on the moon and returning him safely to earth«. Seine Vision, dass die Amerikaner, noch bevor dieses Jahrzehnt zu Ende ginge, einen Menschen auf dem Mond sicher landen lassen und dann sicher zur Erde zurückholen werden, hat eine ganze Nation begeistert und zu einem unvergleichbaren wirtschaftlichen Aufschwung in den USA geführt. Vielleicht kamen Kennedy damals auch solche Blockade-Sätze, die etwa ließen »Das ist doch verrückt, noch nie war ein Mensch auf dem Mond. Keiner weiß, wie das geht.«

Solche Blockade-Sätze können wirken wie ein Zielverhinderungsprogramm. Sie wollen aber das Navigationssystem zur Erreichung Ihrer Ziele starten.

FAZIT – DARAUF KOMMT ES AN

Setzen Sie sich Ziele. Leben und arbeiten Sie nicht einfach so dahin. Helfen Sie Ihren MitarbeiterInnen und KollegInnen, Ziele zu setzen. Kommunizieren Sie Ziele des Unternehmens zu allen, die bei der Erreichung der Ziele mithelfen müssen. »Ziele erreichen« setzt »Information erhalten« voraus!

Persönlichkeits-
entwicklung

MEHR ALS BLOSS JOB

2. SCHRITT

16

Eigene Stärken stärken und Spitzenleistungen ermöglichen

Wir alle haben Stärken und Schwächen. Vielleicht sind diese Stärken und Schwächen auch über alle Menschen hinweg gerecht verteilt – nur hat eben jeder andere Stärken und andere Schwächen. Stärken entstehen schon in der Kindheit und Jugend und sind eine Kombination aus Talent, Fähigkeiten und Wissen. Auf dem notwendigen Weg ständiger Verbesserung haben wir zwei Möglichkeiten: Erstens können wir uns mit unseren Schwächen beschäftigen und uns diese irgendwie abtrainieren. Das funktioniert, aber es macht Mühe und bringt keinen Spaß. Zweitens können wir uns mit unseren Stärken beschäftigen und diese Stärken zu Spitzenleistungen entwickeln. Das funktioniert besser, es macht weniger Mühe und bringt viel Spaß! Das Erkennen der eigenen Stärken ist eine Voraussetzung dafür, diese Stärken auch einzusetzen – sonst schlummern sie bestenfalls unentdeckt in uns. Aus der Kindererziehung und aus dem Leistungssport ist das Prinzip »Stärken stärken« bewährt – es eignet sich ebenso für die eigene Persönlichkeitsförderung und die Personalentwicklung.

DIE SWOT-ANALYSE IN EIGENER SACHE

Swot – das heißt Strenghts (Stärken), Weaknesses (Schwächen), Opportunities (Chancen) und Threats (Risiken). Dieses in der Unternehmensberatung vielfach bewährte Analyseinstrument eignet sich ebenso in der Mitarbeiterführung und für die eigene Karriereplanung. Sie erkennen damit Ihre jetzige Situation. Die Fragen lauten:

- *Wie heißen meine wichtigsten Stärken? Ordnen und gewichten Sie diese Stärken – die wichtigsten Stärken zuerst. Die Hauptaufgabe dazu heißt: Stärken stärken!*

- *Wie heißen meine schlimmsten Schwächen? Ordnen Sie auch hier – die schlimmsten Schwachen zuerst. Die Hauptaufgaben dazu heißen: 1. Kleine Schwächen tolerieren. 2. Gravierende Schwächen abtrainieren.*

- *Wie heißen, aus heutiger Sicht, die großen Chancen für mein berufliches Leben? Wo könnte die große Chance zu meinem Glück bisher unerkannt herumliegen? Die Hauptaufgaben dazu heißen: 1. Eine scharfe Wahrnehmung für neue, täglich irgendwo wartende Chancen entwickeln. 2. Erkannte Chancen nutzbar machen.*

- *Wie heißen die Risiken, denen ich ausgesetzt bin? Was droht schlimmstenfalls? Die Hauptaufgaben dazu heißen: 1. Mit kleinen Risiken leben – weil Risiken nun mal immer zum Leben gehören. 2. Große Risiken mit existenziellen Gefahren reduzieren (Notfallplan erstellen).*

DAS ERKENNEN UND EINBRINGEN VON STÄRKEN

Der Kern unserer in der Geschäfts- und Arbeitswelt relevanten Stärken liegt in unserer Ausbildung, den Berufserfahrungen, den Fortbildungsmaßnahmen und fachlichen Spezialisierungen. Solche Stärken von MitarbeiterInnen können in der Personalakte erkannt oder bei der täglichen Arbeit beobachtet werden – sie sind der Kern jeder Talent- und Eignungsdiagnose. Schon bei diesen Kernstärken stellt sich die Frage: Ist in diesem Unternehmen jeder auf dem Platz, auf dem er den höchstmöglichen Nutzen für den Betrieb und für die eigene Karriere hat? Immer wieder findet man ProduktionsmitarbeiterInnen mit einer Ausstrahlung, die in den Verkauf gehört. Und leider findet man auch gelegentlich Bedienkräfte, deren Lächeln und Freundlichkeit eher zur Spülküche als zur Bedientheke passen. Gerade für den Erfolg im Verkauf ist es weniger wichtig »VerkäuferIn« gelernt zu haben, sondern am Umgang mit Menschen, am Lächeln, am kleinen Flirt oder auch an der Beratung eigene Freude zu haben. Das Talent zur VerkäuferIn steckt in den Menschen, nicht in Dokumenten, die einen Berufsabschluss bestätigen.

Um diese beruflichen Kernstärken herum haben alle Menschen vielerlei übergreifende und berufsunabhängige Kompetenzen. Diese machen die Einzigartigkeit jedes Menschen aus und bilden zugleich die einzigartigen Chancen, diese Stärken beruflich und für ein bestimmtes Unternehmen nutzbar zu machen. Die Stärken der MitarbeiterInnen ergeben in vielen Betrieben wichtige offene Potenziale und bisher verborgene Entwicklungsmöglichkeiten. Der wirtschaftliche Sinn des Erkennens von Stärken liegt auf der Hand: Was Menschen gerne machen, machen Sie auch gut. Diese Leistung ist für das Unternehmen vorteilhaft einzukaufen, und es macht den MitarbeiterInnen Spaß.

Stärken von MitarbeiterInnen erkennen

Diese Maßnahmen machen es leichter, die individuellen Stärken und Talente von MitarbeiterInnen zu erkennen:

- *Anteilnahme am Leben der MitarbeiterIn. Das Modell »Familienunternehmen«, in dem man – wie in einer guten Familie – Anteil am Leben und den Sorgen der anderen nimmt, ist auch das Modell, das am meisten Wohlgefühl produziert.*
- *Beobachtung von MitarbeiterInnen, um fachlich-praktische, kognitive, kreative oder soziale Talente zu erkennen.*
- *Befragungen von MitarbeiterInnen mit Selbsteinschätzung zu den Stärken und Schwächen und Angabe von Vorlieben und Hobbys. Solche Befragungen können systematisch (als Fragebogen), in Form von Seminaren, bei regelmäßigen Mitarbeiter-Einzelgesprächen oder beiläufig im Gespräch abgefragt werden.*

Praktische Fähigkeiten

Viele praktische Fähigkeiten, wie handwerkliche Talente, sind in bestimmten Berufen einfach nicht relevant und werden daher nicht erkannt. In den Unternehmen entsteht aber ein enormer und auch geldwerter Vorteil, wenn diese abgefragt und genutzt werden.

- Der Computerfreak unter den MitarbeiterInnen unterstützt die EDV-Abteilung im Betrieb.
- Wer mehrmals wöchentlich Sport trainiert, kann auch die Betriebssportgruppe nach vorne bringen.
- Der Motorsport-Begeisterte gestaltet ein betriebliches Incentive auf einer Kartbahn.

Branchen- und berufsfremdes Wissen

Das angelesene Wissen von MitarbeiterInnen kann oft in die Beratungskompetenz des Unternehmens einfließen.

- MitarbeiterInnen, die sich selbst besonders gesund ernähren oder sehr umweltverträglich leben, können dieses Knowhow in die Beratung an der Bedientheke mit einfließen lassen.

- Wer selbst viel private Zeit bei Facebook und Co. verbringt, kann auch die firmeneigenen Sites in den sozialen Netzwerken betreuen.
- MitarbeiterInnen, die gerne reisen oder über fremde Länder lesen, können die kulinarischen Besonderheiten anderer Länder und Regionen für die Produktentwicklung des eigenen Unternehmens oder für die Ausgestaltung von Spezialitätenwochen nutzbar machen.

Kreatives und Künstlerisches

In den Hobbys von MitarbeiterInnen liegen oft die Entwicklungsmöglichkeiten des Unternehmens begründet. Wir erkennen diese kreativen, künstlerischen oder sportlichen Kompetenzen aber nur durch Fragen und persönliche Anteilnahme.

- Tanzsportfans verhelfen den Bedienkräften zu einer besseren Körperhaltung hinter der Theke.
- Bastel-Talente werden für die Dekoration des Verkaufsraums eingesetzt.
- MusikerInnen dürfen im Rahmen der Arbeitszeit ein Verkaufsevent mit ihrem Können aufwerten

Lebenserfahrung

Unsere MitarbeiterInnen haben verschiedene Lebensmodelle und verfügen über unterschiedliche Lebenserfahrungen. Gerade diese Verschiedenartigkeit schafft in einem Unternehmen viele verschiedene Problemlösungen.

- Wer als Frau selbst Kinder großgezogen hat, kann über die besonderen Ernährungsbedürfnisse von Schwangeren, Stillenden, jungen Müttern und kleinen Kindern gut auch andere beraten.
- Mitarbeiterinnen, die ältere Verwandte pflegen, können die Produktentwicklung für Senioren unterstützen.
- Singles helfen bei der Sortimentsgestaltung und beim Ausbau des Angebots an Fertiggerichten.

Diese Beispiele zeigen: In der Persönlichkeit unserer MitarbeiterInnen stecken noch viele Stärken, die es zu erkennen, zu fördern und zu nutzen gilt.

FAZIT – DARAUF KOMMT ES AN

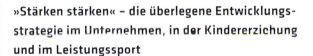 Hinter dem Personalführungs-Rezept »Stärken stärken« steckt die Erkenntnis, dass wir gut machen, was wir gerne machen. Setzen Sie MitarbeiterInnen vor allem dort ein, wo sie ihre Talente einbringen können, nicht in erster Linie dort, wo sie formale Qualifikationen (Abschlüsse) haben.

»Stärken stärken« – die überlegene Entwicklungsstrategie im Unternehmen, in der Kindererziehung und im Leistungssport

Eine gute Strategie muss Erfolg versprechen und Spaß machen. »Stärken stärken« bedeutet, dass die großen Herausforderungen auf jeden Einzelnen genau dort warten, wo seine herausragenden Talente liegen, und dass wir uns und die Anderen nicht mit dem Wunsch quälen, etwas zu trainieren, was in uns gar nicht angelegt ist. Aus dem Sport wissen wir: Männer mit 1,60 m Körpergröße werden schwerlich Basketballprofis. Aus der Kindererziehung ist bekannt: Musisch begabte Kinder werden eher selten gute Handwerker. Und aus der Personalentwicklung in Unternehmen ist bekannt: Wer nicht lächeln kann, kann auch nicht im Verkauf arbeiten.

Von den Stärken zu den Spitzenleistungen

Wenn die Stärken und Schwächen aller MitarbeiterInnen bekannt sind, kann das große Matching stattfinden: Was brauchen wir in diesem Unternehmen? Was ist uns auch nützlich? Genau dort setzt dann die Personalentwicklung mit Angeboten zur Fortbildung ein. Die Motivation von MitarbeiterInnen, die eigenen Stärken zu stärken, ist meist sehr gut – denn das verspricht einfach freudige Erfolgserlebnisse bei der Erreichung von Spitzenleistungen. Von einer solchen Personalentwicklung profitieren immer zwei zu gleichen Teilen: MitarbeiterInnen und Unternehmen. Daher ist es auch fair, den Aufwand zu teilen: Der Betrieb zahlt die Fortbildung und die MitarbeiterInnen stellen dafür teilweise Urlaubstage zur Verfügung.

DER FLOW

SCHRITT **3.**

Persönlichkeits-entwicklung

Aufgabe und Qualifikation im Gleichgewicht

Das Leistungsvermögen überwiegt.

Die Anforderungen überwiegen.

Anforderungen

Leistungsvermögen

Anforderungen

Leistungsvermögen

Einführung: Persönlichkeitsentwicklung

Wir finden unser Glück nicht im Nichtstun, sondern dann, wenn wir – unter Aufwendung aller uns zur Verfügung stehenden Kräfte – die gestellte Aufgabe gerade bewältigen können. Wir sind dann vielleicht erschöpft, aber glücklich und stolz über die erbrachte Leistung. Sobald die an uns gestellten Anforderungen unter dem liegen, was wir zu leisten im Stande sind, stellt sich bei uns Langeweile ein. Sobald aber die Anforderungen über dem liegen, was wir maximal leisten können, ergibt das Frust. Das Glücksversprechen in der Arbeit – und zugleich ein starker wirtschaftlicher Motor – liegt also im »Flow«: im etwa gleichgewichtigen Fluss von Anforderung und Leistungsvermögen.

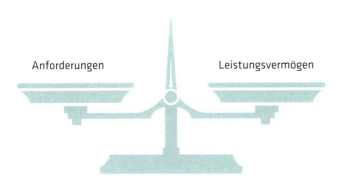

Anforderungen   Leistungsvermögen

Beide Größen – unser Leistungsvermögen und die Anforderungen – sind flexible Größen. Wir trainieren im Arbeitsleben immer wieder, unser Leistungsvermögen zu erhöhen. Solange dabei keine frustrierende Überforderung erfolgt, ergibt diese ständige Leistungssteigerung positive Reize und starke Erfolgserlebnisse. Leistung ist im Verkauf immer auch Umsatz, und daher ist Leistungssteigerung meist Umsatzsteigerung.

Praxisbeispiel Bedientheke: Wenn VerkäuferInnen die Notwendigkeit ständig steigender Umsatzzahlen erklärt werden soll, dann greift diese Logik am besten: »Die Umsatzerhöhung ist die ‚kleine Schwester‘ der Gehaltserhöhung. Wo es keine Umsatzsteigerungen mehr gibt, kann es auch keine Gehaltssteigerungen mehr geben.« Diese Erklärung ist gerade dann wichtig, wenn bei der Vermittlung von betriebswirtschaftlichen Kennzahlen von den Bedienkräften die Gegenfrage gestellt wird: »Ist es denn nie genug? Muss denn der Umsatz immer noch weiter steigen?«

Wer VerkäuferInnen erfolgreich anleitet, einen immer höheren Umsatz zu erzielen, muss dieses Erfordernis erstens begründen und zweitens die Voraussetzungen zur Zielerreichung schaffen. Solche Voraussetzungen sind etwa Angebote zur innerbetrieblichen Weiterbildung und zu fachlich prägenden Erlebnissen. Das Prinzip der ständigen Umsatz- und Leistungssteigerung muss von allen als richtig und gerecht erkannt werden. Und das vorgegebene Ziel muss – unter Aufbringung aller Kräfte – als gerade noch erreichbar angesehen werden. Auch Umsatzziele brauchen also diesen »Flow« als Gleichgewicht zwischen dem Geforderten und dem maximal Erreichbaren.

Das Verständnis von VerkäuferInnen für die ständige Leistungserhöhung kann mit den in diesem Buch erklärten Maßnahmen gut gefördert werden. Als Basis der Entwicklung von Verkäuferpersönlichkeiten darf ein betriebswirtschaftliches Grundverständnis gelten. Wo dieses von den MitarbeiterInnen nicht mitgebracht wird, ist betriebswirtschaftliche Information eine Bringschuld des Unternehmens.

BETRIEBSWIRTSCHAFTLICHE INFORMATION

Betriebswirtschaftliche Information ist also eine regelmäßige, offene und transparente Information. Die Echtzahlen aus der Buchführung zu Umsatz, Personalkosten, Wareneinsatz, sonstigen Kosten und Gewinn offen ansprechen und am besten als Grafik zeigen – Zahlen als Grafik werden von allen Menschen besser verstanden! Viele Zahlen eignen sich hervorragend, um die »großen Zahlen« der Buchführung auf den Alltag der Bedienkräfte herunterzubrechen. Ein Beispiel: Der Begriff »Wareneinsatz« bleibt in Form einer Prozentzahl ein vergleichsweise abstrakter Begriff. Wenn aber praxisnah erklärt wird, wie jede Bedienkraft jeden Tag über den Umgang mit der Ware diese betriebswirtschaftliche Kennzahl bestimmt, dann erhält diese Kennzahl ein neues Leben.

VerkäuferInnen brauchen bei solchen Erklärungen Praxisbeispiele und fachlich-praktische Erlebnisse. Ein Beispiel dafür: Sie wollen an der Frischfleischtheke Ihren Bedienkräften darlegen, wie wichtig ein zügiger Abverkauf und eine angemessene Lagerhaltung sind. Dazu räumen Sie die Fleischtheke am Samstag nach Geschäftsschluss einmal komplett ein, alles Fleisch wird dabei gewogen. Dann lassen Sie alles bis zum Montagmorgen in der eingeschalteten Kühltheke. Am Montagmorgen wiegen Sie das Fleisch zurück. Alle werden überrascht bis erschrocken sein, wie viel Frischfleischgewicht nur durch Abtrocknen und Aussaften verloren geht. Dieses Praxiserlebnis bauen Sie dann in Ihre Erklärungen zur notwenigen Reduzierung des Wareneinsatzes ein. So versteht jeder und jede: Ständig geht uns durch zu langes Lagern, zu wenig Kühlen, zu viel Erhitzen u.a. Ware »verloren« – wir müssen alle ständig darauf achten, das zu reduzieren.

Wareneinsatz erkennen

Nachdem Sie den MitarbeiterInnen die Bedeutung von Wareneinsatz erklärt haben, nehmen Sie eine Fotokamera und machen mit einigen MitarbeiterInnen einen Betriebsrundgang. Die Aufgabe für alle ist, jede Situation auf ihre Bedeutung für den Wareneinsatz zu bewerten. Fotografieren Sie diese Situationen.

Ausnahmslos alle betriebswirtschaftlichen Daten, die der Autor dieses Buches in über 20 Jahren Tätigkeit als Unternehmensberater eingesehen hat, zeigten eines übereinstimmend: Das Unternehmen braucht für seine langfristige Existenzsicherung mehr Gewinn, aber die MitarbeiterInnen haben davon keine Ahnung. Bitte legen Sie die Vornehmheit und die Hemmungen ab, das zu Ihren VerkäuferInnen auch genau so zu sagen.

Damit bei der Erklärung von betriebswirtschaftlichen Notwendigkeiten der Gewinn nicht als Gehalt der Inhaberfamilie verstanden wird, sollte die Verwendung des Gewinns erklärt werden. Oft ist dabei die Formel richtig: »Ein Drittel des Gewinns ist für das Finanzamt. Ein Drittel für künftige Investitionen. Ein Drittel ist für Chef/Chefin. Eine Information über betriebswirtschaftliche Zahlen, die nach diesen Regeln an die MitarbeiterInnen gegeben wird, hat zur Folge, dass wirtschaftliche Zwänge besser erkannt werden und aus MitarbeiterInnen »angestellte UnternehmerInnen« werden.

Die Wahrheit ist immer die beste Geschichte – und die Wahrheit ist oft so einfach. Deshalb erklären Sie Ihren MitarbeiterInnen, weshalb die Personalkosten im Unternehmen so hoch sind. Erklären Sie genau, wie viel Geld Sie als Nettolohn an die MitarbeiterInnen, zusätzlich für diese an das Finanzamt, die Rentenversicherung, die Krankenversicherungen usw. bezahlen. Sprechen Sie einfache Wahrheiten offen aus, etwa: »Es ist gut, dass es in Deutschland eine gesetzlich geregelte Lohnfortzahlung im Krankheitsfall gibt, aber das kostet unser Unternehmen auch jedes Jahr … Euro.« Sie können daraus dann auch gleich eine Zielvereinbarung machen: »Ein Krankheitstag kostet unser Unternehmen im Durchschnitt ... Euro. Wenn nächstes Jahr die Krankheitstage sinken, werden wir 50 Prozent der so eingesparten Kosten als Prämie an die MitarbeiterInnen auszahlen«.

Information oder Spekulation

Betriebswirtschaftliche Informationen sind für die VerkäuferInnen enorm wichtig. Denn es gibt in jedem Unternehmen entweder Information oder Spekulation. Wenn Sie auf Information setzen, bestimmen Sie, worüber geredet wird. Wenn Sie nicht auf Information setzen, dann setzen sie zwangsläufig auf Spekulation. Spekuliert wird im Zweifelsfall von den MitarbeiterInnen immer ... etwa, dass die Inhaberfamilie des Unternehmens unglaublich vermögend ist, denn schließlich fährt der Chef ja einen neuen Mercedes.

DER ERFOLGREICHE KLASSIKER UNTER DEN MÖGLICHKEITEN DER BETRIEBSWIRTSCHAFTLICHEN INFORMATION AN DIE VERKÄUFERINNEN IST DIE »BETRIEBLICHE ZIELVEREINBARUNG«. DABEI WERDEN DEN IST-ZAHLEN SOLCHE SOLL-ZAHLEN GEGENÜBERGESTELLT, VON DENEN DIE VERKAUFSKRÄFTE GLAUBEN, DASS SIE GERADE NOCH ERREICHBAR SIND. MIT DER ZIELERREICHUNG WIRD DANN EINE PRÄMIE VERBUNDEN, DIE ZU GLEICHEN TEILEN AUF ALLE VOLLZEITKRÄFTE AUSGESCHÜTTET WIRD – TEILZEITKRÄFTE ERHALTEN DIE PRÄMIE ANTEILIG.

1,057 Mio Umsatz

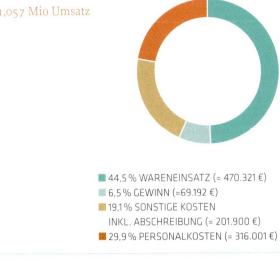

- 44,5 % WARENEINSATZ (= 470.321 €)
- 6,5 % GEWINN (=69.192 €)
- 19,1 % SONSTIGE KOSTEN INKL. ABSCHREIBUNG (= 201.900 €)
- 29,9 % PERSONALKOSTEN (= 316.001 €)

Annahme: 1 Mio Umsatz (minus 5 %)

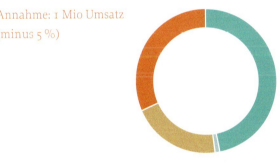

- 47 % WARENEINSATZ (= 470.000 €)
- 1,2 % GEWINN (= 12.100 €)
- 20,2 % SONSTIGE KOSTEN INKL. ABSCHREIBUNG (= 201.900 €)
- 31,6 % PERSONALKOSTEN (= 316.001 €)

1,1 Mio Umsatz (plus 10 %)

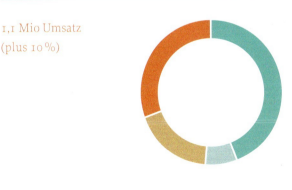

- 44 % WARENEINSATZ (= 484.000 €)
- 7,1 % GEWINN (= 78.100 €)
- 19,1 % SONSTIGE KOSTEN INKL. ABSCHREIBUNG (= 201.900 €)
- 33,6 % PERSONALKOSTEN (= 336.000 €)

ERFOLGREICHE PRÄMIENMODELLE

Leistungsanreize schaffen durch Bewertung von:

Soll-/Ist-Abweichung (Zielvereinbarung)

Betriebszugehörigkeit

Stärke der Leistungseinheit

Filialnetzbester

Anzahl der Verbesserungsvorschläge

24

GERECHT SEIN UND WORT HALTEN!

Alle erfolgreichen VerkäuferInnen bekennen sich zur Leistungsgesellschaft. Sie wissen, dass es nur in schön geschriebenen Theorien, nicht aber im realen Leben dazu eine Alternative gibt. Im »Flow« dieser Leistungsgesellschaft geht es um Wachstum – also um das »höher, weiter, schneller«, von dem alle Beteiligten profitieren. Die solidarische Leistungsgesellschaft im Unternehmen ist ein Miteinander, bei dem jeder das Maximale geben und dafür einen fairen Anteil am Erfolg haben will. Dieser Fairnessanspruch richtet sich in besonderem Maße an den Unternehmer. Wenn die Botschaft lautet: »Wir brauchen mehr Gewinn für das Unternehmen«, dann muss dieser Mehrgewinn auch für das Unternehmen eingesetzt werden. Wenn eine Prämie für die Erreichung eines bestimmten Ziels ausgelobt wird, muss diese Prämie auch ausgeschüttet werden.

Anders gesagt: Das vorstehende Kapitel erklärt den »Flow« als positiven Zustand, bei dem maximal vorhandene Leistung auch abgerufen wird. Damit steht die Messlatte an die ChefInnen und Führungskräfte: Auch diese müssen die eigene Leistung – sei sie in Form von produktiver Arbeit oder unternehmerischer Gestaltung – immer wieder erhöhen. Würden in einer solchen Leistungsgesellschaft die Führungskräfte nicht als Leistungs-Vorbild taugen, würden die Gesellschaft und die Unternehmen nicht funktionieren.

FAZIT – DARAUF KOMMT ES AN

Überforderung schafft Frust, und Unterforderung schafft Langweile. Es geht uns allen am besten, wenn wir stolz darauf sind, das Geforderte mit den uns zur Verfügung stehenden Kräften gerade geschafft zu haben. Entsprechend müssen Anforderungen bei der Arbeit auch gestellt werden.

BENCHMARKING:

Von Vorbildern lernen

Zwei Kernsätze vorab:

1. Wir brauchen Vorbilder und wir müssen selbst als Vorbilder taugen!

2. Wir müssen nicht alles täglich neu erfinden, aber wissen, wo etwas vorbildlich gemacht wird und wo wir uns etwas abschauen können.

SCHRITT

4.

Persönlichkeits-entwicklung

»VORBILD WERDEN« BRAUCHT »VORBILD HABEN«

Ein Vorbild ist enorm energiespendend und inspirierend, und zwar für alle Beteiligten, die ein Vorbild abgeben oder eines haben. Wer selbst als Vorbild taugt und sich selbst in dieser Vorbildrolle wahrnimmt, empfindet eine starke Disziplinierung. Dieser positive Druck entsteht durch die Erwartungshaltung der Menschen, die uns als Vorbild sehen. Anders gesagt: Wir bemühen uns, der Vorbildrolle gerecht zu werden, und verbessern uns dabei ständig.

Ein Vorbild zu sein ist also nichts rein Passives. Und Vorbild sein ist eine lohnende, geradezu profitable Angelegenheit. Die Voraussetzung zum »Vorbild werden« ist, selbst Vorbilder zu haben. Ein Vorbild zu haben ist gleichfalls förderlich für eine positive Entwicklung. Denn wir streben mit all unserem Können danach, dem Vorbild ähnlich zu werden.

Nur selten im Leben ergeben sich Vorbilder zwangsläufig – etwa dann, wenn der eigene Chef auch als Vorbild taugt. Meist aber müssen wir aktiv Vorbilder suchen. Mit Ihren Antworten auf diese Fragen finden Sie geeignete Vorbild-Persönlichkeiten:

- *Wer ist besonders erfolgreich?*
- *Wer kann mit diesem Erfolg auch souverän umgehen?*
- *Wer ist erfolgreich und hat die Sympathien anderer Menschen?*
- *Wer ist erfolgreich und begeistert andere zum Mitmachen?*
- *Wer hat Probleme, wie ich sie habe, prima gemeistert?*

Vorbilder sind rar – und auch bei Ihrer Suche werden nur wenige Menschen in diesem Suchraster hängen bleiben. Bestimmen Sie dann, in welchen Bereichen Sie so sein wollen wie Ihr Vorbild. Starten Sie dann den Prozess des Ähnlichwerdens mit Ihrem Vorbild. Beobachten Sie Ihr Vorbild genau, hinsichtlich Verhalten, Sprache, Körpersprache, Äußerlichkeiten. Nehmen Sie von Ihrem Vorbild an, was Ihnen erstrebenswert erscheint.

Für VerkäuferInnen sind dabei zwei Dinge wesentlich: Erstens der Umgang mit ChefInnen, KollegInnen und MitarbeiterInnen. Zweitens der Umgang mit KundInnen. Der Vorgang heißt immer wieder: Beobachten, prüfen und annehmen. Dieses »dem Vorbild ähnlich werden« ist ein sehr effizienter Weg, um zu Verbesserungen zu gelangen – denn da macht es schon mal einer vor! Wir müssen nicht lange nach Theorien suchen und selbst definieren, wie es gut ist, sondern machen das, was gut ist, einfach nach.

Das Prinzip »vom Vorbild lernen« gilt nicht nur für Personen, sondern auch für Unternehmen und die Art und Weise, MitarbeiterInnen zu führen oder KundInnen zu gewinnen und zu binden. Dieses Benchmarking kann auf zwei einfache Formeln gebracht werden:

• Wir erkennen, was andere ähnliche Unternehmen besonders gut machen. Wir vergleichen das mit unserer Situation. Wenn es passt, machen wir es nach!

• Wir erkennen, womit andere ähnliche Unternehmen schon gescheitert sind. Wir vergleichen das mit unserer Situation und vermeiden diesen Fehler.

Diese Arbeitsweise, »vom Vorbild lernen« und »aus Fehlern anderer lernen«, ist Grundprinzip vieler Unternehmensberater. Denn Berater sind nur zum kleinen Teil ein »Reaktor«, der aus sich selbst heraus irgendetwas produziert. Zu einem großen Teil sind Berater »Medium«, die Wissen und Erfahrungen transportieren. Meist haben gute Berater das Glück, dass sie gute Kunden haben, die schon viel gut und richtig gemacht haben. Dieses »vorbildliche Können« geben die Berater dann an ihre Klienten weiter. Und meist können Berater auch das Scheitern von Unternehmen sehr nah miterleben und aus diesem Scheitern Warnungen für ihre Klienten ableiten.

Mit dieser Vorbildorientierung werden Sie ein Stück weit zu Ihrem eigenen Berater. Wenn Sie in Ihrer Branche persönlich oder mit Ihrem Unternehmen ein Vorbild abgeben, werden Sie sich vielleicht manchmal ärgern, weil Ihnen andere so viel einfach nachmachen und »abkupfern«. Wenn es sich dabei nicht um Diebstahl (etwa von geschützten Logos, Slogans, Rezepten u.a.) handelt, dann nehmen Sie es gelassen: Nur die Guten werden imitiert. Und dieses »Nachmachen der Anderen« wird zum Motor dafür, die eigene Vorbildrolle immer weiter auszubauen. Devise: Alle dürfen mich nachmachen, aber sie werden mich nie einholen.

28

Vorbildliche Unternehmen finden

»Nachmachen, was erfolgreich ist« verlangt von Ihnen die Suche nach diesen Erfolgsbeispielen. Hier werden Sie fündig:

- *Reportagen in Fachzeitschriften. Aber aufpassen: Oft loben Fachzeitschriften zu viel!*
- *Internet-Plattformen Ihrer Branche. Auch hier gilt die Warnung: Oft wird gelobt, wer dafür bezahlt.*
- *Kollegialer Austausch über soziale Netzwerke (Facebook und Co.). Hier können Sie direkt fragen »KollegIn, wie machst du das?«*
- *Nachfragen bei Innungen und Verbänden. Bitte haben Sie keine Scheu vor direkten Fragen: »Ich suche einen Betrieb, der diese Sache vorbildlich gelöst hat ...«*
- *Unternehmensregister im Internet. Unternehmen, die aufgrund ihrer Geschäftsform verpflichtet sind, ihre Bilanzen zu veröffentlichen, stehen hier zur betriebswirtschaftlichen Analyse offen und frei zur Verfügung.*

- *Testeinkäufe und Marktbeobachtung vor Ort. Gehen Sie raus! Seien Sie Kunde bei Ihren Wettbewerbern und »vorbildlichen Unternehmen«. Wenn Ihre Wettbewerber online verkaufen: Bestellen Sie dort einmal und lernen daraus!*
- *Vergleichende Bewertung der Wettbewerberprodukte. Am besten, Sie nehmen Ihre Mitarbeiter dazu und vergleichen die Produkte »vorbildlicher Unternehmen« mit ihren eigenen. Bestimmen Sie: Was können wir besser machen?*
- *Vergleichende Bewertung der Prozesse bei »vorbildlichen Unternehmen«. Es ist eine legale »Spionage«, wenn Sie herausfinden, wie das Prämiensystem oder die innerbetriebliche Weiterbildung bei den Besten Ihrer Branche funktionieren.*
- *Befragungen von MitarbeiterInnen, die schon bei »vorbildlichen Unternehmen« gearbeitet haben. Wie immer gilt: Ihre Mitarbeiter wissen viel, sie brauchen nur einen Grund und einen Anlass, es auch zu sagen.*

FAZIT – DARAUF KOMMT ES AN

Volle Leistung kriegt unser Chef nur, wenn er auch ein Vorbild ist. Wenn der Chef aber nur Chef ist, werden wir viele gute Ausreden, aber keine volle Leistung haben! Daher brauchen wir Chefs, die auch als Vorbilder dienen.

Persönlichkeits-
entwicklung

Die
wichtigsten

5. EIGEN-SCHAFTEN

von Top-VerkäuferInnen

Wir alle leben vom erfolgreichen Verkaufen. Beobachtungen von Top-VerkäuferInnen zeigen die gemeinsamen Merkmale, die Grundlage dieses Erfolgs sind. Diese Eigenschaften bringen nicht alle VerkäuferInnen von Natur aus mit, aber sie können trainiert werden. Es muss dabei für die Betreffenden als persönlich lohnend erscheinen, diese Eigenschaften anzunehmen.

ZIELSTREBIGKEIT

Der persönliche Vorteil zählt: Gute VerkäuferInnen müssen »hungrig« sein und dem Vorteil nachjagen, den sie selbst über den erfolgreichen Verkauf haben. »Hungrige« VerkäuferInnen bringen ihre eigenen Ziele mit (sie wollen »satt« werden) und sind auch leichter zu motivieren. »Satte« MitarbeiterInnen« brauchen den Abschluss einer Zielvereinbarung – dabei müssen deren persönliche Ziele mit den betriebswirtschaftlichen Zielen des Unternehmens in Einklang gebracht werden – etwa durch flexiblere Arbeitszeitmodelle bei gleichzeitiger Erhöhung der Produktivität.

Die Basis von Zielstrebigkeit ist Information: Betriebswirtschaftliche Zielvorgaben können nur auf der Basis von betriebswirtschaftlicher Information funktionieren. Bevor VerkäuferInnen nach Neukunden oder einem höheren Durchschnittsumsatz pro Kunde jagen, müssen sie wissen, wie das Unternehmen oder die Filiale gegenwärtig da steht. Ein bloßes »wir müssen mehr Umsatz machen« kann keine motivierende Wirkung erzielen.

Wir alle bewegen uns aus Angst oder aus Freude. Zielvorgaben ohne Information haben nur eine Chance: dass sie aus der Angst um mögliche Sanktionen bei der Nichterreichung des Ziels akzeptiert werden. Dauerhaft erfolgreiche Verkäufer brauchen eine positive Motivation aus der Freude am Erfolg.

unsere Ziele

So machen Sie Ihre Ziele zu den Zielen Ihrer VerkäuferInnen

1. Informieren. Erklären Sie die betriebswirtschaftliche Notwendigkeit von steigenden Umsatz- und Kundenzahlen. Erklären Sie den nie endenden Zwang zu stetigem wirtschaftlichem Wachstum, denn: Rückgang bedeutet für jeden Verzicht und Verlust.

2. Einwände entkräften. Vergegenwärtigen Sie sich die Gespräche unter den VerkäuferInnen zu den Zielvorgaben. Welche Einwände könnten diese haben (»Mehr als wir hier verkaufen, geht gar nicht mehr«). Welche ironischen Bemerkungen können im Kreis der MitarbeiterInnen fallen (»Der Chef will immer noch mehr, dabei hat er doch schon einen großen Mercedes«)?

3. Mit Geld motivieren. Teilen Sie einfach den Vorteil. Devise: »Helft dem Unternehmen, einen Euro mehr zu verdienen – und ihr könnt 50 Cent davon behalten«. Geld schafft die Basiszufriedenheit, auf der alles andere aufbaut. Es ist das Fundament des Motivationshauses – aber auch nicht mehr als eben nur das Fundament.

4. Mit Sinn motivieren. Erklären Sie den Sinn des Unternehmens und des erfolgreichen Verkaufens – abgesehen vom Geld. Erklären Sie Ihren VerkäuferInnen: Wie machen die Produkte dieses Unternehmens andere Menschen glücklich? Warum ist es ein großes Glück für die Kunden, dass es dieses Unternehmen mit seinen Produkten gibt? Warum ist es ein großes Glück für die Mitarbeiter, dass Sie hier arbeiten (unabhängig vom Geld)?

5. Identifikation stiften. Schaffen Sie als Führungskraft für alle nachgeordneten MitarbeiterInnen eine starke Zugehörigkeit und Bindung – idealerweise ein richtiges »Familiengefühl«.

6. Gerechtigkeit gewährleisten. Jeder und jede im Unternehmen muss nach den eigenen Möglichkeiten für die gemeinsamen Ziele arbeiten. Niemand wird »zum Jagen getragen«.

7. Orientierung vorgeben. Ihre MitarbeiterInnen brauchen zur Zielvorgabe auch die Beschreibung, wie das Ziel zu erreichen ist. Formulieren Sie gewissermaßen die Gebrauchsanleitung zur Zielvorgabe. Diese Orientierung zu geben, ist Chefsache.

8. Vorbild in Sachen Zielstrebigkeit. Nur wenn Sie Ihre eigenen Ziele konsequent verfolgen, können Sie erfolgreiche Zielvereinbarungen mit MitarbeiterInnen durchführen.

9. Anerkennung. Schon mit dem Bemühen um die Zielerreichung und erst recht der Zielerreichung selbst sind Respekt, Dank und Anerkennung verbunden. Finden Sie wirkungsvolle Wege, diese Anerkennung zu zeigen. Beispiele: schriftlich förmliche Anerkennung, Lob vor den KollegInnen, Anerkennungs-Geschenk.

10. Neues Ziel folgt auf Zielerreichung. Sobald das Ziel erreicht ist, wird das neue Ziel formuliert, das meist noch ein Stück höher liegt als das bisherige. Es wird klar: Wir brauchen ständig mehr Umsatz, neue Kunden, mehr Rendite – und das macht Spaß und lohnt sich für alle.

FAIRNESS

Während die erste wichtige Eigenschaft erfolgreicher VerkäuferInnen (Zielstrebigkeit) noch mit einem nimmersatten Raubtier illustriert werden könnte, verlangt die Fairness zusätzlich auch Sportsgeist und ein abgewogenes Urteil. Nur Einzelkämpfer im Krieg brauchen keine Fairness; für alle, die nur im Team gewinnen können, ist sie unverzichtbar.

Die Fairness ist die korrigierende Größe zur Zielstrebigkeit. Sie ist auch für den nachhaltigen verkäuferischen Erfolg notwendig. Denn: Niemand – weder KundInnen noch KollegInnen – hat Freude an geldgierig wirkenden VerkäuferInnen, die um jeden Preis einen Zusatzverkauf durchdrücken möchten.

Das Fair Play im Geschäftsleben steht für die Nutzenorientierung der VerkäuferInnen gegenüber dem eigenen Unternehmen und den Kunden. Ein Verkaufserfolg, der »verbrannte Erde« zurücklässt, ist dabei nicht abgestrebt. Nicht das egoistische »Habenwollen« zählt dabei, sondern das Prinzip »Vorleistung geben«.

Die Eigenschaft Fairness macht sich gegenüber KundInnen wie auch gegenüber KollegInnen bezahlt. Dabei darf Fairness nicht mit Nachgiebigkeit verwechselt werden. Fairness heißt nicht, »die Zügel locker lassen«, sondern zur vollen Leistung antreiben. Fairness im Umgang mit KollegInnen oder nachgeordneten MitarbeiterInnen bedeutet, dass wir die maximale Leistung einfordern, die gegeben werden kann, aber auch niemanden überfordern. Denn: Unterforderung schafft Langweile – Überforderung schafft Frust.

»Ego-Shooter« oder »Fair Play«

Wie wichtig für den nachhaltig erfolgreichen Verkauf die Eigenschaft Fair Play ist und wie wenig nachhaltig der VerkäuferInnen Typ »Ego Shooter« ist, wird im Vergleich deutlich.

	VerkäuferIn Typ »Ego-Shooter«	VerkäuferIn Typ »Fair Play«
Grundeinstellung zum Kunden	Der Kunde zahlt alles und ich will sein Geld. Das Spiel heißt Geld und ich will gewinnen. Der Kunde ist genau so egoistisch wie ich.	Der Kunde zahlt alles. Ich will, dass er dauerhaft motiviert wird, bei mir/uns zu kaufen. Wenn ich dem Kunden einen möglichst hohen Nutzen gebe, wird er zum treuen Stammkunden werden.
Kommunikationsverhalten	Lächeln mit »Dollarzeichen in den Augen«, gibt eine gute Show beim Kunden.	tut alles um bei KundInnen anzukommen, diszipliniert und freundlich, bleibt dabei aber natürlich und zeigt auch mal menschliche Schwächen.
Zusatzempfehlungen	Empfiehlt das, was dem maximalen Umsatz, der eigenen Prämie oder dem eigenen Ansehen dient.	Empfiehlt das, wofür die KundInnen am meisten dankbar sein werden – lässt aber keine Chance zu einer Zusatzempfehlung aus.
Kollegialität	KollegInnen sind egal, der eigene Vorteil zählt. Hauptsache, ich gewinne.	Wir brauchen uns alle gegenseitig, dann gewinnen wir auch als Team.

Einführung: Persönlichkeitsentwicklung

100		
50		
0	50	100

DRINGEND (vertical axis) · *WICHTIG* (horizontal axis)

PROBLEMLÖSUNGSINTELLIGENZ

Erfolgreiche VerkäuferInnen bekennen sich zur Leistungsgesellschaft, in der sich Leistung auch lohnen soll. Die nie endende Spirale aus immer neuen und höheren Zielvorgaben und Sollzahlen darf aber nie zum sich immer schneller drehenden Hamsterrad werden, aus dem irgendwann der Hamster ohnmächtig herausfällt.

Gerade das »Ja« zum Leistungsprinzip verlangt, sich manchmal herauszunehmen und die Dinge zu reflektieren. Diese Reflexion bedeutet, sich diese Fragen zu stellen:

- Was ist, wenn ich im gleichen Tempo in der gleichen Richtung weiterarbeite? Will ich da überhaupt hin? Wenn nein: Muss ich das Tempo oder die Richtung ändern?
- Alles um uns herum verändert sich immer schneller. Ich kann viele dieser Veränderungen nicht bestimmen, aber ich kann besser darauf reagieren. Wie muss ich handeln, damit die Veränderungen mein Vorteil sind?
- Wie sehen meine Tätigkeit, ich selbst, unser Team und unser Unternehmen mit den Augen der anderen Beteiligten, insbesondere der KundInnen und KollegInnen, aus? Welche Empfehlungen gebe ich mir selbst, wenn ich mich »mit den Augen der anderen« sehe?
- Damit es mir in meiner Arbeit künftig besser geht: Welche weiteren Personen brauche ich zu diesen Verbesserungen? Wie motiviere ich diese dazu?

Gerade die Hochleistungs-VerkäuferInnen haben oft zu wenig Zeit, um allen Aufgaben nachzukommen. Das Ergebnis heißt Stress. Der Grund: Gerade den »Leistungsträgern« mutet man viel zu viele dringende Aufgaben zu – die Starken werden einfach leichter überschätzt als die Schwachen. Dann muss neu geordnet werden: Was ist wirklich wichtig? Und was ist »nur« dringend? Denn es ist gerade im Sinne des Leistungsprinzips, dass die hochleistungsfähigen Mitglieder dieser Leistungsgesellschaft nicht »verbrannt«, sondern eben in ihrer Leistungsfähigkeit dauerhaft erhalten werden. Die Maßnahmen:

- Manches ist immer dringend, kann aber delegiert werden.
- Manches ist immer dringend, ist aber so unwichtig, dass es warten kann.
- Manches ist immer dringend, weil unsere Aufgabenverteilung / Organisation nicht stimmt.

Sobald das meist viel zu viele »Dringende« weniger wird, entsteht neuer Freiraum für das wirklich Wichtige. Dieses wirklich Wichtige kann auch der eigenen Gesund- und Leistungserhaltung durch Freizeit, Zeit für Familie und Freunde oder für Sport gewidmet sein.

BEGEISTERUNGSFÄHIGKEIT

Der Delfin kann aus eigener Kraft über die Wasserober-
fläche springen – das sieht für uns nach enormer Kraft
und Begeisterungsfähigkeit aus. Begeisterungsfähigkeit
im Verkauf kann sich auf das Unternehmen, die Produkte, die KundInnen oder die KollegInnen beziehen.
Die Basis für die nach außen getragene Begeisterungsfähigkeit ist die Überzeugung von der eigenen Qualität,
die eigene Überlegenheit.

Begeisterungsfähigkeit ist eine Eigenschaft, die wir
auch trainieren und fördern können. Beantworten
Sie sich dazu diese Fragen:

- Warum ist es ein Glück für unsere KundInnen, dass
  unser Unternehmen diese tolle Qualität zu diesen
  günstigen Preisen bietet?
- Wo liegen die einzigartigen Vorteile unserer Produkte
  und unseres Unternehmens für seine Kunden? Wo
  kommt kein Wettbewerber an uns heran?
- Warum genau ist unser Preis-/Leistungsverhältnis so
  günstig?
- Was ist mein persönlicher Beitrag zu der hohen Zufriedenheit unserer Kunden?
- Warum ist es für mich ein Glück, in diesem Unternehmen, für diese KundInnen und mit diesen KollegInnen zu arbeiten?

100-prozentige Leistung ist eine theoretische Größe –
und eben auch nur kurzfristig erreichbar. Die beste
Chance, an die 100 Prozent der maximal möglichen
eigenen Leistung heranzukommen, ist die Freude an
der Aufgabe, der Spaß an der Arbeit. Erkennen Sie sich
selbst: Was brauche ich, um 100 Prozent Leistung aus
Freude heraus zu geben? Welche »Belohnungen« muss
ich mir da selbst geben?

Wenn Sie »Leistung aus Freude« für sich selbst erreicht
haben, dann heißt die nächste Frage: Was kann ich tun,
um auch meinen Kolleginnen 100 Prozent Leistung aus
Freude zu geben?

Begeisterungsfähigkeit ist ansteckend. Nutzen wir
also diesen Umstand und stecken KundInnen wie
KollegInnen damit an. Dazu einige gute Praxistipps
für den Verkaufsalltag:

- Ungefragt die Produkte loben. Ihr Kunde bestellt und
  Sie loben bei der Entgegennahme der Bestellung das
  gewünschte Produkt. Beispiel: »Oh, da haben Sie aber
  eine gute Wahl getroffen. Dieses Produkt ist eines der
  beliebtesten/besten/erfolgreichsten …«
- Wertschätzung durch Körpersprache. Sagen Sie mit
  Ihren Augen und der Art und Weise, wie Sie die Ware
  anfassen: »Ein wirklich großartiges Produkt«
- Den Kunden bestätigen. Ihr Kunde kauft bestimmte
  Produkte und Sie bestätigen ihn dafür: »Ihre Bestel-
  lung zeigt schon, dass Sie einen sehr erlesenen
  Geschmack haben.«
- Kundenfragen würdigen. Bestätigen Sie Ihre KundIn-
  nen gerade in den kritischen Fragen: »Das finde ich
  gut, dass Sie danach fragen. So kann ich Ihnen die Vor-
  teile dieses Produkts genau erklären.«
- Eigene Produktbeziehung darstellen. Der Satz von
  VerkäuferInnen, »Oh, das ist auch mein Lieblingspro-
  dukt«, gehört zu den schönsten Bestätigungen, die
  KundInnen beim Einkauf erhalten können.

34

Mehr Begeisterung im Verkaufsgespräch an der Bedientheke

Diese Überzeugungssätze verhelfen Ihnen zu mehr Zufriedenheit und Glück im Verkauf. Und weil Sie mehr Zufriedenheit und Glück erfahren, sind ganz automatisch auch die KundInnen zufriedener und glücklicher. Diese Überzeugungssätze wurden speziell für den Verkauf an der Bedientheke verfasst.

1. KundInnen sind meine größte Chance zu Glück und Zufriedenheit. Alles Gute, was ich KundInnen antue, bekomme ich zu 100 Prozent zurück.

2. Ab sofort behandle ich alle KundInnen so, als wäre gerade dieser Kunde jetzt der wichtigste in meinem Leben.

3. Ich habe heute aufgehört, einfach nur »Verkäuferin« oder »Verkäufer« zu sein. Ich bin Partnerin/Partner für anspruchsvolle und niveauvolle Menschen.

4. Mein Kunde ist – so wie er ist – in Ordnung. Er hat Eigenarten, wie du und ich. Ich signalisiere meinem Kunden »Du bist in Ordnung« – »Du gehörst dazu«.

5. Beim ersten Blickkontakt mit meinen KundInnen will ich mit meinen Augen und meinem Lächeln zeigen: »Ich freue mich, dass du da bist«, »Herzlich willkommen«.

6. Ich versuche, ein klein wenig so zu werden, wie mein Kunde ist.

Wenn er schnell spricht, spreche ich auch etwas schneller. Wenn er in Eile ist, beeile auch ich mich mehr. Wenn er in Ruhe schauen will, gebe ich ihm diese Möglichkeit. Wenn er viel fragt, beantworte ich gerne viele Fragen.

7. Jeder Kunde gibt mir Anerkennung und Freundlichkeit – ich muss lernen, das auch zu erkennen.

8. KundInnen haben das Recht auf 100 Prozent Aufmerksamkeit. Es gibt nichts Wichtigeres als diesen Kunden jetzt! Das Recht auf Aufmerksamkeit beginnt, sobald ich diesen Kunden wahrnehme – auch wenn er den Laden noch gar nicht betreten hat.

9. Mein Kunde erlaubt, dass ich das in die Hand nehme, was mein Kunde in den Mund nimmt. Das ist eine enorme Verantwortung. Die Sauberkeit und der Pflegezustand meiner Hände und die Art und Weise, wie ich Lebensmittel anfasse, müssen dieser Verantwortung gerecht werden.

10. Was mein Kunde sagt und fragt, ist immer sehr wichtig. Ich nehme jede Frage ernst und antworte mit all meinem Wissen. Ich zeige bei jeder Antwort, dass mir die Frage meines Kunden sehr wichtig ist.

11. Wenn ich meinen Kunden so behandle, dann gewinne ich mit jedem Kunden einen neuen Freund. Und wie einen guten Freund verabschiede ich meinen Kunden – mit Aufrichtigkeit und Herzlichkeit.

FRUSTRATIONSTOLERANZ

Frustrationstoleranz ist die Stabilität, wenn mal was schiefgeht. Denn: Der Misserfolg ist eine Chance zur Verbesserung … wenn man daraus lernt! Bedenken Sie: Was wären wir alle ohne unsere Misserfolge noch kindlich und naiv. Gerade unsere Fehler haben uns gelehrt, sie nicht zu wiederholen – aber sie einmal zu machen, das gehört zum Leben schon auch dazu.

Bevor Sie aber zu viel Frustrationstoleranz aufbauen, vermeiden Sie den Frust in Ihrem Kopf. Denn vieles, was bisher Frust produziert hat, kann man auch aus einer ganz anderen Perspektive sehen.

Frustquelle: Wütender Kunde reklamiert
Anders gesehen: Unser Geschäft bedeutet diesem Kunden so viel, dass er zurückkommt und uns sagt, was ihn stört. Das ist ein Zeichen der Wertschätzung. Dass dieser Kunde mir das sagt, zeigt, dass er mich als kompetenten Ansprechpartner sieht.

Frustquelle: Unzufriedene Kundin mit vielen schwierigen Fragen
Anders gesehen: Wir kennen das Leben dieser Kundin nicht. Vielleicht wären wir – wenn wir ihr Leben führen würden – genauso oder noch viel schwieriger. Vielleicht weiß diese Kundin, dass sie »schwierig« ist, und kauft gerade deshalb bei uns, weil wir die Geduld und die Beratungsqualität bieten, die sie braucht.

Frustquelle: ChefIn kritisiert meine Arbeit
Anders gesehen: Niemand freut sich über Kritik. Aber es ist das gute Recht und sogar die Pflicht von ChefInnen, zu kritisieren. Kritik soll natürlich die Arbeit und nicht die Person betreffen. Es wäre noch viel schlimmer, meine Arbeit würde gar nicht wahrgenommen. An jeder Kritik ist immer auch etwas Wahres dran.

Frustquelle: Schlecht gelaunte KollegInnen
Anders gesehen: Ich selbst habe heute Morgen auch nicht einen Sack voll guter Laune für meine KollegInnen mitgebracht. Aber ich könnte genau das morgen einmal versuchen. Gute Stimmung im Unternehmen entsteht durch Vorleistung. Ich muss damit anfangen.

Frustquelle: Mehrarbeit / Überstunden
Anders gesehen: Das ist ein Luxusproblem. Die Menschen, die keine Arbeit haben, wissen, dass viel Arbeit auch viel Anerkennung und Wertschätzung bedeutet. Diese Mehrarbeit gibt es, weil unser Unternehmen (und ich mit meiner Arbeit) so besonders gut ist.

Die Beispiele zeigen: Durch viele alltägliche Erlebnisse - die einfach dazugehören – müssen wir uns nicht »runterziehen« lassen. Und wenn dann doch mal wieder ein richtiger Fehler passiert, dann lernen wir daraus. Wir machen so viel gut und richtig, dass es ganz normal ist, wenn eben auch mal was schiefgeht.

FAZIT – DARAUF KOMMT ES AN

Sie werden einige dieser fünf wichtigen Eigenschaften in sich entdecken. Fördern Sie diese weiter und stecken Sie MitarbeiterInnen und KollegInnen damit an. Sagen Sie den MitarbeiterInnen, die Sie anführen, welche persönlichen Werte und Glaubenssätze Ihre Einstellung zu Arbeit prägen.

36

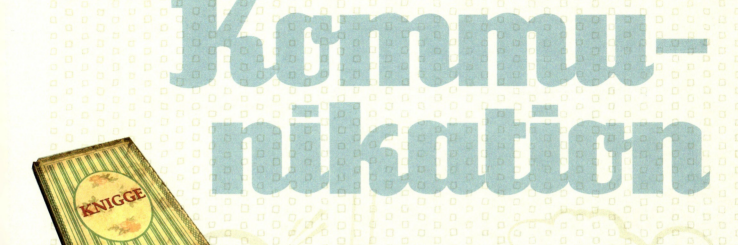

Kommunikation

Gute VerkäuferInnen brauchen gutes Benehmen

Gute VerkäuferInnen brauchen gutes Benehmen

SELBSTBILD/ FREMDBILD:

38

Wir zeigen uns so, wie wir gesehen werden wollen

Kommunikation: Gutes Benehmen

In unserem Selbstbild einerseits, also unserem Blick auf uns selbst, und unserem Fremdbild andererseits, also dem Blick anderer auf uns, liegen viele zwischenmenschliche Missverständnisse – und ebenso die Chance, diese Missverständnisse zu vermeiden und zu beseitigen. Wir verbessern unsere Beziehungen zu MitarbeiterInnen, KollegInnen und KundInnen, indem wir auf unser Fremdbild, also die Art und Weise, wie wir gesehen werden, Einfluss nehmen – es gestalten.

Jeder Mensch besitzt zunächst ein Bild der eigenen Person: ein Selbstbild. Das ist gewissermaßen der Blick in den Spiegel und die Bewertung der Person, die wir da wahrnehmen, und zwar mit all ihren Eigenschaften. Dieses Selbstbild prägt unser ganzes Verhalten, an jedem Tag und in vielen Situationen: Wie wir uns im Beruf, bei einem Bankgespräch, bei einem Restaurantbesuch oder im Straßenverkehr verhalten – wir tun das alles so, wie wir es tun, weil wir uns in einer bestimmten Weise selbst wahrnehmen. Dieses Selbstbild wird geprägt von:

• Familie. Die Familie aus der wir stammen (und vielleicht auch die, die wir gegründet haben), prägt unsere Werte und unser Denken von Kindesbeinen an. Diese Prägung ist gegeben – es liegt an uns, was wir für unsere verkäuferische Karriere daraus für einen Nutzen ziehen. Idealerweise finden wir in dieser Familie Vorbilder für unsere eigene Entwicklung.

• Herkunft. Ob wir aus einem Arbeiter- oder einem Unternehmer-Haushalt stammen oder ob wir in einer Großstadt oder auf dem Dorf aufgewachsen sind – solche Fragen der Herkunft prägen unser Selbstbild gleichermaßen.

• Bildung. Die Schulbildung und das, was wir uns über das ganze Leben hin selbst beigebracht haben, schaffen ein weiteres Stück dieses »Bildes vom eigenen Ich«. Wir wären ja ohne all das, was wir gelesen und gelernt haben, nicht die, die wir sind.

• Arbeit. Die Position, die wir im Arbeitsleben einnehmen, und wie wir diese Position ausfüllen, gestaltet unser Selbstbild ganz wesentlich: Haben wir eine Aufgabe oder nur einen Job? Empfinden wir Verantwortung? Geben wir ein Vorbild ab? Stiften wir Identität? Geben wir Wissen und Anerkennung weiter? Die Arbeit prägt unsere Persönlichkeit. Übrigens: Wer langzeitarbeitslose Menschen kennt, weiß von diesen, dass fehlende Arbeit auch zu einem beschädigten Selbstbild führt.

• Freunde. Unsere Freunde prägen uns und wir prägen unsere Freunde. Indem wir bestimmen, mit welcher Art von Menschen wir zusammen sein wollen, bestimmen wir unsere eigene Prägung und Entwicklung. Denn: Menschen gleichen sich ihrem Umfeld an. Vermeiden wir also, dass man über uns irgendwann sagt: »Sie/er hatte einfach nur die falschen Freunde«.

Wir erkennen: Viele Faktoren haben Einfluss auf das wichtige Selbstbild eines Menschen. So, wie jeder Mensch ein Bild von der eigenen Person besitzt, so formt er auch ständig ein Bild von seinem Gegenüber. Wir können dieses Programm in unserem Kopf, das ständig andere Menschen einordnet, offensichtlich gar nicht ausschalten. Wir lernen jemanden kennen und prägen – oft sehr schnell – unser Bild über ihn. Wir wissen dann: »Dieser Mensch ist so und so«. Je nachdem, welches Bild wir von dem anderen in unserem Kopf haben, ist auch unser Verhalten ihm gegenüber.

Wir sollten uns an dieser Stelle unserer eigenen Unberechenbarkeit bewusst werden: Denn unsere persönlichen Überzeugungen, unsere Vorurteile, unsere aktuelle Gemütslage oder auch die Situation, in der wir uns gerade befinden, können dieses Bild über die andere Person verfärben. Dann kann sehr leicht das Bild, das wir vom anderen in unserem Kopf haben, stark von dem abweichen, das unser Gegenüber von sich selbst hat. Ergebnis: Wir sehen den anderen ganz anders, als der sich selbst sieht, behandeln ihn entsprechend, und schon sind Missverständnisse vorprogrammiert. Das Konfliktpotenzial ist umso größer, je stärker die Bilder in den Köpfen abweichen. Im Arbeitsleben bedeuten diese Missverständnisse nicht nur Unbehagen, sondern sie kosten Kraft – und Geld!

»WAS DENKT DIE EIGENTLICH VON MIR?«

Viele Gedanken, die uns tagtäglich beschäftigen, zeigen, wie wichtig es uns ist, dass wir von anderen so gesehen werden, wie wir uns selbst sehen. Einige Alltagssprüche verdeutlichen das.

Hier passen Selbstbild und Fremdbild nicht zusammen:

- Was denkt die eigentlich von mir, wenn sie mich so behandelt?
- Der hält mich ja wohl für völlig blöde, wenn er so mit mir redet?
- Wenn mich der Chef nur anschaut, weiß ich, dass er mich nicht für voll nimmt.
- Für was hält der mich eigentlich, so wie der immer an mir vorübergeht?
- Die hält sich wohl für etwas Besseres.

Hier passen Selbstbild und Fremdbild zusammen:

- »Endlich fühlt man sich von einem Abteilungsleiter hier mal ernst genommen.«
- »Der neue Chef erkennt schnell, wofür seine Leute zu gebrauchen sind. Das hab ich gleich gemerkt.«
- »Diese Kollegin weiß, dass wir alle zusammenhalten müssen.«
- »Mein neuer Kollege denkt wie ich. Da macht die Arbeit gleich mehr Spaß.«
- »Die neue Filialleiterin behandelt alle Kunden so, wie sie behandelt werden wollen.«

40

Wir alle wollen von den anderen Menschen so gesehen werden, wie wir uns selbst sehen. Dann werden wir von diesen auch so behandelt, wie wir behandelt werden wollen – und unsere »kleine Welt« ist in Ordnung. Was ist also zu tun, um Missverständnisse zu vermeiden? Der beste Weg ist, die höchstmögliche Annäherung zwischen Selbstbild und Fremdbild zu erreichen. Wenn wir vom anderen so gesehen werden wollen, wie wir uns selbst sehen, dann benötigen wir:

- Die Akzeptanz der eigenen Person (»Ich bin okay.«)
- Den Respekt gegenüber den Menschen, die uns umgeben (z.B. Respekt vor der Arbeit, auch wenn diese Arbeit nicht zur Karriere führt)
- Den Willen und die Bereitschaft, dass wir die Bilder über andere Menschen in unserem Kopf immer wieder überprüfen
- Das Bewusstsein, dass es kein »wahres Bild« gibt, sondern dass diese Bilder immer durch die eigene Person, unsere Werte, Gefühle, Gemütslage oder die aktuelle Situation verändert werden

Wir können das eigene Bild, das in den Köpfen anderer über uns entsteht, nicht direkt formen, aber wir können es mitgestalten. Fragen Sie sich: Was muss ich konkret an meinem Auftreten ändern, um bei anderen das gewünschte Bild von mir abzugeben? Ändern können Sie beispielsweise:

- Wortwahl, Sprache (korrekte Sprache, Vermeiden von Kraft- und Vulgärausdrücken)
- Mimik (das Lächeln trainieren, wenn ich als freundlicher Mensch gesehen werden will)
- Gestik (korrekte Haltung üben, wenn ich als korrekte Kollegin bzw. korrekter Kollege betrachtet werden will)
- Verhalten (Einhaltung von Benimmregeln, wenn die anderen erkennen sollen: »Der/die hat gute Manieren.«)
- Outfit (gezielt die richtigen Signale durch Haarschnitt, Kleidung und Schmuck aussenden; je nachdem, wie ich gesehen werden will)

FAZIT – DARAUF KOMMT ES AN

Wir wollen geliebt werden! Und wir wollen vom anderen so gesehen werden, wie wir uns selbst sehen. Also, tun wir was dafür! Vermeiden wir Missverständnisse und zeigen uns in Sachen Outfit, Sprache, Körpersprache, Benehmen entsprechend.

Sich selbst disziplinieren:

»ICH WIRKE IMMER«

SCHRITT

7.

Gute VerkäuferInnen brauchen gutes Benehmen

Schon die Überschrift zu diesem Kapitel klingt in manchen Ohren ein wenig qualvoll: »Sich selbst disziplinieren.« Das lässt vermuten, dass wir uns jetzt selbst den Tritt in den eigenen Hintern geben müssen. Und doch geht es genau darum:

- *Das eigene Tun reflektieren – überdenken, was verbessert werden kann*

- *Kein »weiter so wie bisher«, weil sich ja bisher noch keiner beschwert hat*

- *Kein »die anderen machen das auch nicht besser« – und deshalb auf das Besserwerden verzichten*

Als VerkäuferInnen haben wir eine unternehmerische Aufgabe zu erfüllen – egal, ob wir nun ChefInnen oder angestellte VerkäuferInnen sind. Und das geht nicht, wenn wir einfach immer so weitermachen wie bisher – weil es ja bisher immer irgendwie gut gegangen ist.

Paul Watzlawick, der berühmte österreichische Kommunikationswissenschaftler, hat in seinen »Grundregeln menschlicher Kommunikation« als Regel Nummer eins geschrieben: »Man kann nicht nicht kommunizieren.« Man kann diese Regel auch so ausdrücken: »Wir wirken immer.«

WIR WIRKEN IMMER – OB WIR ES GERADE WOLLEN ODER NICHT

Wenn wir kommunizieren, dann müssen wir nicht reden, denn wir senden in jedem Fall Signale aus. Und: Als Signalgeber sind wir 24 Stunden in Aktion! Der weit überwiegende Teil unserer Signale wird unbewusst gesendet. Wir wirken in drei Bereichen als Signalgeber: Mit dem Inhalt, mit unserer Sprache und mit unserem Körper. Wenn wir beginnen, dieses Signal gezielt und bewusst abzugeben, müssen wir wissen, dass Kommunikationserfolg zu 7 Prozent aus dem Inhalt, zu 38 Prozent aus Sprache und zu 55 Prozent aus Körpersprache besteht.

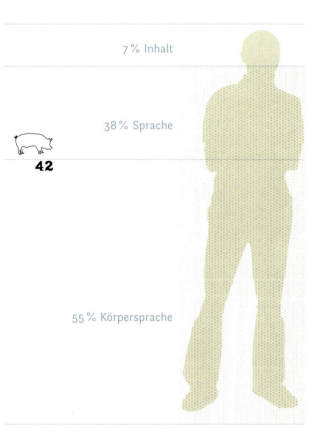

7 % Inhalt

38 % Sprache

42

55 % Körpersprache

Wir wirken immer! Das ist die Aufforderung an uns selbst, unsere Wirkung in allen Bereichen zu steuern. Oft sind es nur Kleinigkeiten, die aber zusammen ein harmonisches Bild stimmig abrunden, oder es sind Kleinigkeiten, die dieses Bild stören und den Betrachter zweifeln lassen. Das Beispiel »VerkäuferIn an der Bedientheke« zeigt die vielen Möglichkeiten und Aufgaben, das Bild zu gestalten, das unser Kunde von uns hat:

Inhalt unserer Worte

· Wortschatz ständig erweitern. Lernen Sie immer wieder neue Worte, die Ihre Sprache bereichern. Beste Methode dazu ist Lesen (Zeitungen, Fachzeitschriften u.a.). Wichtig für den Verkauf ist die Fähigkeit, die Einzigartigkeit der eigenen Produkte und des eigenen Geschäfts präzise beschreiben zu können.

· Sprachniveau variieren. Wir müssen als erfolgreiche VerkäuferInnen mit ganz verschiedenen Menschen, die wiederum ein ganz verschiedenes Sprachniveau haben, auf »du und du« gehen können. Trainieren Sie, wie Sie zu ganz verschiedenen Menschen die gleichen Produkte jeweils so ausloben, dass Sie dabei die sprachliche Erwartungshaltung der jeweiligen KundInnen treffen. Beantworten Sie sich immer diese Frage: »Wie will dieser Mensch das erklärt bekommen?

So gelingt es: 1. KundInnen sorgfältig wahrnehmen: Was ist diesem Menschen wichtig? 2. Diesen KundInnen auch sprachlich ähnlich werden. Sprechen Sie auf dem Niveau, auf dem auch Ihr Gegenüber spricht. Dabei gibt es nach oben keine Grenze, nach unten aber wohl – denn: Wir befolgen immer die Regeln der Höflichkeit.

Gefragt ist Flexibilität, Beweglichkeit. So wie viele eitle Menschen stets genau überlegen: »Was ziehe ich zu diesem Anlass nur Richtiges an? Ist diese Krawatte nicht zu modisch für dieses Meeting? Ist dieses Kleid nicht etwas zu aufreizend?« – genau so sollten Sie auch mit der richtigen Sprache zum richtigen Anlass und mit der richtigen Sprache zum Kunden kommen. So wie Ihr Kleiderschrank immer die richtige Garderobe bereithält, können Sie auch immer mit der »richtigen Sprache« aufwarten. Diese »richtige« Sprache entspricht zum einen der Situation und zum anderen der Rolle und Funktion, die Sie dabei zu spielen haben.

Sprache und Stimme

· Lautstärke: Finden Sie eine angemessene Lautstärke. Die KundInnen müssen Sie gut verstehen können und Sie dürfen andere Gespräche im Verkaufsraum nicht stören. Wie in allen Bereichen der Kommunikation gilt auch hier: Keine Übertreibungen! Wir verkaufen, wir spielen nicht Theater.

• Atmen: Die beeindruckenden Stimmen, wie wir sie von manchen SchauspielerInnen oder SängerInnen kennen, haben ein gemeinsames Geheimnis: Das Atmen erfolgt stärker aus dem Bauch, weniger aus der Brust. Sie werden den Unterschied hören!

• Aussprache: Wichtig ist, die ganzen Worte auszusprechen und nichts zu »verschlucken«. Durch lautes Lesen kann man eine klare und korrekte Aussprache am besten üben.

• Stimmhöhe: Sie haben eine »normale« Stimmhöhe, in der Sie automatisch und natürlich sprechen. Ihre Stimme wird noch lebendiger, wenn Sie die etwas höhere und die etwas tiefere Stimme trainieren. Wenn Sie Freude ausdrücken wollen, nutzen Sie die etwas höhere Stimme, für ernste Hinweise die etwas tiefere.

• Sprechtempo: Passen Sie Ihr Sprechtempo der Situation und Ihrem Gegenüber an. Menschen, die schnell sprechen, mögen Schnellsprecher – Menschen, die langsam sprechen, mögen Langsamsprecher! Aber vergessen Sie nicht: Langsames Sprechen kostet mehr Zeit!

• Betonung: Wir alle hören gerne solchen Menschen zu, die lebhaft betonen. Betonung sorgt dafür, dass Ihr Sprechen nie langweilig wirkt, Betonung gibt Ihrer Stimme das »große Gefühl«. Sie können die Betonung beim Lesen trainieren, indem Sie den zu lesenden Text für die über Betonung auszudrückenden Gefühle farbig markieren, z. B. Rot für »Spaß«, Blau für »Vernunft«, Braun für »Ernst«.

• Dialekt: Die Regel heißt: »Alle Menschen mögen Dialekt, vor allem den, den sie selbst sprechen.« Daher gilt: Nur wenn Ihr Gegenüber den gleichen Dialekt spricht wie Sie, dann dürfen Sie auch Dialekt sprechen. In allen anderen Fällen bemühen Sie sich um ein korrektes Hochdeutsch.

Tipps

1. Fragen Sie Ihre KollegInnen: »Wie findest du meine Sprache? Spreche ich zu laut oder zu leise, bin ich klar verständlich, betone ich gut?«

2. Machen Sie mit Ihrem Handy in der Tasche eine Tonaufnahme und hören Sie sich selbst im Verkaufsgespräch. Danach trainieren Sie die sinnvollen Verbesserungen.

3. LogopädInnen sind die Profis, wenn es darum geht, unsere Stimme zu verbessern. Sprechausbildung lohnt sich für VerkäuferInnen. SängerInnen und SchauspielerInnen erlangen Ihre beeindruckende Stimme auch durch Sprechausbildungen – und nicht nur durch Talent.

Körpersprache

Schon die Sprache unseres Gesichts ist unglaublich vielfältig: Es gibt 10 000 Muskelkombinationen des menschlichen Gesichts! Wir können alles nur mit unserem Gesicht und ohne jegliche Worte »sagen«.

Werden Sie sich bewusst, wie viele starke Möglichkeiten der Körpersprache Sie haben:

• Die Sprache der Augen. Unsere Augen lieben und lachen, blitzen und durchbohren.

- Die Sprache des Gesichts mit insgesamt mehr als 500 Möglichkeiten des Gesichtsausdrucks.

- Die Sprache der Hände. Unsere Hände sagen: »Willkommen!« oder: »Ich mag dich, du bist mein Freund«.

- Die Sprache der Körperhaltung zeigt etwa den »aufrechten Menschen« oder einen »mit Haltung«, »mit Rückgrat« oder »mit einem unbeugsamen Charakter«.

Übung: Ziehen Sie Ihre Arbeitskleidung an, stellen Sie sich vor dem Spiegel oder richten Sie eine Videokamera auf sich. Werden Sie sich Ihres Körpers bewusst, erkennen Sie, dass Ihre Arme und Beine, Hände und Füße und vor allem das Gesicht enorm viele Ausdrucksmöglichkeiten bieten. Und dann »sagen« Sie mit Körpersprache und ohne ein einziges Wort wichtige Sätze einer erfolgreichen VerkäuferIn hinter der Bedientheke. Vielleicht kommen Ihnen diese Sätze manchmal etwas übertrieben vor. Aber Sie werden erkennen: In der »weichen« Form der Körpersprache wirkt das enorm sympathisch und gewinnend. Lassen Sie jetzt auch Ihr schauspielerisches Talent heraus.

44

Begrüßen, nur mit Ihrer Körpersprache:
»Herzlich willkommen! Es ist mir eine ganz besondere Freude, dass Sie wieder bei mir einkaufen.«
»Verehrte Dame, es ist mir eine Ehre, dass ich Sie bedienen darf.«
»Hey, das ist aber toll, dass Sie wieder da sind!«
»Hallo, guten Tag. Mensch, Sie sind eine meiner LieblingskundInnen.«

Komplimente machen, nur mit Ihrer Körpersprache:
»Ich bewundere, wie viel Sie wissen, und bin stolz darauf, dass Sie sich gerne von mir bedienen lassen.«
»Sie zählen zu den elegantesten Kundinnen, die ich je bedienen durfte.«
»Das sieht sehr schick aus, was Sie heute anhaben.«
»Ich finde Sie einen sehr angenehmen Menschen.«

Ware präsentieren, nur mit Ihrer Körpersprache:
»Das ist ein wunderschönes Schweinefleisch. So sieht Schweinefleisch in den Fachbüchern des Fleischerhandwerks aus.«

Zum Nachdenken: Spielzeug oder Werkzeug?

Manche Menschen benutzen Sprache als Spielzeug – und spielen einfach ohne jede Verbindlichkeit. Solche Menschen wollen »plaudern« oder »schwätzen«. Andere hingegen nutzen Sprache als Werkzeug. Sie wollen mit diesem Werkzeug möglichst effizient arbeiten. Ob Sprache gerade Spielzeug oder Werkzeug ist, hängt auch von der Situation ab. Das Ausgestalten der zum Erfolg führenden Sprache verlangt vor allem Zuhören und Angleichen: Wenn Ihr Gesprächspartner beispielsweise eine Frage in kurzen, knappen Worten formuliert und keine einzige Silbe an dieser Frage ist überflüssig – so erkennen Sie: Da benutzt jemand Sprache wie ein mechanisches Präzisionsinstrument. Tun Sie es ihm gleich, vermeiden Sie Leerformeln und »spielen« Sie jetzt nicht.

»Das ist auch mein/e Lieblingsspeise/-wurst/-käse. Ich bin sicher, dass Sie es genießen werden«.
»Das ist ein wirklich erlesenes und besonders hochwertiges Lebensmittel.«

Für den Einkauf bedanken, nur mit Körpersprache:
»Sie haben exzellente Lebensmittel gekauft. Ich wünsche Ihnen, dass Sie das genießen.«
»Es hat wirklich Freude gemacht, Sie zu bedienen. Vielen Dank, dass Sie bei mir waren.«
»Ich mag Sie. Bitte kommen Sie bald wieder.«

FAZIT – DARAUF KOMMT ES AN
Sie sind ChefIn oder VerkäuferIn, das ist egal. Aber Sie wirken immer! Sie können sich in Ihrem gewohnten Umfeld nicht »frei nehmen«. Sie prägen – ob Ihnen das in einer bestimmten Situation nun gefällt oder nicht – das Bild zur eigenen Person, zum Unternehmen, für das Sie arbeiten, und zu dem Beruf, in dem Sie tätig sind.

Die besten Höflichkeitsformen, damit der

»ERSTE EINDRUCK«

stimmt

Die zwei wichtigsten Merksätze zum Thema Höflichkeit vorab:

1. Wir befolgen immer die Regeln der Höflichkeit. Auch dann, wenn unser Gegenüber diese Regeln noch nicht einmal kennt.

2. Alle Menschen freuen sich über Höflichkeit, auch wenn sie Höflichkeit als altmodisch bezeichnen oder selbst Höflichkeit weder kennen noch praktizieren.

8.

SCHRITT

Gute VerkäuferInnen brauchen gutes Benehmen

Höflichkeit, Manieren oder auch Benehmen – das alles ist nicht Ergebnis starrer Regeln, sondern es entsteht automatisch, wenn sich Menschen um ein freundliches Miteinander bemühen. Unhöflichkeit bringt nur Nachteile, Höflichkeit im Gegenzug gesellschaftliche Vorteile mit sich. Wer höflich ist, kommt weiter – im Privatleben und im Beruf. Die Höflichkeitsformen, die hier speziell für VerkäuferInnen feiner Lebensmittel an den Bedientheken verfasst wurden, können bei der Entwicklung der »Benimmkultur« eines Unternehmens helfen. Für die KundInnen wird dann deutlich: »Hier machen sie das einfach so, denn hier haben sie gutes Benehmen.«

Saubere, korrekte und angemessene Kleidung

- *Korrekt gebügelt*
- *Farben nicht ausgewaschen*
- *Nicht erkennbar geflickt*
- *Keine ausgebeulten Taschen an der Berufskleidung*
- *Mit Firmenlogo*
- *Ggf. mit Namenschild*

Zahnpflege, Mundhygiene

- *Keine erkennbaren Zahnlücken*
- *Keine Zungenpiercings*

Gepflegte Frisur und regelmäßige Haarwäsche

- *Haare dürfen nicht herunterhängen*
- *Keine sichtbaren Schuppen*
- *Keine Rastalocken*
- *Keine Punkfrisuren*

Gepflegte Fingernägel

- *Geschnittene, gefeilte Fingernägel*
- *Gepflegte Nagelhaut*
- *Keine auffällig lackierten Fingernägel*
- *Keine abgekauten Fingernägel*

Männer sind rasiert oder haben einen korrekten Bart

- *Glatt rasiert demonstriert Hygiene am besten*
- *Keine Vollbärte, Ziegenbärte u. a.*

Schmuck: weniger ist mehr

- *Maximal Ehe- oder Partnerring am Finger*
- *Zurückhaltung bei Schmuck, der politische oder religiöse Ausrichtungen zeigt*
- *Kein herunterhängender Schmuck (z. B. lange Ketten oder Anhänger an Armbändern)*
- *Keine Armbänder, Armbanduhren*

Make-up: nicht zu viel

- *Angemessenes und typgerechtes Make-up*
- *Auch nicht nur auf »Naturschönheit« vertrauen*

Zurückhaltung bei Tätowierungen und Piercings

- *Keine Tätowierungen im Bereich der Hände*
- *Keine sichtbaren Brandings*
- *Generell gilt: Weniger ist mehr*

Keine aufdringlichen Düfte

- *Keine aufdringlichen Düfte (Knoblauch)*
- *Maximal dezentes Parfüm*
- *Mundgeruch kontrollieren. Für RaucherInnen gilt: Nach dem Rauchen immer ein Pfefferminz nehmen*

Angemessene Sprache

- *Der Situation und der eigenen Position angemessen*
- *Sprachliche Flexibilität. Auf »du und du« gehen« mit ganz verschiedenen Menschen*

Interesse und Aufmerksamkeit

- *100 Prozent Aufmerksamkeit für meinen Kunden jetzt*
- *Der aktuelle Kunde hat Vorrang vor dem nächsten Kunden, vor KollegInnen und ChefInnen*

Handy- und Telefondisziplin

- *Während der Arbeitszeit ist das private Handy stumm oder ausgeschaltet*
- *Anwesende KundInnen haben Vorrang vor am Telefon anrufenden KundInnen. Wenn unvermeidbar, dann höflich fragen: »Erlauben Sie mir, dass ich ganz kurz an das Telefon gehe?«*

Keine wilden Gesten

- *Kein Herumfuchteln mit den Händen*
- *Kein Werfen (beispielsweise von Ware oder Verpackungsmaterial)*
- *Insgesamt disziplinierte Körperhaltung*

Körperbeherrschung

- *Kein Fingernägelkauen, Kratzen, Nasebohren, Ohren- bohren u. a.*
- *Naseputzen u. a. erfolgt für den Kunden nicht sichtbar*
- *Keine Hände in den Taschen*

Kein Essen und Trinken hinter der Theke

- *Auch dann kein Essen und Trinken hinter der Theke, wenn kein Kunde im Laden ist*
- *Kein Bonbon oder Kaugummi im Mund*

Lächeln – die schönste Form der Freundlichkeit

- *Wenn einmal das »Lächeln von innen heraus« nicht geht, gibt es ersatzweise ein Lächeln aus verkäuferischer Disziplin*
- *Ein antrainiertes Lächeln ist besser als gar keines*
- *Das Lächeln gehört dazu - die KundInnen haben das Lächeln mit bezahlt!*

FAZIT – DARAUF KOMMT ES AN

Die vorgeschlagenen Regeln werden Ihnen vielleicht nicht alle gefallen. Aber wenn Sie solche Regeln grundsätzlich ablehnen, verhindern Sie Ihren Erfolg im Verkauf. Und Sie können diese Regeln ändern, so wie Sie denken, dass es für Ihre Kunden genau richtig ist.

Kleine SERVICE-GESTEN,

die dem Kunden gefallen

Gute VerkäuferInnen brauchen gutes Benehmen

SCHRITT

Eine gehobene Servicekultur entsteht durch die Befolgung von Regeln und das Bemühen, immer noch eine kleine Geste der Freundlichkeit oben drauf zu setzen. Manchmal ist das nur eine angedeutete Verbeugung, manchmal ist es das zusätzliche »Dankeschön« oder »Bitte sehr«.

Wir haben als VerkäuferInnen einen Dienstleistungsberuf – es geht also um eine dienende Tätigkeit. Dieses Dienen im Verkauf an der Bedientheke wieder stärker zu betonen, bewirkt eine größere Distanz zum Billigsystem des Discounts und gibt den KundInnen zusätzliche Gründe, gerade an dieser Theke einzukaufen. Die folgende Checkliste zeigt die vielfältigen Möglichkeiten für solche zusätzlichen und verkaufsfördenden Gesten. Was wir bei allem Bemühen um bestmögliches Benehmen und gehobene Umgangsformen aber nie vergessen, ist:

Wir machen das alles für den Verkauf, für den Mehrumsatz! Übrigens: Freundlichkeitsgesten erhält man fast immer auch zurück!

BEGRÜSSUNG DES KUNDEN

• Wir grüßen jeden. Auch PassantInnen vor dem Ladengeschäft, die wir nur flüchtig wahrnehmen, erhalten ein Lächeln zugeworfen. KundInnen, die wir außerhalb der Arbeitszeit und außerhalb des Ladengeschäfts treffen, begrüßen wir auch dann mit der gleichen Freundlichkeit wie an der Theke.

• Körpersprache »Willkommen«. Die Verbeugung ist in unserem Kulturkreis das besondere Zeichen des Willkommens und der Hochachtung. Trainieren Sie, jedem Kunden eine angemessene Verbeugung zu gewähren. Dabei können Verbeugungen flexibel

- *Gedankliche »Eselsbrücken« bauen, etwa den Namen bildhaft im Kopf einprägen oder bestimmte Auffälligkeiten mit dem Namen verknüpfen.*
- *Kundenkartei, in der wir uns den Namen (und die besonderen Wünsche) einprägen*
- *Höflich nach dem Namen fragen, wenn er uns entfallen ist (der Name darf uns aber nicht fortgesetzt und bei jedem Einkauf entfallen sein)*

- Unterschiedliche Begrüßungsformeln. Der Arbeitstag von VerkäuferInnen bringt oft mehr als 100 Begrüßungen von KundInnen mit sich. Die Begrüßung darf nie monoton und gleichförmig sein. Für alle VerkäuferInnen und für alle KundInnen gibt es eine Vielzahl von Begrüßungsformeln. Ebenso variieren können Sie die Ansprache der KundInnen. Suchen Sie sich aus, was zu Ihnen und was zu welchen Ihrer KundInnen passt und was ihnen vom Alter und von der Position her auch zusteht. Eine kleine Auswahl dazu:

49

- *Guten Tag, lieber Herr ...*
- *Herzlich Willkommen, sehr geehrte Frau ... (nur bei älteren Damen: sehr verehrte Frau ...)*
- *Grüß Gott, Frau ...*
- *Ich grüße Sie herzlich, Herr ...*
- *Hallo, schön dass Sie wieder da sind, lieber Herr ...*
- *Hallo, willkommen bei uns!*

IM VERKAUFSGESPRÄCH

- Unterschiedliche »W-Fragen« zum Start des Verkaufsgesprächs. Zur Klassiker-Frage »Was hätten Sie denn gerne?« gibt es so viele schöne Alternativen, die den Verkaufsalltag für uns und die KundInnen spannender und abwechslungsreicher machen. Die »W-Fragen« zum Start des Verkaufsgesprächs ermutigen die KundInnen, sich auszusprechen, und erleichtern das Äußern von Wünschen. Am besten, Sie trainieren mit der größeren Vielfalt der »W-Fragen« auch die Vielfalt der dazu passenden Körpersprache!

- *Was darf ich Ihnen Gutes tun?*
- *Womit darf ich Ihnen dienlich sein?*
- *Worauf haben Sie heute Lust?*
- *Was macht Ihnen am meisten Appetit in unserer Theke?*

gehandhabt werden: Vor der »älteren Dame« werden wir uns tiefer verbeugen, vor dem »Schulfreund von einst« eher angedeutet. Ein weiteres Signal der Körpersprache für »Willkommen« sind die geöffneten Hände und die nach vorne gerichteten Handflächen.

- Kundennamen nennen. Der eigene Name ist für jeden Menschen das schönste Wort in der ganzen Sprache. Nur sehr wenige VerkäuferInnen unterliegen der Gefahr, hier des Guten zu viel zu tun – etwa weil sie unentwegt und in praktisch jeden Satz den Namen des Kunden nennen. Generell liegt in der Nennung und korrekten Aussprache des Kundennamens eine wichtige Chance zur Kundenbindung. Besonders leicht ist die Namensnennung, wenn wir durch ein Kundenkartensystem den Namen regelmäßig auf dem Waagenbildschirm sehen. Ansonsten trainieren wir unser Namensgedächtnis beispielsweise so:

- *Was darf ich für Sie tun?*
- *Womit kann ich Ihnen eine Freude machen?*

- »W-Fragen« zur Fortsetzung des Verkaufsgesprächs. Wir als VerkäuferInnen müssen den Kunden immer wieder neu einladen und motivieren, seine Wünsche zu äußern. Nicht der Kunde muss bestellen, sondern wir müssen diese Bestellungen erfragen, erbitten, manchmal »herauskitzeln«. Auf keinen Fall stellen wir eine Frage, die als Einladung zum Ende des Verkaufsvorgangs verstanden werden könnte. Also niemals: »Sonst noch einen Wunsch?« – denn darauf braucht der Kunde ja nur noch »Nein« zu sagen. Noch schlimmer wäre gar: »Ist das alles dann?« – das ist schon die dringende Bitte an die KundInnen, endlich den Einkauf zu beenden. Auch hier sind es die vielfältigen offenen »W-Fragen«, die das Verkaufsgespräch erfolgreich weiterführen, beispielsweise:

- *Was macht Ihnen noch Appetit?*
- *Was darf ich Ihnen einmal zur Verkostung anbieten?*
- *Was darf ich Ihnen noch zeigen oder probieren lassen?*
- *Was interessiert Sie noch besonders in unserer Theke?*
- *Womit darf ich Ihnen noch dienen?*

- Verkostungsangebot, wenn der Kunde seine Bestellungen schon abgeschlossen hat. Ihr Kunde hat schon gesagt: »So, das ist jetzt alles«. Eine solche Ansage ist generell die Chance auf den Zusatzverkauf. Es sei denn, Ihr Kunde hat unmissverständlich deutlich gemacht, dass er jetzt sofort bezahlen will und keine weitere Ansprache wünscht. Bedenken Sie bitte: Jede dritte Zusatzempfehlung wird zum Zusatzverkauf und so zum Zusatzumsatz, den jedes Geschäft dringend braucht. Das Angebot des Zusatzverkaufs braucht ein besonders Maß an Serviceorientierung, dass es niemals als aufdringlich, sondern vielmehr als nützlich bewertet wird. Beispiele für die Kundenansprache dazu:

- *Wenn Sie erlauben, zeige ich Ihnen noch etwas ganz Besonderes. Ich nehme an, das wird Ihnen gefallen.*
- *Gestatten Sie bitte, dass ich Ihnen noch eine besondere Kostprobe anbiete?*
- *Wenn Sie noch eine Sekunde Zeit haben, möchte ich Ihnen noch etwas zum Probieren anbieten. Darf ich?*
- *Ich hätte noch eine besondere Empfehlung, die gerade Ihrem Geschmack entsprechen dürfte. Darf ich für Sie eine Scheibe zum Probieren abschneiden?*

- Serviceangebote zum Schneiden. Unsere Aufgabe als VerkäuferInnen ist es, den KundInnen das Einkaufen so angenehm und erfreulich wie

nur möglich zu machen. Viele offene Lebensmittel in unseren Bedientheken werden mit der
Schneidemaschine oder mit der Hand abgeschnit-
ten. Dieses Schneiden ist immer eine wichtige
Chance, besondere Wünsche des Kunden zu
erfragen und zu erfüllen. Einige Beispiele dafür:

- *Ist Ihnen diese Scheibenstärke so angenehm?*
- *Ich mache Ihnen ganz dünne Scheiben und lege ein
  Trennblatt auf die erste Lage, dann können Sie zu
  Hause alles leichter abnehmen. Ist Ihnen das so
  angenehm?*
- *Haben Sie einen besonderen Wunsch, wie ich die
  Ware aufschneiden soll?*

- Serviceangebote zum Verpacken. Die Verpackung
  der Ware hat einerseits funktionale Bedeutung:
  Kühles soll kühl bleiben und Nasses soll nicht
  saften. Die Verpackung hat andererseits ästheti-
  sche Bedeutung: Die Ware soll auch zu Hause im
  Kühlschrank der KundInnen noch attraktiv und
  appetitlich aussehen. Wir betonen unser gehobe-
  nes Fachgeschäftsniveau, indem wir die verschiedenen Möglichkeiten anbieten:

- *Auf Wunsch würde ich Ihnen die Steaks auch
  vakuumverpacken. Damit haben sie eine längere
  Haltbarkeit.*

- *Wenn Sie erlauben, packe ich den Becher zusätzlich
  in einen Kunststoffbeutel und verknote diesen fest,
  dann kann sicher nichts auslaufen, wenn Sie die
  Ware nach Hause tragen.*
- *Wenn Sie gestatten, gebe ich den gekochten Schinken zusätzlich in Alufolie, das schützt den schönen
  Schinken gegen die sommerliche Wärme.*

- Serviceangebote zum Kassieren. Beim Kassieren ist
  unser Servicedenken und unser gutes Benehmen
  besonders wichtig. Wir zeigen unser Niveau etwa
  dadurch, dass wir den Zahlbetrag erst nennen,
  wenn uns der Kunde einen Blickkontakt gewährt
  hat – und nicht, wenn der Kunde gerade noch z. B.
  nach seiner Geldbörse sucht. Serviceangebote
  beim Bezahlen zeigen Sie mit diesen Angeboten:

- *Darf ich Sie zur Kasse bitten?*
- *23,70 Euro, bitte sehr. Wie möchten Sie bitte
  bezahlen?*
- *Darf ich Sie bitten, Ihre Geheimzahl einzutippen?*
- *Würden Sie bitte hier auf dem Beleg unterschreiben?*
- *Wir haben einen Kassenautomaten. Wenn Sie
  erlauben, zeige ich Ihnen die Funktion dieses
  Automaten, der das Bezahlen in unserem Geschäft
  hygienisch und sicher macht.*
- *Darf ich Ihnen die Vorteile unserer Kundenkarte
  nennen oder ein Infoblatt dazu mitgeben?*

Deshalb sind kleine Servicegesten so wichtig

Überall, wo VerkäuferInnen hinter Bedientheken stehen, ist eine kulturelle Alternative zum Billigsystem des Discounts gegeben. Discount ist billig, Bedientheke kostet mehr. Beispielsweise durch die Personalkosten: Von Discountern ist bekannt, dass die Personalkosten 2,8 Prozent betragen – bei Fleischerfachgeschäften betragen sie rund das Zehnfache! Dieser Kostenunterschied produziert einen Preisunterschied. Und diesen Preisunterschied müssen wir als VerkäuferInnen mit unserer täglichen Arbeit rechtfertigen. Die vielen kleinen Gesten der Freundlichkeit, des guten Benehmens und des gehobenen Service betonen diesen Unterschied. Um unsere Vorteile für den Kunden noch deutlicher zu machen, sollten wir immer daran arbeiten, noch ein klein wenig mehr Service zu bieten, noch höflichere Gesten abzugeben und jeden Kunden mit einem dankbaren Lächeln zu begrüßen und zu verabschieden.

52

• Serviceangebote beim Überreichen der Ware. Mit dem Bezahlvorgang überreichen wir dem Kunden die Ware. Wir achten darauf, dass die Entgegennahme der Ware für den Kunden so angenehm wie möglich ist. Mögliche Servicegesten zeigen diese Sätze zu den KundInnen:

> • *Darf ich Ihnen die Waren in die Einkaufstasche packen?*
> • *Können Sie alles gut verstauen? Kann ich Ihnen irgendwie helfen?*
> • *Dürfen wir Ihnen helfen, den großen Einkauf zu Ihrem Wagen zu tragen?*
> • *Sie können bei uns praktische Isoliertaschen zu einem günstigen Preis kaufen. Wünschen Sie das?*

FAZIT – DARAUF KOMMT ES AN

Manche dieser Servicegesten haben wir ganz selbstverständlich drauf. Andere praktizieren wir manchmal, wenn wir gute Stimmung haben. Aber zum erfolgreichen Verkauf gehört die eigene Disziplinierung: »Los jetzt, du kannst das. Der Kunde hat das mitbezahlt. Also mach auch!«

BITTE, DANKE, ENTSCHULDIGUNG

Die Zauberworte guten Benehmens

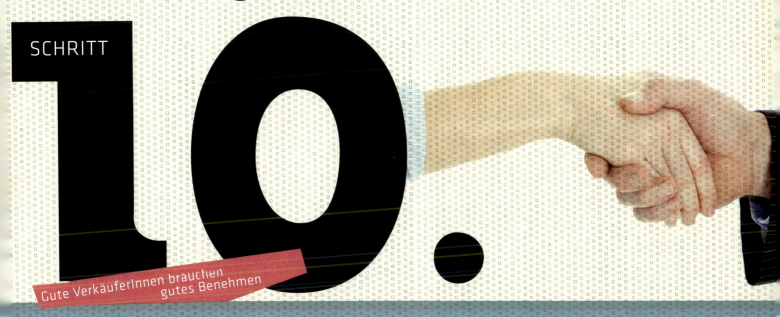

SCHRITT **19.**

Gute VerkäuferInnen brauchen gutes Benehmen

Danke, Bitte, Entschuldigung – man kann diese drei wichtigen Wörter unserer Zivilisation kaum zu oft sagen. Fast jeder Satz, den wir als VerkäuferInnen sagen, kann mit einem dieser drei Wörter schöner und freundlicher werden. Eine besondere Betonung erfahren diese drei wichtigen Worte durch die entsprechende Körpersprache, hier besonders durch die Verbeugung, auch wenn diese im Verkaufsalltag hinter der Theke oft nur angedeutet wird.

Dankeschön!
Bitteschön!

FAST IMMER ZU SELTEN: BITTE UND DANKE

Die generell gültige Forderung an VerkäuferInnen hinter den Bedientheken darf lauten: Mehr Bitte und mehr Danke! Die beiden zentralen Höflichkeitsworte können in allen Situationen des Thekenverkaufs noch deutlicher gesagt werden.

Bei der Entgegennahme der ersten Bestellung des Kunden etwa durch diese Ansagen:

- *Vielen Dank. Das mache ich sehr gerne für Sie.*
- *Danke, wird sofort für Sie erledigt.*
- *Dankeschön, wird gerne für Sie gemacht.*

Nach der Erlaubnis, einen möglichen Zusatzverkauf probieren zu lassen:

- *Danke, dass Sie mein kleines Angebot annehmen. Ich hoffe, es schmeckt Ihnen.*
- *Vielen Dank, dass ich Sie probieren lassen darf. Ich hoffe, dass ich Ihren Geschmack getroffen habe.*
- *Danke, dass Sie unsere Kostprobe annehmen. Ich hoffe, Sie mögen diese Spezialität.*

Nach Abschluss des Einkaufs:

- *Vielen Dank, dass Sie bei uns eingekauft haben.*
- *Ich bedanke mich dafür, dass ich Sie bedienen durfte.*
- *Herzlichen Dank, dass Sie unser Kunde sind, und Danke für Ihren Einkauf.*

TRAININGSMASSNAHMEN FÜR MEHR BITTE UND DANKE

Bitte und Danke – die beiden Worte werden aus Unachtsamkeit vergessen. Deshalb müssen wir dem Vergessen der beiden Zauberworte entgegenwirken. Die besten Maßnahmen dafür:

- Bedeutung von Bitte und Danke im Mitarbeitergespräch erklären.

- Bitte und Danke auch in die Firmenkultur integrieren. Zwischen ChefInnen und MitarbeiterInnen sind die Zauberworte genauso wichtig, wie zu den KundInnen.

- Beispiele aus diesem Buch vortragen und mit weiteren Beispielen aus dem Kreis der VerkäuferInnen ergänzen.

- An der Zugangstür der VerkäuferInnen zum Ladenraum Smilies mit »Bitte« und »Danke« aufkleben.

- Auf den Ladenwaagen kleine Merkzettel mit »Bitte« und »Danke« aufkleben.

- Die VerkäuferInnen belohnen, wenn die Worte »Bitte« und »Danke« besonders kreativ, abwechslungsreich und freundlich eingesetzt werden.

»ENTSCHULDIGUNG« – DIE HOHE SCHULE DER HÖFLICHKEIT

»Entschuldigung« ist ein Wort aus der höflichen Umgangssprache, das oft missverstanden wird. Denn: Wir brauchen keinen Fehler gemacht zu haben, wir brauche keine »Schuld« zu haben, um »Entschuldigung« zu sagen. Die bloße Vermutung, wir könnten etwas tun, was unser Gegenüber irgendwie stört, ist ausreichend Anlass für ein »Bitte entschuldigen Sie«.

Diese »Entschuldigung« als Teil der hohen Schule der Höflichkeit findet etwa hier ihre Anwendung:

· Wir sprechen den Kunden vor der Theke an, der an der Reihe ist, der aber noch nicht zu uns schaut: »Entschuldigen Sie, wenn ich Sie anspreche. Darf ich Sie schon bedienen?«

· Wir müssen eine KollegIn etwas fragen, obwohl diese gerade im Verkaufsgespräch ist. Dann sprechen wir den Kunden an, der gerade bedient wird: »Bitte entschuldigen Sie, dass ich störe. Ich möchte nur ganz kurz meine Kollegin etwas fragen« ... und danach zum Kunden: »Vielen Dank«.

· Das Telefon klingelt im Ladenraum. Es ist außer uns niemand da, der das Gespräch annehmen könnte,

wir sind aber im Kundengespräch: »Würden Sie mir gestatten, dass ich kurz ans Telefon gehe?« ... und danach: »Entschuldigen Sie vielmals, dass ich Sie jetzt habe warten lassen«.

· An der Kasse, wir sind mit dem Eintippen fertig, der Kunde sucht aber noch nach seiner EC-Karte im Geldbeutel. Dann gibt es keine Worte, sondern einfach ein höfliches Warten, bis der Kunde seine Karte gefunden hat oder sich sonst wie erklärt.

· Wir brauchen ein Werkzeug von einer KollegIn am Nachbararbeitsplatz: »Entschuldige bitte, aber ich bitte dich leihweise um ....« So demonstrieren wir, dass unsere Höflichkeit nichts Aufgesetztes für den Kunden ist, sondern ein Teil unserer Unternehmenskultur.

FAZIT – DARAUF KOMMT ES AN

 Es ist keine Geschichte überliefert, bei der es jemals zum Streit kam, weil »Bitte«, »Danke« oder »Entschuldigung« einmal zu oft gesagt wurde. Aber Gekränktheit, weil es nur einmal zu wenig gesagt wurde, ereignet sich täglich allerorten. Es kostet nichts, also sagen wir die Zauberworte öfter!

Kommunikation

11.

Gute VerkäuferInnen brauchen gute Kommunikation

PERSÖNLICHE AKZEPTANZ

Wir können alle KundInnen und KollegInnen »umarmen«

Akzeptanz ist Grundvoraussetzung von erfolgreicher Kommunikation. Wenn Sie diesem Satz zustimmen, bitte überprüfen Sie noch mal, dass Sie wirklich Akzeptanz meinen. Viele Menschen sagen »Akzeptanz« und meinen aber bloße »Toleranz«.

Toleranz = Duldsamkeit ist allgemein ein Geltenlassen und Gewährenlassen fremder Überzeugungen, Handlungsweisen und Sitten. Anders gesagt: Wenn ich den anderen toleriere, denke ich unter Umständen: »Der oder die ist doof, aber es ist eben so. Das kann ich nicht ändern.«

Ergebnis: Toleranz verhindert zwar schlimme Auseinandersetzungen, schafft aber keine Atmosphäre, in der ein gutes Miteinander erfolgen kann.

Akzeptanz = Einverstanden sein, etwas/jemanden annehmen und anerkennen, mit etwas/jemandem einverstanden sein. Es wird deutlich, dass Akzeptanz auf Freiwilligkeit beruht. Akzeptanz ist etwas Aktives, Toleranz etwas Passives. Akzeptanz beschreibt ein zustimmendes Urteil zu etwas oder einem anderen Menschen – etwas oder jemand ist »in Ordnung« oder »passt so«.

ERGEBNIS:
Mit der Grundeinstellung »du bist OK, auch wenn du anders bist« kann zwischen sehr verschiedenen Menschen ein gutes Miteinander stattfinden.

Wer seine Fähigkeit zur Akzeptanz erweitert, erfährt vielerlei Vorteile:

- *Die Persönlichkeitsentwicklung verbessert und beschleunigt sich.*
- *Wir nehmen Wissen und Erfahrungen von anderen auf.*
- *Wir vergrößern der Kreis der Menschen, mit denen wir erfolgreich auf »du und du« gehen können.*

Für VerkäuferInnen bedeutet die Fähigkeit zu mehr Akzeptanz: Bessere Kontakte zu KollegInnen und KundInnen Oder ganz einfach: Wer Akzeptanz geben kann, ist zwangsläufig auf dem Weg zur Effizienz und zum Erfolg.

Jeder von uns hat seinen eigenen Akzeptanzkreis. Innerhalb dieses Akzeptanzkreises verläuft nahezu jede Kommunikation fast zwangsläufig erfolgreich. Denn: Wir mögen die anderen Menschen darin. Der häufigste Grund dafür: Die Menschen innerhalb unseres

PRAXISBEISPIELE

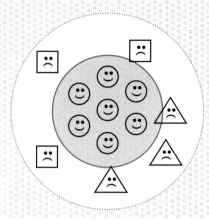

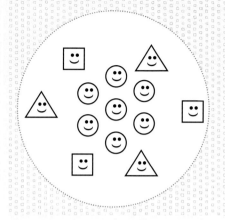

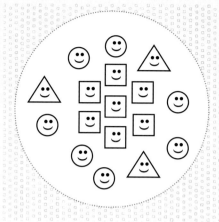

AKZEPTANZKREIS 1: unser innerer Akzeptanzkreis, bevor wir ihn erweitern.

AKZEPTANZKREIS 2: unser innerer Akzeptanzkreis und wie wir ihn erweitern.

AKZEPTANZKREIS 3: Ergebnis: auch der andere erweitert seinen Akzeptanzkreis.

AUSGANGSSITUATION (VORHER):
»Die blöden türkischen Kopftuchfrauen ...«

FOLGE: Wenn Sie so denken, dann lassen Sie türkische Frauen mit Kopftüchern einfach nicht in Ihren Akzeptanzkreis hinein. Diese Frauen werden – ob als Kundinnen oder Kolleginnen – spüren: »Da mag mich einer nicht, wahrscheinlich, weil ich Türkin bin und ein Kopftuch trage.« Mit der Kollegin wird es keine echte Zusammenarbeit geben und an diese Kundin werden Sie auf Dauer nicht erfolgreich verkaufen. Sie bremsen Ihren Erfolg selbst aus.

VERBESSERUNG (NACHHER): Sie versuchen eine Änderung in Ihrem Kopf: »Wenn ich mit italienischen, spanischen oder griechischen Frauen kein Problem habe, warum dann mit türkischen? Es sollte die Entscheidung dieser Frauen sein, ob sie ein Kopftuch tragen wollen. Ich will nicht, dass sie von ihren Männern gezwungen werden, ein Kopftuch zu tragen. Aber ich will sie auch durch mein Verhalten nicht zwingen, es abzulegen«.

AUSGANGSSITUATION (VORHER):
»Diese eingebildeten Zahnarzt-Gattinnen, die immer im Geländewagen vorfahren, sind für mich das Allerletzte.«

FOLGE: Dieser Typ Kundinnen gefällt Ihnen also nicht. Man könnte nun sagen: »Nicht so schlimm. Die kann ja eine andere Bedienkraft beraten.« Aber diese Ausgrenzung eines bestimmten Typs beschädigt vor allem Sie selbst: Ihre natürliche Freundlichkeit und Ihr Charme frieren plötzlich ein, wenn einer dieser Frauen den Laden betritt.

VERBESSERUNG (NACHHER): Fragen Sie sich: Würden Sie im Geländewagen ähnlich negativ wirken? Sind Sie da in Ihrem Vorurteil ganz frei von Neid? Wir wissen: Neid macht hässlich. Vielleicht hilft uns die wirtschaftliche Betrachtung: Solche »Zahnarzt-Gattinnen« sind kaufkraftstarke Frauen! Ich sollte nicht gerade die wirtschaftlich attraktivsten Kunden ausgrenzen! Diese helfen mir zu meinem Erfolg und bei meiner Karriere.

AUSGANGSSITUATION (VORHER):
»Die Lehrlinge von heute sind alle dumm, faul und böse.«

FOLGE: Die Lehrlinge werden von Ihnen kein Wissen annehmen wollen, Sie beschneiden so Ihren eigenen Erfolg als Führungskraft.

VERBESSERUNG (NACHHER): Erinnern Sie sich: Wobei genau habe ich mich als Lehrling besonders dumm angestellt? Wo brauchte meine Ausbilder enorm viel Geduld mit mir? Vielleicht hat einer meiner Ausbilder auch einmal so über mich und die anderen Lehrlinge geflucht? Sie können sich auch bewusst machen, dass Auszubildende knapp sind – und dass wir schon aus Vernunft aus den Lehrlingen, die wir haben, das Beste machen sollten. Und das geht nur, wenn wir uns den Glaubenssatz zulegen: »Die Lehrlinge heute sind in Ordnung, so wie wir damals auch in Ordnung waren«. Vielleicht hilft gegen diese Ausgrenzung des Berufsnachwuchses auch der gelehrte Sokrates aus dem griechischen Altertum, der vor rund 2500 Jahren sagte: »Die Jugendlichen von heute lieben den Luxus, haben schlechte Manieren und verachten die Autorität. Sie widersprechen ihren Eltern, tyrannisieren ihre Lehrer ...«

Akzeptanzkreises sind ein klein wenig so wie wir, haben ähnliches Aussehen, sprechen die gleiche Sprache, teilen unsere Interessen und Überzeugungen usw.

Innerhalb dieses Akzeptanzkreises signalisieren wir unbewusst, aber klar erkennbar bereits beim ersten Blickkontakt: »Du bist okay.« Es fällt uns dann sehr leicht, ein offenes und freundliches Lächeln zu geben. Wenn KollegInnen innerhalb unseres Akzeptanzkreises stehen, dann zeigen wir uns stets von der hilfsbereiten Seite. Wenn unsere KundInnen dazugehören, dann freuen wir uns, Wünsche besser zu erfüllen. Selbst in beiläufigen und alltäglichen Situationen läuft in unserem Gehirn stets das Rasterprogramm »Akzeptanzkreis ja/nein«. Wir unterscheiden dabei zwischen »Freund/ Feind«. Und wir machen uns dabei viel zu schnell viel zu viele »Feinde«. Der Grund dafür: Unser Akzeptanzkreis ist meist viel zu klein.

Winzige Kleinigkeiten reichen oft schon aus, um aus unserem vorläufigen Akzeptanzkreis herauszufallen. Eine falsche Haarfarbe, ein falsches Kleidungsstück, eine falsche Körperhaltung – und schon gehört der andere Mensch nicht mehr dazu! Besonders gerne stellen wir andere Menschen außerhalb unseres Akzeptanzkreises, wenn sie eine bestimmte Religion, Hautfarbe oder Herkunft haben. Deutsche oder Ausländer, Sozialist oder Konservativer, Christ oder Moslem, Hetero- oder Homosexueller, Arbeiter oder Bildungsbürger – Akzeptanzkreise haben viele Begrenzungen.

Unsere wichtige Daueraufgabe zur Erlangung höherer Kommunikationsfähigkeit heißt: Den eigenen Akzeptanzkreis erweitern. Denn: Sobald jemand außerhalb unseres Akzeptanzkreises steht, signalisieren wir sehr deutlich: »Du gehörst nicht dazu.« Jetzt kann das natürlich unser Kunde sein – und wir verkaufen ihm trotzdem etwas. Doch der Kunde spürt, dass er nur in seiner Funktion als Kunde, nicht aber als Mensch akzeptiert wird.

Auf einen Dritten wirkt es stets negativ, wenn er mit zwei Menschen zusammenkommt, die außerhalb ihrer gegenseitigen Akzeptanzkreise stehen. Wo sich beispielsweise zwei VerkäuferInnen ablehnen, wird keine/r den Erfolg beim Kunden haben. Denn der Kunde empfindet die Situation wie eine hochgradig ansteckende Krankheit und hat das Bedürfnis, zu flüchten – schon des Selbstschutzes und der Ansteckungsgefahr wegen. Wenn die zwei VerkäuferInnen sich aber zunächst einmal akzeptieren, sich gegenseitig bewusst innerhalb ihres eigenen Akzeptanzkreises stellen, dann haben sie auch die Kraft, den Kunden aufzunehmen. Der Kunde erfährt: »Ich gehöre dazu/ich bin in Ordnung« oder noch stärker: »Ich bin toll/mich muss man einfach mögen.«

Die erste wichtige Maßnahme zu erfolgreicher Kommunikation ist daher, den eigenen Akzeptanzkreis zu erweitern. Machen wir uns dazu bitte eines deutlich: Wir selbst stehen für sehr viele Menschen außerhalb des Akzeptanzkreises! Wir sind in den Augen anderer genau die schrägen Vögel und komischen Typen, über die wir uns selbst oft ärgern.

Wenn wir es schaffen, unseren Akzeptanzkreis zu erweitern, geben wir ein klares Signal ab. Der neu in unserem Akzeptanzkreis aufgenommene Mensch ist nun seinerseits bereit, auch uns in seinen Akzeptanzkreis aufzunehmen. Es beginnt auf der Basis von Akzeptanz ein vorsichtiges Gewinner-Gewinner-Spiel.

FAZIT – DARAUF KOMMT ES AN

Die großen Auseinandersetzung der Menschheit kann man auf die Formel reduzieren: »Den mag ich. Und den mag ich nicht«. Wenn wir keine Kriege führen, sondern erfolgreich verkaufen wollen, sollten wir trainieren, mehr Leute zu mögen. Der größere Akzeptanzkreis verhilft uns dazu.

SCHRITT

12.

Gute VerkäuferInnen brauchen gute Kommunikation

KOMPLIMENTE

fördern jede Kundenbeziehung

Komplimente statt nervtötender Wartemusik am Telefon:

»Du siehst toll aus in dem Hemd!«

Komplimente sind die schönen kleinen Geschenke, die nichts kosten, lange wirken und fast immer gut ankommen. Wie bei jedem passenden Geschenk muss man sich aber auch bei Komplimenten schon vorher einige Gedanken über den »Beschenkten« machen. Denn: So wie nur das individuelle Geschenk eine besondere Wertschätzung zeigt, ist auch das auch bei Komplimenten.

Viele Menschen – auch diejenigen, die gerne Komplimente entgegennehmen – haben Hemmungen, Komplimente zu machen. Manchmal werden Komplimente auch als etwas Altmodisches oder gar Schleimiges gesehen. Wir trainieren hier, Komplimente als ein besonders leicht anzuwendendes Instrument zur Verbesserung von Beziehungen einzusetzen. Wir tun das, weil wir den Erfolg im Verkauf wollen, und auch, weil es uns selbst gute Stimmung verleiht, wenn wir anderen Menschen ein Lächeln ins Gesicht zaubern.

REGELN FÜR EHRLICHE UND GEKONNTE KOMPLIMENTE

1. Sie suchen ab sofort bei allen KundInnen nach der Chance zum kleinen Kompliment; bereits beim ersten Blickkontakt suchen Sie nach etwas, das Ihnen besonders gut gefällt. Es reicht eine winzige Kleinigkeit. Ein Kompliment, das ein Detail betrifft, zeigt Ihr geschärfte Wahrnehmung und Ihre hohe Aufmerksamkeit. Dabei gilt: Ein Kompliment macht man besser zu den Dingen, die nur der aufmerksame Betrachter erkennt – nicht zu denen, die geradezu demonstriert werden (der direkt vor der Eingangstür parkende Sportwagen, die dicke goldene Uhr am Handgelenk).

2. Sie erfassen die Intimität dieser Kundenbeziehung: Wie nah sind Sie diesem Kunden? Oder ist da viel Distanz, etwa hinsichtlich Alter, Geschlecht, sozialer Stellung, Bildung, Sprachniveau? Entsprechend offensiv oder betont höflich und dezent werden Sie Ihr Kompliment kommunizieren. Wenn viel Distanz gegeben ist, passt meist ein rein körpersprachliches Kompliment am besten. Ihr Blick geht dazu zu dem Detail, das Ihnen besonders gut gefällt, danach verraten Ihr Lächeln und Ihr Augenaufschlag, dass Sie da an Ihrem Gegenüber etwas besonders Attraktives wahrgenommen haben.

3. Sie erfassen, welche Sprache angemessen ist, dieses Kompliment auszusprechen. Bei Unsicherheiten: Höflichkeitsformeln machen auch Komplimente noch etwas »weicher« – etwa: »Wenn Sie erlauben, dass ich etwas anmerke, was mir an Ihnen gleich aufgefallen ist ...«

4. Wiederholungen vermeiden. Wenn Sie als Mann mehrmals am Tag älteren Damen das Kompliment machen, dass ihnen dunkelblau ganz besonders gut steht, droht das lächerlich zu wirken.

5. Allgemeinheiten vermeiden. »Was sehen Sie aber gut aus heute« – so etwas dürfen Sie schon gelegentlich sagen, wenn es Ihnen wirklich so auffällt. Aber vermeiden Sie eher die Komplimente zu oberflächlichen Dingen – suchen Sie nach den Details.

6. Sexistische Komplimente unterlassen. Wir trainieren den erfolgreichen Verkauf, nicht die Anmache! Vielleicht erinnern Sie sich an diese Geschichte: Vor Kurzem machte der FDP-Politiker Brüderle einer Journalistin ein Kompliment zu ihrer Oberweite und sagte: »Sie würden ja auch ein Dirndl ausfüllen.« Eine breite Mehrheit der Bevölkerung nahm das aber nicht als Kompliment, sondern als peinlichen Sexismus wahr. Also: Vorsicht, und zwar gegenüber Frauen und Männern!

7. Keinen Zwang entstehen lassen. Wenn Ihnen nichts auffällt, wozu Sie ein ehrliches Kompliment machen könnten, dann lassen Sie es! Zwingen Sie sich nicht zur »Produktion« von Komplimenten. Das ginge nur mit schauspielerischer Ausbildung gut. Denn: Wir wollen nie den Eindruck entstehen lassen, dass unsere Komplimente auch »Strategie« und »Verkaufsförderung« sind. Steigern Sie Ihr Talent zum gekonnten Kompliment umsichtig und prüfen Sie immer wieder, wie was bei den KundInnen ankommt.

WOZU KANN ICH EIN GEKONNTES KOMPLIMENT MACHEN?

Machen Sie sich die enorme Vielzahl von Möglichkeiten für gekonnte Komplimente bewusst. Wichtig aber ist: Sie machen ein Kompliment immer nur zu etwas, was Ihnen positiv auffällt. Der Unterschied zu früher ist nur, dass Sie jetzt bei jedem Kundenkontakt gezielt danach suchen. Einige Bereiche, in denen Sie fündig werden können:

- *Äußerlichkeiten, etwa Kleidung, Handtaschen, Kinderwagen, Schmuck, Kosmetik, Frisur*
- *Sprache, beispielsweise Dialekt, Akzent, Wortwahl*
- *Kundenfragen (die eine besondere Kennerschaft der KundIn zeigen)*
- *Sonderwünsche (die auf ein hohes kulinarisches Niveau schließen lassen)*
- *Bestellungen (die einen besonders erlesenen Geschmack oder besondere Vorlieben zeigen).*

BEISPIELE ZU ERFOLGREICHEN KOMPLIMENTEN AUS DER PRAXIS AN DER BEDIENTHEKE

Ein Kompliment ist immer etwas »Maßgeschneidertes«. Es kann daher keine Auswahlliste an standardisierten Komplimenten geben, die man dann wie Grußformeln variiert und einsetzt. Die Beispiele können aber zur Anregung dienen.

Situation: Der Kunde an der Fleischtheke fragt die junge Verkäuferin nach 600 Gramm Rinderfilet, das er als Chateaubriand zubereiten möchte.

Kompliment: Die Verkäuferin reagiert mit großen Augen und bewunderndem Lächeln und sagt: »Wow, Chateaubriand, dieses berühmte Gericht der großen französischen Küche! Meine Mutter sammelt Kochbücher, daher kenne ich die Historie vom Chateaubriand. Ich werde für Sie das schönste Rinderfilet holen, das wir haben.«

Situation: An der Theke steht die perfekte Dame – Lady durch und durch. Diese Frau weiß um ihr gutes Aussehen.

Kompliment: Die Verkäuferin bemüht sich selbst, in ihrer Körperhaltung und ihrer Arbeit mehr damenhaft zu wirken. Zur Begrüßung, bei der Entgegennahme der Bestellungen und bei der Verabschiedung ist die mit Kopf und Oberkörper angedeutete Verbeugung ein klein wenig tiefer und das respektvoll-freundliche Lächeln sagt: »Ich bewundere, wie ladylike Sie sind.«

Situation: An der Theke steht ein Herr mit Hut und hat mehrere Bestellungen und einige Fragen an den Verkäufer.

Kompliment: In einer kurzen Pause des Beratungsgesprächs, während der Verkäufer gerade wunschgemäß

Waren aufschneidet, bemerkt dieser: »Wenn ich Ihnen das sagen darf: Dieser Style mit dem Hut sieht klasse aus.« Dazu gibt der Verkäufer ein zustimmendes Lächeln und Kopfnicken.

Situation: Die Kundin an der Feinkosttheke kauft nacheinander verschiedene luftgetrocknete Schinken und Salamis, dann verschiedene Bergkäsesorten, dann die grünen Oliven in Orangenmarinade.

Kompliment: Die Verkäuferin blickt auf die bereits eingekauften Waren, dann mit bewunderndem Lächeln zur Kundin und bemerkt: »Sie kaufen hier die wohl leckerste Kombination, die unsere Theke hergibt. Alle Achtung!«

Situation: Der Kunde an der Fleischtheke betrachtet die Schweineschnitzel und fragt die Verkäuferin: »Ist alles Schweinefleisch bei Ihnen aus gentechnikfreier Fütterung?«

Kompliment: Antwort der Verkäuferin: »Ja, mit Ausnahme der zugekauften Schweinefilets ist das ganze Schweinefleisch aus eigener Schlachtung und garantiert gentechnikfrei. Ich finde es übrigens gut, dass Sie danach fragen. Es geht ja nicht nur darum, dass es gut schmeckt«.

FAZIT – DARAUF KOMMT ES AN

Die wichtigste Unterscheidung ist die zwischen dem schmierigen Kompliment, das den KundInnen aus reiner Geldgier gemacht wird – und dem Kompliment einer professionellen VerkäuferIn, die nie lügt, aber auch das geschäftliche Interesse nie ganz vergisst. Letzteres qualifiziert fachlich und persönlich!

FRAGEN UND ZUHÖREN

SCHRITT

13.

»Wer fragt,
führt«
und
»Wer zuhört,
gewinnt«

Gute VerkäuferInnen brauchen gute Kommunikation

63

Wir müssen zuerst das aktive Zuhören, dann das Fragen lernen. Aktiv Zuhören heißt, dass der Zuhörer die Aussagen und Beweggründe seines Gegenübers genauestens zu verstehen versucht. Dabei gibt der Zuhörer dem Gesprächspartner Feedback über die angekommene Information und sein Zuhören. Das aktive Zuhören ist ein Ausdruck der positiven Einstellung und der Wertschätzung zum Gesprächspartner.

Mit diesem Vorgehen signalisiert der Zuhörer dem Sprecher, dass er an seinen Informationen, seinen Gedanken, seiner Person interessiert ist. Damit wird die positive Einstellung sichtbar. Weiterhin fördert das aktive Zuhören auch die Konzentration des Zuhörers. Die Ziele des aktiven Zuhörens sind:

- *Aufrechterhalten oder Herstellen einer positiven Beziehung zum Gesprächspartner*
- *Gewinnung zusätzlicher nützlicher Informationen*

Aktives Zuhören ist aber nicht nur Ausdruck einer positiven Grundeinstellung, sondern hat auch einen technischen Aspekt: Der Zuhörer muss über Gesprächsmittel verfügen, mit denen er aktiv zuhören kann. Diese Gesprächsmittel sind:

- *Körpersprache, Gestik, Mimik, Blickkontakt (Kopfnicken, sich zuwenden u. a.)*
- *Fragen (»Wenn ich Sie richtig verstehe, dann sind Sie der Meinung, dass ...«)*
- *Reflektieren (»Ich weiß genau, was Sie meinen« oder: »Das sehe ich ganz genau so«)*
- *Wiederholen (bestätigend wiederholen, beispielweise »Ja, sehr richtig. Es geht darum, dass ...«)*

Damit ist auch deutlich, dass einige häufig zu beobachtende Gesprächsmittel im Widerspruch zum aktiven Zuhören stehen:

1. Das Gehörte übergehen

- *so tun als wäre es gar nichts gesagt worden*
- *nicht hinhören*
- *nur aus eigener Sicht urteilen*

2. Verständnis nur vortäuschen

- Nur scheinbares oder widersprüchliches Eingehen auf den Gesprächspartner

- Verwendung von Floskeln (»Ich verstehe Sie, aber ...«, »An und für sich haben Sie recht, aber ...«, »Prinzipiell bin ich Ihrer Meinung, aber ...«, »Ich finde das durchaus interessant, aber ...«)

3. Verzerren

- Die Meinung, die Sichtweise oder die Interessen des Gesprächspartners werden verzerrt; es wird »das Wort im Munde umgedreht«.

- Unsensible Interpretationen verzerren gleichfalls: »Du willst heute nicht mit mir ausgehen, also liebst du mich nicht mehr.«

4. Ausfragen

- Die Absicht des Fragenden bleibt verdeckt (Bauernfang; Fangfrage, z. B. wenn sich ein Telefonverkäufer als Marktforscher ausgibt).

- Die gewünschte Antwortrichtung wird dem Gesprächspartner vorgeschrieben (Suggestivfrage, z. B. »Sind Sie nicht auch der Meinung, dass ...«).

64

GESPRÄCHSMITTEL, DIE AKTIVES ZUHÖREN ERMÖGLICHEN UND FÖRDERN

1. Unterstützen

Sprachliches und körpersprachliches Bekunden der Absicht, aktiv zuzuhören.
Zum Beispiel: »hm«, »ja«, Kopfnicken, Blickkontakt

2. Nachfragen

Ergänzungen werden erbeten, um die Absicht des Partners genauer zu verstehen. Zum Beispiel: »Bitte erklären Sie mir etwas genauer, was Sie sich unter Feinkostsalaten für Ihr Büffet vorstellen«.

3. Reflektieren

Wesentliches der Partneraussage wird mit eigenen Worten ohne eigene Wertung wiedergegeben (Sachaussage). Zum Beispiel: »Sie meinen also, dass wir die Waren liefern und dann den kompletten Service vor Ort übernehmen«.

4. Ansprechen der Befindlichkeiten des Partners

Das Befinden des Partners wird ohne eigene Wertung angesprochen, um Gelegenheit zu geben, sich darüber zu äußern. Zum Beispiel: »Ich habe den Eindruck, dass mein Angebot Sie jetzt überrascht«, »Ich befürchte, diese Kostprobe war nicht nach Ihrem Geschmack«.

5. Ansprechen der Gedanken des Partners

Die Gedanken des Partners werden weiterentwickelt, Unausgesprochenes, das möglicherweise hinter den Gedanken des Partners steht, wird reflektiert. Zum Beispiel: »Sie brauchen jetzt möglicherweise noch Bedenkzeit«, »Sie möchten wahrscheinlich gerne probieren, bevor Sie sich entscheiden«.

6. Draufsicht auf das Gespräch

Dabei wird über den Gesprächsverlauf reflektiert (Gespräch über das Gespräch). Zum Beispiel: »Ich befürchte, wir reden jetzt aneinander vorbei«, »Ich haben den Eindruck, dass wir an dieser Stelle nicht mehr weiterkommen«.

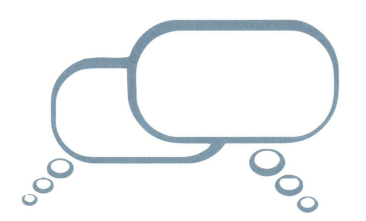

BEISPIELE ZUR ERFOLGREICHEN ANWENDUNG DER GESPRÄCHSMITTEL AUS DER PRAXIS AN DER BEDIENTHEKE

Bedenken Sie bitte: Die Gesprächsmittel sind noch nicht die sachliche Antwort, aber sie erleichtern die Akzeptanz dieser Antwort und unserer Person.

KundIn:

»Ich kaufe seit vielen Jahren bei Ihnen ein. Ich bin immer davon ausgegangen, dass alles, was Sie anbieten, aus der eigenen Produktion stammt. Jetzt erkenne ich, dass das gar nicht so ist.«

VerkäuferIn:

• »Ich verstehe Ihr Anliegen. Sie wünschen ausschließlich Produkte aus eigener Produktion.« (Reflektieren)

• »Ich habe den Eindruck, Sie sind jetzt enttäuscht, weil einige Produkte zwar ganz hervorragend, aber nicht aus eigener Produktion sind.« (die Befindlichkeit der KundIn ansprechen)

KundIn:

»Einige Artikel, die ich früher bei Ihnen gekauft habe, kaufe ich jetzt bei einem anderen Anbieter, weil der einfach günstiger ist.«

VerkäuferIn:

• »Das ist eine sehr wichtige Information für unser Geschäft. Würden Sie mir bitte sagen, welche Artikel das sind?« (Nachfragen)

• »Ich kann gut verstehen, dass Sie nach der günstigsten Einkaufsquelle suchen. Erlauben Sie mir bitte, Ihnen zu erklären, warum unsere Produkte vielleicht ähnlich aussehen, aber qualitativ überlegen sind.« (Ansprechen der Befindlichkeit und Überleiten zur Einwandbehandlung in der Sache)

KundIn:

»Wenn ich bei Ihnen etwas bestelle, wird es oft nicht rechtzeitig geliefert. Bei der Hälfte aller Lieferungen kommen die Waren einen Tag zu spät. Ich brauche eine Garantie für pünktliche Lieferungen.«

VerkäuferIn:

»Ich entschuldige mich vielmals für den Ärger, den Sie hatten. Ich kann Ihren Unmut gut verstehen. Ich werde der Sache genau nachgehen und es wiedergutmachen. Bitte sagen Sie mir, wann das letzte Mal eine Lieferung zu spät kam.« (Nachfragen und Entschuldigen zur Einleitung der Reklamationsbehandlung)

KundIn:

»Ich kaufe seit vielen Jahren bei Ihnen. Ich habe Ihrem Unternehmen immer die Treue gehalten, obwohl andere Geschäfte manchmal günstiger waren. Und jetzt habe ich einmal einen Sonderwunsch und Sie sagen, der kann von Ihnen nur mit einem erheblichen Mehrpreis erfüllt werden. Ich finde das unglaublich!«

VerkäuferIn:

»Ich verstehe, was in Ihnen vorgeht. Sie sind jetzt verständlicherweise sehr enttäuscht von unserer Firma.« (die Befindlichkeit der KundIn ansprechend – anschließend erfolgt hier die Reklamationsbehandlung mit Entschuldigung und Wiedergutmachung)

65

Vorteile durch Fragen

- Fragen beweisen unsere Hilfsbereitschaft.
- Der Gesprächspartner nimmt geistig Anteil.
- Wir erhalten nützliche Informationen.
- Wir vermeiden den Monolog.
- Wir lenken das Gespräch wirksam.
- Fragen regen gegenseitig an.
- Fragen vermitteln neue Einsichten und Ideen.
- Durch Fragen erweitern wir unseren Horizont.
- Fragen geben uns Bedenkzeit.
- Fragen schaffen ein persönliches Klima.
- Fragen schmeicheln dem Geltungsbedürfnis des Gesprächspartners.
- Fragen zeigen die Bescheidenheit des Tüchtigen.
- Fragen gestatten dem Gesprächspartner, vorsichtig zu korrigieren.
- Fragen helfen, Einwände zu überwinden.
- Fragen helfen, Abwehr und Verweigerung zu erkennen.
- Fragen helfen, Motive zu erfassen.

66

BEISPIEL ZUR ERFOLGREICHEN ANWENDUNG DER GESPRÄCHSMITTEL IN SCHWIERIGEN SITUATIONEN

Situation: Sie kommen zum vereinbarten Termin zum Kunden nach Hause, der dort mit Ihnen eine größere Bestellung besprechen will. Der Kunde empfängt Sie mit einem Vortrag über Pünktlichkeit. Sie wissen genau, dass dieser Zeitpunkt mit Ihnen vereinbart war. Der Kunde behauptet aber, Sie seien zu spät gekommen. Wenn er etwas nicht leiden könne, dann sei das Unpünktlichkeit.

Ihre Reaktion: Sie hören aufmerksam zu, lassen den Kunden aussprechen, zeigen mit Ihrem Gesichtsausdruck und Ihrer Körperhaltung Ernst, Betroffenheit und Bedauern über die unangenehme Situation.

Ihre Antwort (bei der Sie so die Befindlichkeit und die Gedanken des Kunden reflektieren): »Ich kann Ihren Ärger voll und ganz verstehen und würde an Ihrer Stelle ähnlich reagieren. Pünktlichkeit und Zuverlässigkeit sind für jedes Geschäft ein absolutes Muss. Erlauben Sie

mir bitte, dass ich mich dazu entschuldige und mich in der Sache erkläre ...«

WER FRAGT, FÜHRT UND GEWINNT

Wer überholen will, muss aus der Spur treten. Geschicktes Fragen ist die Voraussetzung für jedes Gespräch, egal, ob es um ein Verkaufs-, Problemlösungs- oder Konfliktgespräch geht. Durch Fragen wird der Gesprächspartner zum Mitgestalter der Lösung. Das geschickte Fragen erfolgt auf der Basis des aktiven Zuhörens. Wichtig: Sie brauchen mehr Zeit für das aktive Zuhören als für das Fragen! Bedenken Sie auch: Zu schnelle oder zu frühe Argumentation macht müde und weckt die Abwehr beim Gesprächspartner.

OFFENE UND GESCHLOSSENE FRAGEN

Es gibt eine ganze Anzahl verschiedener Fragearten. Grundsätzlich lassen sich Fragen in zwei Gruppen einteilen: offene und geschlossene Fragen.

Offene Frage: Die Frage ist so gestellt, dass dem Antwortenden vollkommen überlassen ist, welche Antwort er gibt. Durch die Frage wird keine Einschränkung auf bestimmte Antwortmöglichkeiten bewirkt. Die Frage beginnt meist mit einem Fragewort (W-Frage). Geschlossene Frage: Die Frage grenzt die Zahl der möglichen Antworten ein. Der Fragende bestimmt bereits mit der Frage, welche Antwort möglich ist.

Nicht nur Verkaufsgespräche, auch die meisten weiteren Gespräche enthalten sowohl offene als auch geschlossene Fragen. Am Gesprächsbeginn geht es darum, sich näher zu kommen und viele Informationen zu sammeln. Dabei kann es richtig sein, viele offene Fragen zu stellen. Später können geschlossene Fragen eingesetzt werden, um den Gesprächsfortschritt zu beschleunigen.

Offene Informationsfragen – die W-Fragen

Die W-Fragen heißen so, weil sie ein Fragewort beinhalten (wie, was, wer, wo, wie lange, weshalb, womit, wodurch, wie viele, wann, warum, wessen, welche ...). W-Fragen sind für jedes Verkaufsgespräch zentral, weil wir damit die Wünsche des Kunden und seine Bestellungen erfragen können. Im Verkaufsgespräch geht es darum, über die W-Fragen die Wünsche, Sehnsüchte und Vorlieben des Kunden zu erfassen.

Beispiele zu unterschiedlichen W-Fragen an die KundInnen finden Sie auch im Kapitel 3 dieses Buches.

Geschlossene Entscheidungsfragen – die »Ja-Nein-Fragen«

Die geschlossenen Entscheidungsfragen helfen, Gespräche auf wichtige Punkte zu konzentrieren. Sie ermuntern den anderen nicht, sich auszusprechen, sondern verlangen nach einer konkreten Antwort. Beispiele dafür:

- *Wünschen Sie, dass wir Ihnen wöchentlich unsere Sonderangebote zumailen?*
- *Erlauben Sie, dass ich Sie auch auf Ihrem Handy anrufe?*
- *Möchten Sie unsere Kundenkarte haben?*

PRAXISBEISPIEL: FÜHREN DURCH FRAGEN

Wir besprechen mit einer KundIn einen Partyservice-Auftrag.

Eröffnende Frage:

> *»Um welche Art von Festlichkeit und welche Bewirtung handelt es sich bei Ihrer Anfrage?«*

Weiterführende Frage:

> *»Was ist Ihnen hinsichtlich Speisen, Getränke und Service besonders wichtig?«*

Eingrenzende Frage:

> *»Sind Ihnen korrespondierende Weine zu den einzelnen Menügängen wichtiger oder reichen einheitliche Wein- und Getränkeangebote?«*

Verständnisfrage:

> *»Sie wünschen also einen gehobenen Service am Gast, kein bloßes Servieren der Speisen und Abtragen der Teller?«*

67

Abschließende Frage:

> *»Können wir den Auftrag so wie in unserem Angebot beschrieben verbindlich eintragen?«*

FAZIT – DARAUF KOMMT ES AN

Wir brauchen keine »Kommunikationstricks« zu lernen, sondern wir müssen unser Einfühlungsvermögen trainieren. Das ist die ehrliche Bereitschaft, den anderen mit all seinen Wünschen und Bedürfnissen zu verstehen und ihm das Einkaufen ein klein wenig schöner als anderswo gestalten zu wollen. Das aufmerksame Zuhören ist ein wichtiger erster Schritt dazu.

Erfolgreiche KÖRPER-SPRACHE

im Verkauf

14.
SCHRITT

Gute VerkäuferInnen brauchen gute Kommunikation

Erfolgreiche Kommunikation besteht (auch im Verkauf) aus: 7 Prozent Inhalt (die Worte, die wir sagen), 38 Prozent Sprache (Sprachniveau, Lautstärke, Sprechgeschwindigkeit, Betonung, Dialekt) und zu 55 Prozent aus Körpersprache (Gestik, Mimik, Körperhaltung). Wenn sich Menschen auf einen bestimmten Anlass vorbereiten, verwenden sie aber meist einen Großteil der Zeit und Energie auf die Vorbereitung des Inhalts. Insbesondere die Körpersprache wird zu wenig bewusst gemacht und zu wenig trainiert.

Der Schwerpunkt Körpersprache baut dabei auf Inhalt und Sprache auf. Für VerkäuferInnen an der Bedientheke ist dieser Zusammenhang besonders wichtig: Denn auf der Basis von stabilem warenkundlichem Wissen und vielen fachlichen Erfahrungen entsteht sprachliche Souveränität, und dann kann auch leicht die Körpersprache trainiert werden, die signalisiert: »Sie dürfen mich gerne alles fragen, ich kenne mich hier aus.«

SIGNALE DER KÖRPERSPRACHE ERKENNEN UND EINSETZEN

KÖRPERHALTUNG

»Du bist mir unangenehm«	→→	Körper weicht zurück, Oberkörper zieht sich zurück
»Ich traue dir nicht ganz«	→→	Blick über die Schultern
»Ich kenne mich hier aus«	→→	Sicherer, aufrechter und lockerer Stand
»Ich kenne mich hier nicht aus«	→→	Ständig in Bewegung, vom einen Bein auf das andere belasten, die Theke/Waage/Schneidemaschine festhaltend, sich selbst mit den Armen umklammern
Zustimmung	→→	Körperliche Annäherung
Zustimmung	→→	Sich ganz dem Gesprächspartner zuwenden und sein Verhalten (beispielsweise seine Art zu stehen oder zu sitzen) spiegeln
Rücksichtslosigkeit	→→	Sitzen mit breit auseinanderklaffenden Beinen

DIE BOTSCHAFTEN DER HÄNDE

Aussage unterstreichen	→→	Die Fingerkuppen einer Hand aneinander pressen
Sicherheit	→→	Armbewegungen oberhalb der Taille
Erregung	→→	Hände in die Hüften stemmen
Sicherheit/Ablehnung	→→	In der Luft von oben nach unten geführte Schläge (etwas soll kleiner gemacht werden, als es ist)
Selbstgefälligkeit	→→	Das Kinn streicheln
Sicherheit/Nachdenklichkeit	→→	Mit den Händen ein Spitzdach nach oben formen
Zufriedenheit	→→	Sich die Hände reiben
Unsicherheit/Ablehnung	→→	Mit den Händen ein Spitzdach in Richtung des Gesprächspartners formen
Unsicherheit/Nervosität	→→	Mit den Fingern oder mit Gegenständen in den Fingern trommeln
Unsicherheit/Verkrampfung	→→	Die Hände vor der Brust falten
Unsicherheit/Verkrampfung	→→	Die Füße um die Stuhlbeine legen, Füße beim Stehen umschlingen
Unsicherheit/Verlegenheit	→→	Armbewegungen unterhalb der Taille
Unsicherheit/Verlegenheit	→→	Sich an die Nase fassen
Erregung	→→	Die Brille hastig abnehmen
Aggression	→→	Doppelläufige Pistole: Zeigen mit aneinander gelegten Zeigefingern, dabei Verschränkung der anderen Finger und der auf die Zeigefinger aufgelegten Daumen
Unsicherheit/Zeitgewinn	→→	Die Brille hochschieben
Zurückhalten von Informationen	→→	Einen oder mehrere Finger auf die Lippen legen

PRAXISBEISPIELE: DIE SCHÖNSTEN KÖRPERSPRACHLICHEN GESTEN IM BEDIENVERKAUF

1. Begrüßung mit Verbeugung (mit Kopf und Oberkörper, je nach Gegenüber unterschiedlich tief, manchmal auch nur angedeutet).

2. Sich mit dem Körper den KundInnen zuwenden.

3. Geöffnete, nach vorne zu den KundInnen gerichtete Handflächen.

4. Lächeln.

5. Jede Warenberührung und Warenbehandlung zeigt die besondere Wertschätzung zu einem hochwertigen Lebensmittel – körpersprachlich zeigen, dass wir die Ware »lieb« haben.

6. Blickkontakt. Tipp: Wenn ein Blickkontakt einmal aufdringlich zu werden droht, dann richten Sie Ihre Augen auf die Nase des Gegenübers. Dann haben Sie immer noch Kontakt, reduzieren aber die Intimität, die dann nicht mehr als aufdringlich empfunden werden kann.

7. Disziplinierte und aufrechte Körperhaltung.

PRAXISBEISPIELE: DIE SCHLIMMSTEN KÖRPERSPRACHLICHEN FEHLER IM BEDIENVERKAUF

1. Begrüßung ohne Blickkontakt und ohne körperliche Zuwendung (nur »hingeworfene Begrüßung«).

2. Hände beim Gespräch in die Hüften gestützt, auf dem Schneidbrett liegend oder die Waage oder Schneidemaschine festhaltend.

3. Ungeduldig mit dem Griff der Gabel auf die Arbeitsfläche trommelnd oder mit dem Finger tippend (z. B. weil der Kunde lange überlegt oder an der Kasse nach Kleingeld sucht).

4. Den Kunden ansprechen und dabei den Blick auf Waage, Schneidemaschine oder Ware richten.

5. Ware wird nicht in die Theke zurückgelegt, sondern zurückgeworfen.

6. Von hinten kommend den Verkaufsraum betreten, »Hallo« oder »Guten Tag« in die Menge werfend, ohne dabei die Kunden anzusehen.

7. Verabschiedung, die dem Kunden »nachgeworfen wird« – es wird dann auf Blickkontakt verzichtet, weil sich der Kunde manchmal eh schon in Richtung Tür gewendet hat.

Inhalt, Sprache und Körpersprache beeinflussen sich gegenseitig in beide Richtungen. Wenn Sie viel Inhalt aufbauen (z. B. durch intensive Fortbildung), wird automatisch Ihre Sprache, mit der Sie diese Inhalte aussprechen, besser entwickelt und Ihre Körpersprache zeigt automatisch: »Ich weiß Bescheid«. Wenn Sie sich eine korrekte Körperhaltung antrainieren, wird dies auch disziplinierend auf Ihre Sprache wirken (das wissen vor allem Telefonverkäufer). Es ist also zweitrangig, in welchem Bereich der Kommunikation Sie mit Ihrer Weiterbildung und Ihrem eigenen Training beginnen – nur vergessen sollten Sie keinen der drei Bereiche.

FAZIT – DARAUF KOMMT ES AN

Der schönste körpersprachliche Ausdruck ist das Lächeln – es kommt im Idealfall manchmal von Innen heraus und manchmal aus verkäuferischer Disziplin. Mit allen anderen körpersprachlichen Signalen ist es ebenso: Sie zeigen Ihre freundliche und höfliche Persönlichkeit, und Sie haben positive Signale der Körpersprache trainiert.

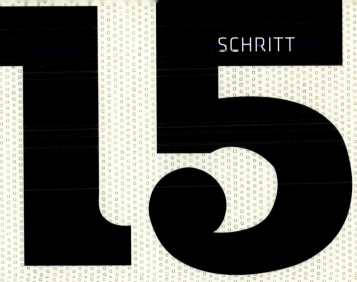

Voraussetzungen und
REGELN
für die erfolgreiche Kommunikation im Verkauf

Gute VerkäuferInnen brauchen gute Kummunikation

1. Die eigene Aufgabe erkennen und daraus Stärke und Selbstbewusstsein schöpfen: »Ich mache hier mehr als einen Job.«
Denn: Wer eine Aufgabe hat, wirkt als kompetenter Gesprächspartner.

2. Bei der Arbeit stets den Glückszustand suchen, der entsteht, wenn man die (sich) gestellte Aufgabe bei Aufbringung aller Kräfte gerade schaffen konnte.
Denn: Das Bekenntnis zur Leistung verleiht Ausstrahlung.

3. Sich ein Vorbild suchen, diesem nachstreben und selbst für die anderen ein Vorbild abgeben. Ein Vorbild hat Wissen und Können und geht souverän damit um.
Denn: Vorbilder erreichen in allen Gesprächen mehr Aufmerksamkeit.

4. Fachliche Erlebnisse sammeln – vom Bauernhof bis zur Gourmetküche. Und dann Geschichten darüber erzählen können.
Denn: Menschen, die viel erlebt haben, sind die spannenderen Gesprächspartner

5. Geschmackserlebnisse sammeln, vergleichen, bewerten und beschreiben. Wir finden so die »schönen Worte« zur Beschreibung wertvoller Lebensmittel.
Denn: Es darf Ihren KundInnen nie langweilig werden, Ihnen zuzuhören.

6. Leben Sie Ihre Aufgabe. Essen Sie selbst, was Sie erfolgreich verkaufen wollen. Und kennen und leben Sie das Leben Ihrer KundInnen.
Denn: Durch Identifikation zu Produkten und KundInnen entsteht automatisch Erfolg.

7. Leben Sie Ihre Themen. Feinkost oder Bio oder gesunde Ernährung – verkaufen Sie das nicht nur, leben Sie das!
Denn: VerkäuferInnen, die mit Produkten und Kunden auf »du und du« gehen, sind besser.

8. Planen und realisieren Sie Ihren persönlichen Fortbildungsplan, er umfasst fachliche Qualifizierung und Persönlichkeitsausbildung.
Denn: Wer lebenslang Glück und Erfolg haben will, muss auch lebenslang lernen.

9. Sie wollen von Ihren KundInnen als kompetente PartnerIn für hochwertige Lebensmittel gesehen werden. Prüfen Sie, ob Sie diese Bild auch abgeben.
Denn: Frisur und Kleidung, Benehmen und Sprache (u. a.) prägen dieses Bild.

10. Wir kommunizieren immer – wir wirken immer. Entsprechend erteilen wir uns selbst eine Disziplinierung, damit wir das gewünschte Bild abgeben.
Denn: Nicht kommunizieren geht nicht!

11. Entwickeln Sie Ihre persönlichen Höflichkeitsformeln und Benimmregeln ständig und zeitgemäß weiter. Benimm ist nichts Altmodisches!
Denn: Auch Menschen, die diese Regeln nicht kennen, genießen es, dass es sie gibt.

12. Finden Sie immer neue und immer mehr kleine Servicegesten für die KundInnen. Nur so sichern wir dauerhaft die Überlegenheit der Bedientheke vor dem Discount.
Denn: Wenn die Bedientheke nicht mehr durch Service punktet, ist sie nur noch teuer.

13. Pflegen Sie die drei Zauberworte des kultivierten Verkaufs: Bitte, Danke und Entschuldigung. Und geben Sie diese Kultur an die Nachfolgenden weiter.
Denn: Die Bedientheke ist dem Discount kulturell überlegen und muss das auch zeigen.

14. KundInnen und KollegInnen sind gleichermaßen wichtig für Ihren Erfolg. Die Kommunikation mit den KollegInnen und zu den KundInnen ist untrennbar.
Denn: Das Lächeln zu den KundInnen erfordert das Lächeln unter den KollegInnen.

15. Bereiten Sie sich auf Ihre Karriere als Führungskraft vor. Der Markt braucht die fachlich Guten, die Führungsaufgaben übernehmen können.
Denn: Es muss so sein, dass die Guten nach oben kommen, sie gehören dahin!

16. Bunte Teams schafften Fortschritt, sind aber manchmal anstrengend. Fördern Sie die Akzeptanz der Verschiedenartigkeit bei KollegInnen und KundInnen.
Denn: Diese Welt ist bunt und das ist gut so.

17. Respekt, Lob und Anerkennung – so heißen die wichtigsten Bausteine der Motivation und so heißen in vielen Unternehmen die Defizite. Ändern Sie das.
Denn: Mit Respekt, Lob und Anerkennung machen wir uns die Arbeit leichter.

18. Haben Sie Ihre KundInnen ein wenig »lieb« – diese KundInnen geben es Ihnen zurück – und diese KundInnen zahlen auch alles.
Denn: Ein Verkäufer, der seine Kunden nicht mag, wird seinen Erfolg verhindern.

19. KundInnen werden ständig klüger, anspruchsvoller und schwieriger. Das ist gut, denn so wirken Sie als Motor für Ihre Entwicklung.
Denn: Wer stehen bleibt, wird von den KundInnen überholt und damit überflüssig.

20. Eine Reklamation ist die große Chance, einen zusätzlichen Freund zu finden. Aber auch die Gefahr, einen Kunden für immer zu verlieren.
Denn: Das Ziel ist nicht Wahrheitsfindung, sondern Ärgerbeseitigung.

21. Wir selbst, unsere Produkte und unser Geschäft haben viele starke Zusatznutzen. Wir müssen diese kennen und den KundInnen präzise beschreiben können.
Denn: Wer seine Vorteile nicht erklärt, wird vom Markt wieder nach Hause geschickt.

22. Wir müssen genau erklären können, warum unsere Produkte und unser Geschäft wirklich preiswert sind. Unser Glaubenssatz heißt: »Wir sind enorm preiswert!«
Denn: Wenn wir glauben, »wir sind eher teuer«, haben wir als VerkäuferInnen verloren.

23. Wir erklären den KundInnen den Vorteil an unseren Produkten und unserem Geschäft, der sie am meisten interessiert. Diese Arbeit heißt Nutzenargumentation.
Denn: Wir verkaufen in erster Linie an Menschen und erfüllen deren Wünsche.

24. Wir können auf Einwände, die KundInnen zu unseren Produktvorteilen haben, kompetent antworten.
Denn: Wir verteidigen immer unsere Produkte, unser Geschäft, unsere Arbeit.

25. Wir werden zu Trendscouts für die Weiterentwicklung unseres Geschäfts und unserer Produkte. Wir werden die Trends immer früher und besser erfüllen als die anderen.
Denn: Wir machen das alles nur für unsere KundInnen.

26. Wir erkennen die »Trends hinter den Trends« und wissen so, welche Strategien und Weiterentwicklungen sich langfristig lohnen werden.
Denn: Die großen Trends sind wie Eisberge – das Wenigste ist oberflächlich sichtbar.

27. Wir beobachten unsere Wettbewerber, die Branche und ähnliche Branchen. Diese Informationen helfen uns, den anderen immer einen Schritt voraus zu sein.

28. Wir machen unseren persönlichen Akzeptanzkreis täglich ein Stück größer. So wächst auch die Zahl der Menschen, die uns akzeptieren, wie wir sind.
Denn: »Ich bin okay, du bist okay« – das ist die Formel für ein gutes Miteinander.

29. Wir nutzen die kleinen Komplimente, um bei unseren KundInnen gute Stimmung zu machen. Wir werden dabei immer höflicher, bleiben aber ehrlich.
Denn: Bei fast allen KundInnen finden wir Anlass für das kleine Kompliment.

30. Wir lernen das aktive Zuhören und zeigen damit besondere Wertschätzung für unsere KundInnen. Und dann übernehmen wir mit klugen Fragen die Führung!
Denn: Wir müssen mehr das Zuhören als das Reden lernen.

16.

Gute VerkäuferInnen sind gute Teamspieler

Kommu-
nikation

KollegInnen und KundInnen sind wichtig

FÜR MEINEN ERFOLG

Dass die KundInnen für den verkäuferischen Erfolg wichtig sind, muss nicht erklärt werden. Denn die KundInnen zahlen ja alles. Das Unternehmen verteilt nur das Geld der KundInnen weiter – und das zum erheblichen Teil an und für die Mitarbeiter. Dass aber die KollegInnen untereinander – in der Art und Weise, wie sie miteinander umgehen – ebenso erfolgsentscheidend sind, muss dargelegt und begründet werden.

Es gibt drei Grundeinstellungen zur Arbeit, die gerne in Mitarbeiterbefragungen ermittelt werden:

1. Die Ich-Orientierten sagen:
   »Ich arbeite für mich.«

2. Die Unternehmens-Orientierten sagen:
   »Ich arbeite für das Unternehmen.«

3. Die Kollegen-Orientierten sagen:
   »Ich arbeite mit meinen KollegInnen.

Immer wieder zeigt sich, dass sowohl die Unternehmens-Orientierten wie auch die Kollegen-Orientierten zu den gut motivierten MitarbeiterInnen mit einer hohen Leistungsbereitschaft zählen. Für die Unternehmen ist es also ein Glück und ein wirtschaftlicher Vorteil, wenn es zwischen den MitarbeiterInnen stimmt. Selbst die kleinen privaten Gespräche zwischen MitarbeiterInnen während der Arbeitszeit sind ein positives Zeichen und wirken sich produktiv aus.

Eine Mitarbeiterbefragung, die der Autor dieses Buches in einem Unternehmen der Lebensmittelbranche durchgeführt hat, zeigte, dass die Kollegen-orientierten MitarbeiterInnen in vielen wichtigen Aspekten die besseren MitarbeiterInnen waren: Sie waren die besser Informierten, die besser Motivierten und die mit ihrem Gehalt höher zufriedenen MitarbeiterInnen in diesem Unternehmen. Auf eine Formel gebracht, heißt das: Wenn MitarbeiterInnen vor allem gerne miteinander arbeiten, dann wirkt sich das grundsätzlich positiv für das Unternehmen aus – und zwar in Euro und Cent messbar.

Gute Beziehungen zwischen den MitarbeiterInnen sind auch ganz entscheidend, damit die Voraussetzungen für eine bestmögliche Motivation und Leistungsbereitschaft geschaffen werden. Diese »Motivationsbausteine« sind u. a.:

- Information: Mitarbeiterinformation ist eine Basis für Mitarbeitermotivation. Die Kollegen-orientierten MitarbeiterInnen informieren sich gegenseitig und wissen so besser Bescheid.

- Sinn der Arbeit: MitarbeiterInnen, die sich gegenseitig mögen, stützen sich gegenseitig. So macht die Arbeit für jeden mehr Sinn (und sie geht schneller von der Hand).

- Zugehörigkeit: Ein gutes Klima zwischen den MitarbeiterInnen fördert das Zugehörigkeitsgefühl zum Unternehmen und stärkt so die Mitarbeiterbindung.

- Vorbildfunktion. MitarbeiterInnen, die vor Ihren KollegInnen bestehen wollen, gelangen leichter zur Vorbildfunktion. Beispielsweise wollen diese MitarbeiterInnen nicht wegen Krankheit ausfallen, weil dann ja die KollegInnen die Arbeit miterledigen müssen.

DIE BESTEN MASSNAHMEN FÜR EIN BESSERES UNTERNEHMENSKLIMA – SOWOHL ZWISCHEN DEN MITARBEITERINNEN ALS AUCH ZWISCHEN IHNEN UND DER UNTERNEHMENSLEITUNG

Mitarbeiterinformation

Unternehmen haben die Wahl: Entweder es gibt Information oder es herrscht Spekulation. Information kann ein Unternehmen steuern, Spekulation niemals. Information gibt den Mitarbeitern Sicherheit, sie wissen, woran sie sind und um was es geht. Spekulation entsteht auf der Basis von Teilwissen und Fantasien. Information wird gezielt gestreut, Spekulation wuchert. Für VerkäuferInnen ist es besonders wichtig, mit Information gefüttert zu werden, denn sie wirken ja in ihrer täglichen Arbeit nach außen. Wichtige Bereiche für Mitarbeiterinformation sind:

- Umsatz, Kosten und Gewinn: Viele UnternehmerInnen tun sich schwer damit, die Echtzahlen aus der Buchführung den Mitarbeitern verständlich zu erklären. Viele haben auch grundsätzliche Bedenken, das

zu tun. Dabei ist die Abwägung einfach. Das einzige »Risiko« besteht darin, dass Betriebsgeheimnisse (und das sind die Buchführungsdaten) nach außen gelangen. Der Autor dieses Buches hat in 20 Jahren Beratertätigkeit in mehr als 200 Unternehmen die Betriebswirtschaft zu den Mitarbeitern kommuniziert. In keinem Fall haben die ChefInnen diese Maßnahme bereut. Wenn die Unternehmensleitung Transparenz zeigt, dann fördert das das Verständnis der MitarbeiterInnen für notwendige Maßnahmen.

- Investitionspläne: Die Kommunikation von Investitionsplänen wirkt grundsätzlich motivationsfördernd. Die Botschaft, dass etwas Neues gekauft, renoviert, umgebaut oder erweitert wird, ist ein Signal für eine positive Zukunft.

- Unternehmensziel: Sowohl Umsatz- und Kostenziele wie auch »weiche« Ziele, die etwa die Steigerung der Beratungsqualität oder des Niveaus der Warenpräsentation angehen, müssen erklärt und kommuniziert werden. Diese Kommunikation von Unternehmenszielen ist eine Muss-Aufgabe. Niemand wird an der Verwirklichung von Zielen mitwirken können, wenn sie ihm noch nicht einmal mitgeteilt und erklärt werden.

Mitarbeiterentwicklung

Unternehmen, die zum eigenen Nutzen den VerkäuferInnen (wie MitarbeiterInnen generell) bei der fachlichen und persönlichen Entwicklung helfen, haben die besseren VerkäuferInnen. Es ist ein Geben und Nehmen: In dem Maße, in dem das Unternehmen den VerkäuferInnen hilft, ihre ganz persönlichen und privaten Ziele (Karriere, Anerkennung, eine größere Wohnung, eigenes Auto u.a.), helfen diese dem Unternehmen bei der Erreichung von Unternehmenszielen.

Hinweis: Genaue Anleitungen zu fachlichen und persönlichen Qualifizierungsmaßnahmen für VerkäuferInnen finden Sie in den Kapiteln 1 und 2 dieses Buches.

Mitarbeitererlebnisse

Erlebnisse, an denen wir aktiv teilgenommen haben, prägen mehr als z.B. die passive Wissensaufnahme

beim Lernen. Fachliche Erlebnisse als Teil der Qualifizierung von VerkäuferInnen beschreibt das Kapitel 2 dieses Buches. Darüber hinaus fördern soziale Erlebnisse das Zusammengehörigkeitsgefühl und die Einsatzbereitschaft. Einige Beispiele zeigen, wie Geselligkeit und Spaß mit Teambildung und Motivationsförderung zusammengeführt werden können:

• Klettergarten. Das ganze Verkaufsteam verbringt einige Stunden in einem Klettergarten. Angeleitet von einem hierfür ausgebildeten Betreuer erfahren die VerkäuferInnen in mehreren Stationen sehr körperlich, was es heißt, ein Team zu sein:

→ »Vom Team aufgefangen werden«. Dabei steht ein Teammitglied auf einem etwa einen Meter hohen Holzpodest. Dahinter steht das Team, dicht an dicht. Dann gibt der Betreuer den Hinweis: »Lass dich jetzt fallen. Dein Team fängt dich auf«.

→ »Von KollegInnen gehalten werden«. Im Hochseilgarten sind die Teammitglieder fest angegurtet und tragen Helme. Ein Sturz wäre unangenehm, aber nicht wirklich gefährlich. KollegInnen am Boden sichern die Seile an denen die anderen VerkäuferInnen hängen. Jeder weiß: »Wenn der andere nicht fest hält, falle ich.«

• Kartbahn. Alle VerkäuferInnen sind vom Unternehmen eingeladen, einen Nachmittag in der Kartbahn zu verbringen. Die Kartbahn ist auf Besuche mit dem Ziel Teambildung vorbereitet. So läuft es ab:

→ Als Erstes werden alle in den gleichen Rennfahrer-Overalls gekleidet, jeder setzt seinen Helm auf. Die Unterschiede zwischen ChefInnen und VerkäuferInnen sind nicht mehr zu sehen.

→ Dann findet ein »Qualifying« statt – jeder und jede fährt so gut und so schnell es geht. Das Ergebnis sind gute, mittlere und wenige gute Kartfahrer.

→ Danach werden Teams gebildet, die zu gleichen Teilen aus guten, mittleren und weniger guten Fahrern bestehen. Das Ziel wird vorgegeben: Ein Team muss jetzt über die gesamte vorgegebene Rundenzahl hinweg gewinnen.

→ In den Teams entsteht jetzt blitzschnell eine neue Zusammengehörigkeit. Die Gruppe entscheidet: Wer fährt wie viele Runden. Die Gruppe feuert den jeweiligen Fahrer an. Die Gruppe prüft ständig, ob der »gute« Fahrer aus dem Qualifying wirklich so gut ist oder ob vielleicht zunächst als »weniger gut« qualifizierte FahrerInnen doch viel mehr Talent haben.

FAZIT – DARAUF KOMMT ES AN

 Mit unseren KollegInnen verbringen wir meist einen größeren Teil unserer wachen Zeit als mit unseren PartnerInnen und FreundInnen. Wir machen uns das Leben und Arbeiten deutlich leichter, wenn wir Vorleistungen dafür bringen, dass dieses Miteinander täglich ein klein wenig Freude bereitet.

AUF DEM WEG
vom Kollegen zum Vorgesetzten

SCHRITT

17.

Gute VerkäuferInnen sind gute Teamspieler

Alle VerkäuferInnen müssen sich im Laufe Ihres Arbeitslebens mehrmals neu erfinden. Oft ist es eine Beförderung oder die Übertragung neuer Verantwortung, die uns diesen Balanceakt abverlangt: Uns ein Stück weit neu erfinden, um der neue Aufgabe zu entsprechen, und doch auch der oder die »Alte« zu bleiben, um FreundInnen und UnterstützerInnen nicht zu verlieren.

In der Karrierephase »vom Kollegen zum Vorgesetzten« werden Beziehungen neu definiert und ein neues Selbstbild geschaffen. So sehr diese Phase von aufregenden Veränderungen gekennzeichnet ist, so sehr können wir dem Wandel auch gelassen entgegensehen. Denn zum einen ist es ganz normal, dass die besten nach oben kommen – sie gehören dahin. Und zum anderen demonstriert die Beförderung einer VerkäuferIn ...

• *Dass das Unternehmen bei der Einstellung dieser Führungskraft eine gute Wahl getroffen hat.*
• *Dass die neue Führungskraft Wissen und Können im Sinne des Unternehmens einsetzt.*
• *Dass die Führungskraft nun in der Lage ist, andere VerkäuferInnen dieses Unternehmens zu fördern.*

Auf dem Weg vom Kollegen zum Vorgesetzten wird eine Reihe von Beziehungen neu definiert:

• *Die zum eigenen Vorgesetzten, dem man jetzt näher ist als vorher.*
• *Die zu den neuen KollegInnen, die auf der gleichen Ebene Führungskräfte sind.*
• *Die zu den ehemaligen Kollegen, die jetzt nachgeordnete Mitarbeiter sind und geführt werden müssen.*
• *Die zu einem selbst, denn wir bestimmen als neue Führungskraft auch neu: Wer bin ich? Wie verhalte ich mich angemessen?*

FALLSTRICKE AUF DEM WEG VOM KOLLEGEN ZUM VORGESETZTEN

Die Entwicklung zur Führungskraft im Verkauf birgt für das Unternehmen viele wichtige Chancen. Es werden dabei aber auch immer wieder die gleichen Fehler gemacht. Zu diesen klassischen Fehlern seitens der Unternehmensleitung gehören:

- Die neue Führungskraft steht zu sehr unter Kontrolle und erhält nicht genügend Freiraum. Folgen:
  → Der eigene Führungsstil kann nicht entfaltet werden.
  → Die Akzeptanz der neuen Führungskraft bei den VerkäuferInnen wird ausgebremst.
  → Die neue Führungskraft fühlt sich eingeengt und in ihren Zuständigkeiten und Fähigkeiten beschnitten.

- Die neue Führungskraft wird gar nicht geführt und sich in der neuen Aufgabe selbst überlassen. Die Unternehmensleitung geht davon aus: »Er/sie kennt das schon alles und weiß, was zu tun ist.« Die Folgen:
  → Die neue Führungskraft, die von oben keine Unterstützung findet, sucht diese Unterstützung bei den ehemaligen Kollegen. Das geschieht auf Kosten der Souveränität in der neuen Rolle.
  → Frust über die neue Rolle. Unlust, die Führungsaufgabe wirklich auszufüllen.

Seitens der neuen Kollegen, die auf der gleichen Ebene Führungskräfte sind, können ähnliche Fehler gemacht (und vermieden werden):

- Die Führungskraft wird von ihren neuen KollegInnen immer noch auf der unteren Hierarchiebene wahrgenommen, von der sie gerade gekommen ist. Folgen:
  → Die neue Führungskraft fühlt sich nicht akzeptiert und nicht ernst genommen.
  → Es entsteht Konkurrenz statt Zusammenarbeit.

- Die neuen KollegInnen befürchten um die eigene Rolle im Team. Ein ehrgeiziger und kompetenter Neuling könnte gefährlich werden und einzelne im Führungskräfteteam verdrängen. Folgen:
  → Es kommt zu Grüppchenbildung und Distanz.

→ Informationen werden wie Herrschaftswissen behandelt und nicht ausreichend weitergegeben.

Seitens der ehemaligen KollegInnen kann es auf dem Weg vom Kollegen zur Führungskraft zu diesen klassischen Fehlern kommen.

- Die ehemaligen KollegInnen betrachten die neue Führungskraft immer noch als »eine/n von ihnen« und erwarten, dass sie ihre Interessen bei der Unternehmensleitung durchsetzt. Folgen:
  → Erfüllt die neue Führungskraft diese Forderungen nicht und interpretiert ihre neue Rolle als Führungsaufgabe, kann das zu Enttäuschung und Ablehnung führen.
  → Erfüllt die neue Führungskraft diese Forderungen, sind die Folgen noch schlimmer, denn dann agiert die Führungskraft nicht als Führungskraft und droht als solche zu versagen.

- Die ehemaligen VerkäuferInnen sind neidisch auf die Karriere der Führungskraft. Folgen:
  → Sie akzeptieren sie in der neuen Rolle nicht.
  → Es kommt zu offener oder verdeckter Anfeindung.

Schließlich verfallen neue Führungskräfte immer wieder in eines dieser beiden Extreme:

- Die neue Führungskraft fühlt sich in der neuen Rolle alleine, vermisst die früheren KollegInnen, KundInnen oder auch das frühere räumliche Umfeld. Folge:
  → Führungsaufgaben werden nicht verinnerlicht und nicht ausreichend wahrgenommen.

- Die neue Führungskraft verliebt sich regelrecht in die neue Rolle und sieht die Welt nur noch mit den Augen der Unternehmensleitung. Folgen:
  → Der Kontakt zu den ehemaligen VerkäuferInnen wird vernachlässigt.
  → Die Motivation der zu führenden VerkäuferInnen sinkt.

AUF DEM KARRIEREWEG ZUR FÜHRUNGSKRAFT KÖNNEN DIESE REGELN MITGEGEBEN WERDEN

1. Verstellen Sie sich nicht! Achten Sie darauf, dass Sie nicht versuchen, plötzlich eine andere Persönlichkeit sein zu wollen. Das wäre nicht glaubwürdig und könnte lächerlich wirken. Deshalb bleiben Sie bitte weiterhin die erfolgreiche Persönlichkeit, die Sie auch vor Ihrem Aufstieg zur Führungskraft waren. Im Laufe der Zeit werden Sie ganz unauffällig in die Rolle der Führungskraft hineinwachsen.

2. Geben Sie vorbildliche Leistung! Eine gute Führungskraft zeichnet sich vor allem dadurch aus, dass sie Vorbild ist: in Sachen Pünktlichkeit und Arbeitsleistung wie auch im Umgang mit KollegInnen und KundInnen. Eine solche vorbildliche Führungskraft hat möglichst wenige Fehltage, übernimmt, überall, wo etwas passiert, die Verantwortung und greift engagiert ein. Durch dieses beispielgebende Verhalten erwachsen automatisch Respekt und Autorität.

3. Übernehmen Sie Verantwortung. Stehen Sie zu Ihrem Team und hinter Ihren nachgeordneten MitarbeiterInnen. Machen Sie niemals andere für Ihre Fehler verantwortlich. Gestehen Sie eigene Fehler ein. Übernehmen Sie auch angemessen (Teil-)Verantwortung, wenn in Ihrem Team Fehler gemacht wurden. Durch dieses verantwortliche Handeln stärken Sie den Teamgeist und Ihre eigene Glaubwürdigkeit.

4. Übertragen Sie Verantwortung. Sobald Sie neue Führungsaufgaben übernommen haben, übertragen Sie selbst Ihren neuen MitarbeiterInnen Aufgaben, die auf ihre Stärken zugeschnitten sind. Schaffen Sie sich in der neuen Rolle so schnell es geht »linke und rechte Hände«, also Stellvertreter. Dann haben Sie selbst für Führungsaufgaben etwas mehr »die Hände frei«. So fördern Sie Ihre weitere Karriere.

5. Geben Sie Lob und Anerkennung! Lob und Anerkennung wirken wir ein Motivationsmotor. Lob und Anerkennung brauchen nur wenig Zeit, wirken aber sehr lange nach. Wenn Sie mehr loben und anerkennen, werden Sie selbst als sympathischer Mensch wahrgenommen, für den man sich gerne einsetzt.

6. Nehmen Sie Anteil an Ihren MitarbeiterInnen. Als Führungskraft sind Sie ein Stück weit immer auch SozialarbeiterIn. Durch aufrichtiges Interesse an Familienverhältnissen, Hobbys u. a. zeigen Sie Ihren MitarbeiterInnen den hohen Stellenwert, den sie bei Ihnen einnehmen. Sie befriedigen mit Ihrer Anteilnahme das Bedürfnis der MitarbeiterInnen nach Anerkennung und Wertschätzung und gewinnen Sympathie und Autoritiät.

FAZIT – DARAUF KOMMT ES AN

Gehen Sie den für Sie vorgezeichneten Weg zur Führungskraft mutig weiter. Bewahren Sie alles, was bisher den »guten Kerl« in Ihnen ausgemacht hat. Entwickeln Sie zusätzlich, was Sie brauchen, um den zu führenden Menschen und der zu erfüllenden Aufgabe zu entsprechen.

80

18.

DIVERSITY

»Bunte« VerkäuferInnenteams haben mehr Erfolg

Gute VerkäuferInnen sind gute Teamspieler

Der Selbsttest ist einfach. Wir stellen uns zwei Gruppen von VerkäuferInnen vor:

1. Eine uniforme Gruppe von VerkäuferInnen. Alle sind genau von dem Typus, wie wir uns die ideale VerkäuferIn vorstellen: Vielleicht schon alt genug für ausreichend Erfahrung, aber noch jung genug, um körperlich belastbar zu sein, gut aussehend, deutsch, verheiratet, große Kinder (die keine großen Sorgen mehr machen).

2. Eine »bunte« Gruppe von VerkäuferInnen. Jeder und jede ist anders: Männer und Frauen, Junge und alte, Verheiratete und Alleinstehende, Deutsche und Ausländer, Heteros sowie Schwule und Lesben, Christen sowie Juden und Moslems.

Jetzt die entscheidende Frage: Das Unternehmen hat ein Problem. Vielleicht geht es um die Gewinnung neuer Kunden, vielleicht um das Erfordernis, den Durchschnittseinkauf zu steigern. Welche Gruppe wird die Aufgabe besser lösen?

Fast alle antworten nach einigem Nachdenken, dass die bunte Gruppe die Aufgabe besser lösen wird. Denn diesen ganz verschiedenen Menschen werden viele verschiedene Lösungen und Wege zum Ziel einfallen. In dieser Gruppe ist enorm viel Kreativität und Tempo. Es sind die unterschiedlichen Herkunfts- und Erziehungsprägungen, Lebenserfahrungen und Lebensmodelle, Werte und Überzeugungen, die auch zu einer vielfältigen Herangehensweise an das gleiche Problem führen. Die Befragungen aus der Praxis bestätigen damit die Ergebnisse der Sozialwissenschaften.

Dann aber die Gegenfrage: In welcher Gruppe ist es bequemer zu arbeiten? Wo ist es »kuscheliger«? Wo muss weniger diskutiert werden? Wo wird schneller entschieden? Auch hier sind sich fast alle einig: in der uniformen Gruppe. Herkömmliche Denkweisen, die eher

Welche Gruppe wird bestehende Probleme
besser lösen?

gleiche Mitarbeiter =
gleiche Lösungen

verschiedene Mitarbeiter =
verschiedene Lösungen

von Mitarbeiter-Stereotypen ausgehen und diese auch fördern, haben gegenüber dem Diversity-Management in der Personalführung einen einzigen wesentlichen Vorteil: Sie sind bequemer. Denn: Verschiedenartigkeit verlangt vor dem Erfolg zunächst Anstrengung von den Beteiligten. Bevor Diversity aktiv als Instrument der Unternehmensführung greift, muss als Nährboden die Akzeptanz dieser Verschiedenartigkeit geschaffen werden. Gemäß »Ich bin okay, du bist okay« muss verinnerlicht werden, dass, wer selbst Akzeptanz wünscht, diese zunächst geben muss. Es zeigt sich, wie so oft: Der Fortschritt ist unbequem. Die Devise »So haben wir das schon immer gemacht«, ist viel einfacher.

Bei der Umsetzung von Diversity wird dann die Verschiedenartigkeit der Mitarbeiter nicht mehr versteckt, sondern als Wachstumchance positiv dargestellt.

Alleinerziehende geschiedene Frauen oder schwule Männer sehen dann in sich selbst keinen Makel mehr, sondern haben die Aufgabe, die immer verschiedeneren Kundenwünsche besser erfüllen zu helfen. Migranten sehen sich nicht mehr ausgeschlossen, sondern müssen die Internationalisierung des Unternehmens fördern. Minderheiten jeglicher Art erleben nicht nur Toleranz, sondern Akzeptanz und erfahren ihre individuelle Nützlichkeit. Wenn dann die türkische Fleischerei-Fachverkäuferin darauf drängt, das Schweinefleisch vom Rindfleisch ebenso zu trennen, wie (aus hygienischen Gründen) das Geflügelfleisch getrennt ist, ist die Chance geschaffen, dass die türkischen KundInnen in diesem Geschäft ihr Rindfleisch kaufen – erst recht, wenn eine Türkin hinter der Theke steht.

DIVERSITY UND GENDER-MARKETING

Die These lautet: Diversity Management in der Personalführung bringt ein Leistungsplus bei Mitarbeitern, Gender-Marketing im Verkauf ein Umsatzplus in der Kasse. Worum geht es? Die Unterschiede der Geschlechter stehen beide Male im Mittelpunkt. Und beide Male geht es um mehr Motivation: Diversity Management ermöglicht über die Akzeptanz der Verschiedenheit von Mitarbeitern hinsichtlich Herkunft, Alter, Geschlecht, Religion oder sexueller Identität bei diesen die volle Leistungsfreude. Gender-Marketing anerkennt die Unterschiede der Geschlechter und führt zu einer geschlechterspezifischen Warenpräsentation und Kundenansprache. Beide Instrumente ergänzen sich zu einer Unternehmensstrategie, die der zunehmenden Individualisierung der Menschen und der Globalisierung der Märkte entspricht.

»Verschiedene Mitarbeiter schaffen verschiedene Lösungen – gleiche Mitarbeiter machen immer wieder die gleichen Fehler« – das ist der Grundgedanke von Diversity Management. Erfahrungen aus Inhouse-Mitarbeiterseminaren und von sozialwissenschaftlichen Personalmonitorings, die der Autor verantwortete, stützen diese These. Die Erfüllung des menschlichen Grundbedürfnisses nach Akzeptanz ist schon die eine Hälfte des Diversity-Erfolgs. Das weitere Potenzial von Diversity wird ausgeschöpft, indem die verschiedenen Denk- und Lebensweisen in die Produkt- und Vertriebspolitik des Unternehmens einfließen. Und das beantwortet dann ganz praktische Fragen: Wie muss eine Wursttheke geordnet sein, damit auch Muslime dort einkaufen, obwohl diese kein Schweinefleisch essen? Warum erwarten die Kundinnen hinter der Frischfleischtheke lieber einen Mann? Warum ist Steak ein Männerprodukt und Spezialitäten, wie »Dry Aged Beef« eine regelrechte Männerdomäne? Wie wird ein Supermarkt auch für die Generation der Siebzig- bis Hunderjährigen zu einem angenehmen Einkaufsort?

Genau hier greifen jetzt Diversity-Management und Gender-Marketing ineinander. Sowohl aus wissenschaftlichen Studien als auch aus Kundenanalysen am Point of Sale (POS) wird deutlich: Frauen und Männer kaufen aus anderen Gründen. Ihre Biologie ist anders, ihre Gehirne sind anders. Sie haben dadurch andere Wünsche an die Warenpräsentation und andere Produktanforderungen. Frauen und Männer sind dabei keine festen Gruppen mit klaren Grenzen. Die Vielfalt der Lebensstile und Lebensmodelle lässt die Grenzen

83

WER WIR SIND
GESCHLECHT, ALTER, ETHNISCHE HERKUNFT, GESUNDHEITSZUSTAND, RELIGION, SEXUELLE ORIENTIERUNG

WAS WIR GELERNT HABEN
SCHULISCHER HINTERGRUND, BERUFLICHE ERFAHRUNG, WERTE, FAMILIÄRE SITUATION, GEOGRAFISCHE HERKUNFT, ARBEITSAUFGABEN

WIE WIR FÜHREN
LERNEND, LEHREND, TEILEND, AKZEPTIEREND, VERSTÄNDNISVOLL, ERGEBNISORIENTIERT, INNOVATIV, INTEGRIEREND

WIE WIR INTERAGIEREN
VERANTWORTLICH, ANERKENNEND, RESPEKTVOLL, BEVOLLMÄCHTIGEND, TEAM-BILDEND, ERGEBNISOFFEN, POSITIV, FLEXIBEL MÖGLICHKEITEN ERÖFFNEND, EINBEZIEHEND, WORK-LIFE-BALANCE, DIE GEMEINSCHAFT ERREICHEND

Zu den Begriffen: Diversity und Gender-Marketing

Diversity Management bedeutet übersetzt in etwa »Vielfaltsmanagement«. Man versteht darunter, dass Unternehmen die soziale Vielfalt ihrer Mitarbeiter konstruktiv nutzen, statt sie als Belastung oder gar Gefahr zu sehen. Diversity Management toleriert also nicht nur die individuelle Verschiedenheit (engl. diversity), sondern hebt diese positiv hervor, wertschätzt sie und fördert eine positive Gesamtatmosphäre.

Gender-Marketing ist ein Ansatz zur Vermarktung von Produkten und Dienstleistungen. Da beide Geschlechter (engl. gender) unterschiedliche Kaufentscheidungen treffen, muss der Unterschied zwischen Mann und Frau bei der Vermarktung der Produkte berücksichtigt werden. Gender-Marketing will deshalb die Unternehmen und Betriebe für geschlechterspezifische Unterschiede empfänglich machen.

84

weicher fließen. Und natürlich gibt es die Karrierefrau, die viel mehr Machismo in sich trägt als der alleinerziehende und halbtags beschäftigte Sozialarbeiter. Aber es handelt sich dabei um die Ausnahmen, welche die Regeln bestätigen. Die Ausnahmen erlauben aber dennoch, die grundsätzlichen Unterschiede im Kaufverhalten von Mann und Frau deutlich abzugrenzen. Und die Regel heißt: Alle, die etwas verkaufen wollen, denken viel zu wenig an die Frauen. Firmen, die ihr Marktpotenzial erhöhen wollen, müssen ihre Marktforschung und Produktentwicklung mehr denn je gezielt auf die Geschlechter ausrichten.

Frauen mögen das Einkaufen als solches, lieben Shopping auch losgelöst vom konkreten Einkaufsergebnis. Männer hingegen sind rationaler auf nüchterne Produktdaten konzentriert und wollen den Einkauf erledigt haben. Einkaufen ist für SIE Freude und Nutzen, für IHN eher eine lästige Pflicht. Es ist immer wieder

zu beobachten: Während SIE nahezu zweckfrei durchs Einkaufscenter und zwischen den Regalen schlendert, schießt ER wie eine Gewehrkugel durch den Eingangsbereich. Wo SIE gerne viel fragt und immer noch mehr wissen will, verlangt es IHN nach rascher Wunscherfüllung und bestenfalls kurzen Verkaufsgesprächen. FRAU zeigt sich im Handel als die Lustkäuferin, die sich gerne beraten und zum Spontankauf verleiten lässt. MANN hingegen ist der Bedarfskunde, für den gilt: »suchen, sehen, kaufen«.

Diese Typisierung zeigt schon sehr deutlich, dass Märkte, die in Ambiente und Atmosphäre investieren, damit gerade ihre Kundinnen ansprechen. Denn: Wo die Verweildauer der Kundinnen steigt, erhöht sich der Umsatz durch Impulskäufe. Und generell ist bekannt: Beratung führt dort zu Zusatzverkäufen, wo über Ladenbau und Beleuchtung die Zielsetzung einer hohen Verweildauer verfolgt wurde.

Sehen und eine andere Gehirnaufteilung. Nach den ersten »Supermärkten der Generationen« (EDEKA) ist der stärker frauenorientierte Markt mit »SHE products« und im »SHE look and feel« längst überfällig.

Gender-Marketing kann leider nicht so einfach via Perspektivenwechsel erfolgen. Denn es ist sowohl für Frauen als auch für Männer enorm schwierig, die Welt durch die Brille des jeweilig anderen zu sehen. Aber geschlechtsneutrale Produkte und geschlechtsneutrales Marketing führen immer seltener zum Erfolg und zum gewünschten Ziel. Eine Warnung muss auch gegeben werden: Einfach alles rosa einzufärben, führt bei Frauen zu keinem Kaufimpuls – das mussten einige Unternehmen bereits schmerzhaft feststellen. Aber eine stärkere Ausrichtung an den speziellen Bedürfnissen und anderen Wahrnehmungen von Frauen verspricht für den Handel eine schnelle Amortisation.

Die Entscheidungsprozesse von Frauen und Männern beim Einkaufen werden zunehmend ein Thema: In der Architektur, dem Ladenbau, der Produktentwicklung, in der innerbetrieblichen Weiterbildung oder beruflichen Bildungseinrichtungen wollen die Verantwortlichen die Verschiedenartigkeit von Männern und Frauen stärker nutzen.

Frauen haben eine andere Erwartung an das Ladenlayout, die Warenpräsentation, die Kundenkommunikation, die Gesamtatmosphäre und – die Toiletten in einem Geschäft. Eines ist vorhersehbar: Wer die Kundinnenwünsche am besten erfüllt, wird unmittelbar Kundenfrequenz und Umsatz steigern. Die mutigen Unternehmen durchbrechen jetzt die ungeschriebenen Regeln, nach denen auch heute noch überwiegend Männer Frauenprodukte herstellen, Shopmanager im Handel meist Männer sind und Männer das Marketing für Frauenprodukte machen – und das für eine »Minderheit« von 80 Prozent der Kunden.

Dass Frauen andere Produkte als Männer haben wollen, hat zunächst biologische Gründe: Frauen sind eher kleiner und haben weniger Muskelmasse – niedrige Regale, Automatiktüren und leicht zu bewegende Einkaufswagen sind Beispiele dafür, diesem Unterschied zu entsprechen. Dann haben Frauen ein anderes peripheres

FAZIT – DARAUF KOMMT ES AN

Befolgen Sie die Diversity-Prinzipien. Ganz egal, ob Sie das nun tun, weil Sie ein guter Mensch sind oder weil Sie wirtschaftlich kluge Entscheidungen für Ihr Unternehmen treffen wollen.

RESPEKT, LOB UND

86

Manche Themen einer modernen Mitarbeiterführung müssen erklärt werden – etwa das Erfordernis von offener Mitarbeiterinformation oder auch das Diversity-Prinzip im vorangegangenen Abschnitt. Oft muss auch erklärt werden, dass wir das alles nicht aus bloßem Gutmenschentum heraus tun, sondern weil wir die Effizienz der Arbeit und die Rendite des Unternehmens steigern wollen.

Aber »Respekt, Lob und Anerkennung«? Das ist doch eigentlich selbst erklärend. Alle wissen doch, wie wichtig das ist, oder? Und alle wissen doch, dass das der Motivation und der Leistung auf die Sprünge hilft, oder? Ja, alle wissen das. Alle wissen: »Man müsste mehr loben«. Aber trotzdem haben fast alle Unternehmen hier Defizite.

Bei schriftlichen Mitarbeiterbefragungen und Personalmonitorings, die der Autor in verschiedenen Unternehmen durchgeführt hat, kam es heraus: Nur ein Drittel der Mitarbeiter fühlt sich im Unternehmen respektiert. Nur bei einem Viertel kommt Lob an, wenn etwas gut gemacht wurde.

Erklärbar ist dieser Umstand nur mit der Oberflächlichkeit oder gar der Faulheit der Führungskräfte. Denn abseits aller Gedanken an ein freundliches und menschenorientiertes Betriebsklima haben Lob und

ANERKENNUNG

Wir geben uns das auch gegenseitig

Gute VerkäuferInnen sind gute Teamspieler

87

Anerkennung ein hervorragendes Preis-Leistungsverhältnis. Schon für einen verhältnismäßig kleinen Einsatz an Zeit der Führungskräfte für aktives Loben wird ein ungleich größeres Mehr an Arbeitsleistung erreicht. Anders vorgerechnet: Das Lob, für das nur eine sehr kurze Zeit bewusst aufgewendet werden muss, hält sehr lange vor. Das weiß jeder, der sich erinnert: Wann wurde ich das letzte Mal gelobt? Wie lange dauerte dieses Loben? Wie lange hat es gewirkt?

WARUM LOBEN CHEFINNEN SO WENIG?

Die ChefInnen dieser Welt haben in ihren Gehirnwindungen ganz offensichtlich einige negative Glaubenssätze, die ausradiert werden müssen, bevor das Loben wirklich starten kann. Diese einschränkenden Blockade-Gedanken heißen beispielsweise:

- »Nicht geschimpft, ist gelobt genug!«
- »Wenn ich zu viel lobe, werden meine Leute schnell wegen einer Gehaltserhöhung auf der Matte stehen.«
- »MitarbeiterInnen brauchen strenge Vorgesetzte. Gutmütige Vorgesetzte, die viel loben, werden nur ausgenutzt.«
- »Ich bin kein großer Redner. Das Loben liegt mir einfach nicht.«
- »MitarbeiterInnen sind grundsätzlich faul. Wenn ich sie auch noch lobe, wird das nie besser.«

DEN »INNEREN SCHWEINEHUND« ÜBERWINDEN UND MEHR LOBEN

Viele ChefInnen haben sich das Loben antrainiert. Sie schaffen das auch. Hier sind drei bewährte Rezepte:

1. ChefIn belohnt sich selbst für das Loben. Wenn Sie als UnternehmerIn künftig nur eine Stunde pro

Kommunikation: **Teamspieler**

Woche gezielt für das Loben Ihrer MitarbeiterInnen einsetzen, wird diese Stunde wahrscheinlich die ertragsstärkste der ganzen Woche sein. Sie achten dann an jedem Arbeitstag zwei Mal täglich mindestens fünf Minuten lang darauf: »Wer hat hier etwas wirklich gut gemacht, das ich loben kann?« Sie dürfen sich diese Stunde wöchentliches Loben dann mit einem angemessenen Honorar zusätzlich entlohnen. Am besten, Sie verwenden dieses Honorar für eine private Belohnung, die Sie sich sonst aus Sparsamkeit heraus nicht gegönnt hätten.

2. Erinnerungszettel. Sie wollen mehr loben, aber Sie vergessen es immer wieder? Dann erinnern Sie sich immer wieder daran. Vielleicht ist es der Merkzettel, auf dem einfach »L« für Loben steht (auch wenn mal jemand den Zettel sieht, weiß keiner, was er bedeutet). Diesen Merkzettel stecken Sie sich in Ihre Geldbörse oder in die Hemdtasche – irgendwo hin, wo sie ihn ständig wieder sehen. Oder Sie machen sich in Ihrem elektronischen Kalender einen ähnlich verschlüsselten täglich erscheinenden Eintrag.

3. Zielvereinbarung für das ganze Unternehmen. So machen Sie es offen und transparent. Erklären Sie Ihren MitarbeiterInnen: »Wir wollen gemeinsam eine neue Kultur von Lob und Anerkennung aufbauen. Wir haben das alle nötig, auch ich selbst. Ich will mit gutem Beispiel vorangehen. Und ich erwarte, dass alle mitmachen: Wo etwas besonders gut gemacht wird, soll es gelobt werden.« Es entsteht dabei zunächst auf den Chef, der das proklamiert, ein starker sozialer Druck, der das Loben fördern wird.

DIE WICHTIGSTEN ANLÄSSE FÜR LOB UND ANERKENNUNG

Loben soll nicht »mit der Gießkanne« über die Mitarbeiter ausgegossen werden. Das macht auch kaum jemand. Die ChefInnen, die wie ein Honigbrötchen durch den Betrieb laufen und überall einen süßen Klecks fallen lassen, sind in der Wirklichkeit noch nicht gesichtet worden. Denn Lob, das »einfach so« ohne Anlass gegeben würde, verfehlte auch seine Wirkung. Wirkungsvolles Lob hat einen klaren Bezug zur besonderen Leistung.

Die besten Anlässe für das Lob an einzelne VerkäuferInnen oder ein Team aus Verkaufskräften sind:

- *Steigerung des Umsatzes pro VerkäuferInnenstunde (die wichtigste Kennzahl in der Führung von Verkaufskräften)*
- *Reduzierung der VerkäuferInnenstunden bei gleichbleibendem Umsatz*
- *Steigerung des Umsatzes pro Kunde*
- *Steigerung der Einkaufshäufigkeit der Kunden*
- *Reduzierung der Energiekosten in der Filiale*
- *Erfolgreiche Produktneueinführungen*
- *Geringe oder keine Fehltage wegen Krankheit*
- *Bereitschaft zu Überstunden*
- *Überführung eines Ladendiebs*
- *Geringe oder keine Retouren*
- *Besonders attraktive Warenpräsentation, Verkaufsraumgestaltung u. a.*

Bedenken Sie: Wenn in einem dieser Bereiche eine besonders gute Leistung erbracht worden ist, so ist das für das Unternehmen ein oft wichtiger geldwerter Vorteil. Sich dafür mit einem Lob zu bedanken, ist sowohl wirtschaftlich klug als auch vom Benehmen her angebracht.

LOBEN IST NICHT NUR AUFGABE VON CHEFINNEN

Das Lob der ChefIn ist in jedem Betrieb am meisten wert. Und es ist auch der schnellste Weg bei der Einführung einer Kultur aus Lob und Anerkennung, wenn oben damit begonnen wird. Wenn aber oben niemand anfängt, dann fangen wir im Verkaufsteam damit an. Der Deal ist ganz einfach: Wir vereinbaren, dass jeder im Verkaufsteam an jedem Tag nur »eine Hand voll« Lob und Anerkennung für die KollegInnen mitbringt. Sobald dann etwas wirklich gut gemacht wird, geben wir dieses Lob mit einem freundlichen Lächeln an die KollegIn weiter. Das Prinzip heißt: Wir machen uns selbst die Arbeit leichter und schöner und sind ganz nebenher noch erfolgreich!

LOBEN BRAUCHT NICHT IMMER WORTE

Sprache, Inhalt, Körpersprache – Sie haben über Kommunikation schon im Kapitel 3 gelesen. Auch Lob und Anerkennung brauchen keine »großen Worte« – und wenn Sie wollen, gar keine Worte. Lobende und anerkennende Gesten steigern Ihre Beliebtheit, egal, ob Sie nun Führungskraft sind oder nicht. Mit diesen körpersprachlichen Gesten können Sie Lob und Anerkennung zeigen:

- *Anerkennende Verbeugung*
- *Anerkennender Gesichtsausdruck (vorgeschobene Unterlipppe, Kopfnicken)*
- *»Spitzenklasse«-Zeichen (mit aufeinandergedrücktem Daumen und Zeigefinger)*
- *Schulterklopfen*
- *»Daumen hoch«*

90

LOBEN UND KRITIK GEHÖREN ZUSAMMEN

Kein Lob ist schlecht. Noch schlechter als kein Lob ist es, gar keine Kritik zu erhalten oder zu geben. Ein solches Verhalten einer Führungskraft ist destruktiv und schädigt das Unternehmen. Das Grundprinzip im praktischen Anlernen und Führen von Mitarbeitern heißt:

- *1. Erklären*
- *2. Vormachen*
- *3. Nachmachen lassen*
- *4. Kritisieren (loben oder in der Sache kritisieren, was besser werden soll)*

Diese Reihenfolge muss oft mehrmals wiederholt werden, um zum bestmöglichen Ergebnis zu gelangen. Im Zweifelsfall muss sich immer zuerst die Führungskraft fragen: Wie kann ich es besser erklären, vormachen und kritisieren?

RESPEKT IM UNTERNEHMEN

Wenn man Mitarbeiter fragt, wodurch genau sie sich im Unternehmen nicht respektiert fühlen, erhält man u.a. diese Antworten:

- *»Mein Chef geht durch die Produktion und sieht mich gar nicht.«*
- *»Mein Chef grüßt nie, wenn er morgens kommt.«*
- *»Man kann meinem Chef ansehen, dass er mich für blöd hält.«*
- *»Mit unsereinem will unser Chef sich nicht abgeben.«*

Wenn man dann die Chefs mit diesen Antworten konfrontiert, antworten diese gerne: »Das bildet sich dieser Mitarbeiter nur ein«, oder sie rechtfertigen sich mit Sätzen wie: »Ich habe natürlich auch oft sehr viel um die Ohren«.

Da aber die ChefInnen in allen Unternehmen von ihren MitarbeiterInnen zu Recht Disziplin einfordern, müssen sie sie auch selbst geben und sich zu einem respektvollen Umgang mit angemessenen Höflichkeitsformen zu den MitarbeiterInnen zwingen. Dieser Respekt gegenüber allen Mitarbeitern erfordert – im Gegensatz zum Lob – keine besondere Leistung. Der Respekt gehört einem Menschen einfach, weil er ein Mensch ist.

FAZIT – DARAUF KOMMT ES AN

 Wir alle loben zu wenig. Entweder weil wir zu feige oder zu faul dazu sind. Finden Sie die geeignete Strategie, damit Sie Ihren »inneren Schweinehund« überwinden und ab sofort überall dort loben, wo in Ihrem Verantwortungsbereich etwas wirklich gut gemacht wird. Sie werden sehen: Lob kommt auch zurück.

DELEGIEREN
als Prinzip für das Verkaufsteam

20.

Gute VerkäuferInnen sind gute Teamspieler

SCHRITT

Jedes Unternehmen, das mindestens einen Mitarbeiter hat, muss delegieren. Delegieren heißt, Verantwortung abzugeben. So hat derjenige, der delegiert, die Hände frei für seine eigentlichen Aufgaben. Delegieren ist Grundvoraussetzung für ein funktionierendes Zeitmanagement. Jeder, an den delegiert wird, sollte das Delegieren als Prinzip verstehen und selbst delegieren.

Ähnlich wie beim Loben, bestehen gegen das Delegieren in manchen Köpfen fest verwurzelte Blockade-Sätze, die beispielsweise heißen:

· »Wenn ich es nicht selbst mache, dann ist es nicht 100-prozentig gemacht.«

· »Ich muss alles immer kontrollieren. Da mache ich es lieber gleich selbst.«

· »Ich habe niemanden, an den ich delegieren kann. Die, die ich habe, die können das alle nicht so gut wie ich.«

· »Ich mache das schneller und besser als alle anderen. Daher ist es das Beste, wenn ich es weiter selbst mache.«

Es ist leicht zu erkennen, wohin dieses Verweigern des Prinzips Delegieren führt: Zum Rückschritt. Denn wirtschaftliches Wachstum und Fortschritt in der Sache, Verbesserungen oder neue Entwicklungen werden so gebremst. Innovationen sind in einem solchen Umfeld gänzlich unvorstellbar.

WICHTIGES UND DRINGENDES MUSS ERLEDIGT WERDEN

Nur sehr wenige Führungskräfte delegieren aus der Vernunft heraus. Die meisten delegieren aus der Not heraus, »weil es sonst gar nicht mehr geht«. Dieser Zwang zum Delegieren entsteht aus einer zeitlichen Überlastung fast aller MitarbeiterInnen, die leistungsbereit und leistungsfähig sind. Es gibt jeden Tag viel zu viele dringende Aufgaben. Dringende Aufgaben sind dadurch gekennzeichnet, dass sie einen Abgabe- oder Liefertermin haben. Dass zu einem bestimmten Zeitpunkt die Theke eingeräumt sein muss und irgendwann Ladenschluss ist.

Die für diese vielen dringenden Aufgaben zur Verfügung stehende Zeit ist aber nicht vermehrbar. Daher versuchen zunächst viele, die Zeit für die tagtäglich viel zu vielen dringenden Aufgaben bei der Zeit für die wirklich wichtigen Aufgaben zu »klauen«. Damit wird das Problem dann noch größer. Denn die wirklich wichtigen Aufgaben sind vielleicht nicht dringend, aber für unser Wohlergehen oder das übergeordnete Funktionieren des Unternehmens wichtig. Die Erhaltung unserer Gesundheit ist so etwas Wichtiges. Oder auch der Erhalt unserer sozialen Beziehungen und unserer Partnerschaft oder Ehe ist enorm wichtig dafür, dass wir jeden Tag volle Leistung geben können. Wenn wir in diesem Bereich Zeit »klauen«, nur weil die vielen dringenden Alltagsarbeiten wieder einmal überhand nehmen, dann gehen wir große Risiken ein. Da ist das Prinzip Delegieren eindeutig die bessere Alternative. Schauen Sie sich hierzu auch noch einmal die Abbildung »Wichtig / Dringend« aus Kapitel 1 an.

92

DELEGIEREN, EINFACH GEMACHT

Das Arbeitsprinzip Delegieren kann in neun einfache Schritte unterteilt werden:

1. **Kompetenz erkennen.** Vor dem erfolgreichen Delegieren brauchen wir die genaue Kenntnis über die Kompetenzen der betroffenen Mitarbeiter. Wir fragen dabei: Wer macht was besonders gut? Wer macht was besonders gerne? Wenn diese Kompetenzen noch nicht ausreichend erkennbar sind, dann heißt es: Erklären, Vormachen, Nachmachen lassen, Kritisieren und Loben.

2. **Zielsetzung festlegen.** Darum geht es! Aus diesem Grund soll delegiert werden. Das soll das Ergebnis sein. Oft wird delegiert, damit eine Führungskraft entlastet wird. Manchmal auch, um durch Verantwortungsteilung mehr Dynamik zu schaffen und Fortschritt oder Innovationen zu fördern.

3. **Vertrauen haben.** Delegieren erfordert fachliches und persönliches Vertrauen zu der Person, an die delegiert wird. Sonst kann die Führungskraft nicht »loslassen«.

4. **Aufgabenverteilung regeln.** Die MitarbeiterInnen, an die wir delegieren, delegieren wiederum selbst. Delegieren ist in unserem Unternehmen / unserer Abteilung Prinzip. Es besteht eine klare Aufgabenteilung als Basis für die Verantwortungsteilung.

5. **Information geben.** Wer delegieren will, muss genau erklären, wie es geht, worauf es ankommt, wie es bisher gemacht wurde, wo bisher die Probleme lagen, wo vielleicht künftig auch etwas besser gemacht werden kann.

6. **Verantwortung abgeben.** Dabei wird noch einmal erklärt, um welche Verantwortung es genau geht, welche Bedeutung das für das Unternehmen hat und welche persönlichen Chancen sich aus der Übernahme dieser Verantwortung ergeben können. Dann muss es auch tatsächlich passieren: »Ich gebe die Verantwortung für die Durchführung dieser Aufgabe an dich ab.«

7. **Vollmachten erteilen.** Zum Delegieren gehören dann verbindliche Entscheidungsbefugnisse, Vollmachten, Zeichnungsberechtigungen. Darüber werden alle informiert, die in diesem Bereich des Unternehmens tätig sind. Alle wissen, dass es für diesen Bereich jetzt einen neuen verantwortlichen Ansprechpartner gibt.

8. **Freiheiten geben.** Mit der Aufgabe wird immer auch die Freiheit der Durchführung abgegeben. Vielleicht wird nicht alles künftig so sein, wie es bisher war. Aber vielleicht wird dadurch auch manches besser. Und: Nur wenn Freiheiten gegeben werden, entstehen bei dem, der delegiert, auch Freiheiten für Neues und Wichtiges.

9. **Kontrolltermin vereinbaren.** Zum Delegieren gehört die Vereinbarung eines Kontrolltermins. Aber: Es gibt keine ständige Kontrolle während der Durchführung. Zum Kontrolltermin gibt es dann sachliche Kritik und/oder Anerkennung.

93

FAZIT – DARAUF KOMMT ES AN

Sie können aus Vernunft oder aus der Not heraus delegieren – diese Entscheidung ist Ihre. In jedem Fall haben Sie »die Hände frei«, wenn Sie Verantwortung »aus der Hand geben«. Und Ihr Tun hat mehr Wirkung, wenn Sie sich zusätzlich »linke und rechte Hände« schaffen.

Umgang mit Kunden

Die richtige Einstellung zum Kunden

Meine KundInnen zahlen meine Wohnung, mein Auto ...

SCHRITT 21.

SIE ZAHLEN ALLES

Die richtige Einstellung zum Kunden

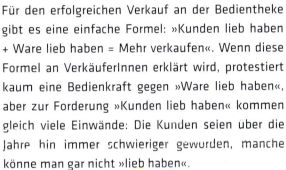

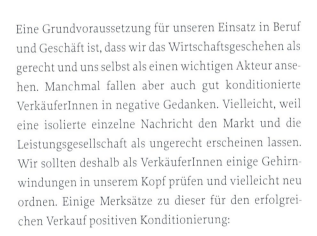

Für den erfolgreichen Verkauf an der Bedientheke gibt es eine einfache Formel: »Kunden lieb haben + Ware lieb haben = Mehr verkaufen«. Wenn diese Formel an VerkäuferInnen erklärt wird, protestiert kaum eine Bedienkraft gegen »Ware lieb haben«, aber zur Forderung »Kunden lieb haben« kommen gleich viele Einwände: Die Kunden seien über die Jahre hin immer schwieriger geworden, manche könne man gar nicht »lieb haben«.

Eine Grundvoraussetzung für unseren Einsatz in Beruf und Geschäft ist, dass wir das Wirtschaftsgeschehen als gerecht und uns selbst als einen wichtigen Akteur ansehen. Manchmal fallen aber auch gut konditionierte VerkäuferInnen in negative Gedanken. Vielleicht, weil eine isolierte einzelne Nachricht den Markt und die Leistungsgesellschaft als ungerecht erscheinen lassen. Wir sollten deshalb als VerkäuferInnen einige Gehirnwindungen in unserem Kopf prüfen und vielleicht neu ordnen. Einige Merksätze zu dieser für den erfolgreichen Verkauf positiven Konditionierung:

1. Der Markt – und unsere KundInnen repräsentieren den Markt – ist gerecht, wenn auch nicht gnädig oder barmherzig. Unsere Überflussgesellschaft hat von allem mehr, als sie braucht: Waren und Dienstleistungen, Geschäfte und VerkäuferInnen. Es findet täglich neu eine Auswahl der Besten statt, die weiter mitspielen dürfen.

2. Der Markt belohnt und bestraft sehr schnell. Die entscheidende Frage heißt: Welchen Nutzen bringst du deinen Kunden? Wer einen einzigartigen Nutzen bringt, wird belohnt. Wer keinen besonderen Nutzen mehr bringt, fliegt raus!

3. Der Markt erscheint uns manchmal hart, die Leistungsgesellschaft anstrengend. Aber diese Ordnungen sind gut für den einzelnen Menschen und gut für die Weiterentwicklung der Gesellschaft. Bessere Alternativen als Markt und Leistungsgesellschaft gibt es nur in Theorien, nicht in der Wirklichkeit.

Wir nähern uns jetzt dem Kunden an und verfolgen dabei das Ziel, ihn ein wenig »lieb« zu haben. Denn es ist natürlich viel leichter, die Wünsche eines Menschen zu erfüllen, den man lieb hat.

KUNDINNEN ZAHLEN ALLES!

Die wichtigste Eigenschaft von KundInnen ist: Sie zahlen alles! Unsere Wohnungen und Autos, unsere Kleider und Urlaube. Das alles können wir uns leisten, weil die KundInnen bei uns einkaufen. VerkäuferInnen, die ein festes monatliches Gehalt überwiesen bekommen, sehen zwar auf dem Konto, dass die Überweisung vom Arbeitgeber kommt. Aber dieser Arbeitgeber ist letztlich nur eine Sammel- und Verteilungsstelle für das Geld der KundInnen.

Im Rahmen aller Beziehungen fällt die Wertschätzung für das Gegenüber meist positiver aus, wenn dieses Gegenüber unsere Rechnungen bezahlt. Viele Männer und Frauen wünschen sich bei der Partnersuche ganz gezielt einen solchen Partner, der auch bezahlt. Und unsere KundInnen sind solche Partner: Sie zahlen immer und sie zahlen alles.

Dass die KundInnen alles bezahlen, ist ein guter Grund, sie ein wenig »lieb« zu haben und die Beziehung zu ihnen zu pflegen. Ähnlich wie in der Pflege privater Beziehungen gelingt dies über:

- *Freundliche Gesten*
- *Aufmerksamkeit*
- *Anteilnahme*
- *Problemlösungen*
- *Kleine Geschenke u. a.*

KUNDINNEN BRAUCHEN IHREN VORTEIL!

KundInnen haben die Auswahl. Wenn sich KundInnen für ein bestimmtes Produkt oder einen bestimmten Anbieter entscheiden, dann ist das zum Teil eine rationale und zum Teil eine emotionale Entscheidung. Je besser wir über diese Beweggründe Bescheid wissen, desto besser können wir darauf eingehen.

Die rationalen Gründe bei der Kaufentscheidung sind Zahlen, Daten, Fakten – das nüchterne Preis-Leistungs-Verhältnis. Die Leistung ist aus Kundensicht der Nutzen. Dabei treffen zwei Dinge aufeinander, die passen sollten:

Zum einen die Nutzenerwartung des Kunden: Was sollen mir dieses Produkt oder dieser Einkauf bringen? Worauf kommt es mir an? Wie muss dieser Laden aussehen, damit ich überhaupt dort hineingehen will? Wie müssen die VerkäuferInnen in diesem Laden aussehen, damit ich von ihnen meine Lebensmittel kaufen will?

Zum anderen das Nutzenangebot des Geschäfts oder Herstellers: Die Produkte haben bestimmte Qualitätsmerkmale (bei Lebensmitteln etwa Frische, Zutaten, Geschmack u. a.) und werden im Geschäft auf einem bestimmten Niveau präsentiert. Das Bedienpersonal ist auf einen bestimmten Umfang von Beratung und Service ausgerichtet.

KUNDINNEN UNTERSTÜTZEN UNSERE ENTWICKLUNG ZU EINER STARKEN PERSÖNLICHKEIT!

Abgesehen vom Geld profitieren wir als VerkäuferInnen in vielfältiger Weise von unseren KundInnen. Die ständig steigenden Anforderungen und Wünsche, die seitens der KundInnen an uns und unser Geschäft herangetragen werden, sind Motor für unsere fachliche und persönliche Entwicklung. Wären unsere KundInnen schon immer mit allem zufrieden gewesen und hätten uns auch bei kleinen Produkt- oder Servicemängeln die Treue gehalten, wären wir in unserer Entwicklung wohl stehen geblieben. Es sind also gerade die schwierigen und besonders anspruchsvollen KundInnen, die den Fortschritt bei uns selbst und in unserem Geschäft fördern und antreiben.

WIR SIND AUF KUNDINNEN ANGE-WIESEN – DIE KUNDINNEN NICHT AUF UNS!

Unsere KundInnen sind für unsere berufliche, geschäftliche und auch persönliche Entwicklung also ein großes Glück. Wir haben allen Grund, diesen KundInnen dankbar zu sein und sie auch ein klein wenig »lieb« zu haben. Aber abseits dieser Liebeserklärung dürfen wir auch ganz nüchtern bilanzieren: Wir brauchen diese KundInnen – sonst ist »der Ofen aus«. Aber diese KundInnen brauchen nicht zwingend uns – sie haben eine Vielzahl an Angeboten aller möglichen Wettbewerber.

Und doch, dieser Kunde, der jetzt gerade meinen Laden betritt, will mir den Vorzug geben vor allen anderen. Eine großartige Auszeichnung, der ich in meinem Verkaufsverhalten Rechnung tragen werde!

DIE VIER NUTZENKATEGORIEN IN DER PRAXIS DER BEDIENTHEKE

Die Marketinglehre hat für den Nutzen eines Produkts oder einer Dienstleistung eine sehr praxisnahe Unterteilung: Grundnutzen, Zusatznutzen, sozialer Nutzen und magischer Nutzen.

Grundnutzen

Der Grundnutzen beschreibt die Basisfunktion einer Sache. Ein Auto hat den Grundnutzen der Fortbewegung, ein Anzug den der Bekleidung, ein Schnitzel den der Ernährung. In einer Gesellschaft, in der niemand hungern oder frieren muss und oft mehr Autos herumfahren, als die Straßen aufnehmen können, ist dieser Grundnutzen nicht besonders spannend. Nur in einer Mangelgesellschaft, in der die Versorgung der Bevölkerung bedroht ist, in der Menschen hungern und frieren, zählt der Grundnutzen einer Ware wesentlich. Für unseren VerkäufInnenalltag ist dieser Grundnutzen nur noch das notwendige Fundament, auf dem wir unsere Nutzenargumentation aufbauen können. Denn alle unsere Kunden sind satt. Sie brauchen uns nicht zum Sattwerden. Bestenfalls bringen diese Kunden etwas Appetit mit oder haben Lust auf ein neues Geschmackserlebnis. Es ist eine entsprechend schwere Aufgabe, den Satten und Übersatten noch Lebensmittel zu verkaufen. Der Grundnutzen ist für uns – um es in der Sprache des Lebensmittelrechts zu sagen – das verkehrsfähige Lebensmittel.

Zusatznutzen

Hier stellt sich die wichtige Verkäuferfrage: Welche besonderen Eigenschaften haben die Waren in meiner Theke? Die Aufgabe ist, diese Eigenschaften vollständig und ganz konkret zu erfassen und dann zum Kunden zu »verargumentieren«. Diese Zusatznutzen sind die sachliche Basis, den Kunden davon zu überzeugen, dass es sein Vorteil ist, zu kaufen. Weil nun für jeden Kunden andere Zusatznutzen wichtig sind, müssen wir als gute Verkäufer unbedingt alle Zusatznutzen kennen.

Viele VerkäuferInnen finden bei der Aufgabe, konkrete Zusatznutzen zu definieren, zunächst aber Allgemeinheiten wie »Qualität«, »Frische« oder »Freundlichkeit«. Doch das sind in dieser Form keine Zusatznutzen – weil ausnahmslos alle Anbieter, also auch unsere Wettbewerber, diese allgemeinen Nutzenversprechen beanspruchen. Erst wenn wir ganz detailliert begründen, warum unsere Qualität eine andere und bessere ist als die Qualität aller anderen Anbieter, haben wir die Chance, einen echten Kaufanreiz auszulösen.

Weitere Übungen und Beispiele zur Herausarbeitung von Zusatznutzen finden Sie im Kapitel 6 dieses Buches.

Sozialer Nutzen

Nehmen wir einmal an, dass ein Mittelklasse-Mercedes etwa die gleichen Zusatznutzen bietet wie ein Mittelklasse-Opel oder ein Mittelklasse-Ford. Trotzdem kostet der Mercedes mehr. Warum eigentlich? Weil es eben ein Mercedes ist? Weil uns die Marke mit dem Stern etwas bedeutet und etwas mehr wert ist? Oder ist der Mercedes in vielen Details das bessere Auto und deswegen mehr wert und hat in der Folge ein höheres soziales Ansehen?

Gestehen wir uns ein: Bei fast allen Einkäufen spielt der soziale Nutzen eine entscheidende Rolle, sobald die Zusatznutzen, die für uns etwas bedeuten, gegeben sind. Wir kaufen Jeans oder Joghurts, Hautcreme oder Waschmittel auch wegen der Marke, die uns die Zugehörigkeit zu einer bestimmten Gruppe von Menschen signalisiert. Oft reicht schon der Einkauf in einer bestimmten Einkaufsstätte, um eine solche Identität zu stiften. Die Menschen im Bio-Markt oder im Sportfachgeschäft, in der Feinkost-Fleischerei oder auf dem Wochenmarkt identifizieren sich nicht nur über die Produkte, sondern auch über die Einkaufsstätte. Dokumentiert wird das dann gerne an der mehrfachen Verwendung von Einkaufstüten, mit denen wir unseren Mitmenschen diese soziale Zugehörigkeit demonstrieren.

Der soziale Nutzen eines Produkts ist nicht das Ergebnis einer besonders cleveren Marketingabteilung oder einer besonders kreativen Werbeagentur. Nein, sozialer Nutzen entsteht auf dem Fundament vieler wertvoller Zusatznutzen. Der Mercedesstern bietet sozialen Nutzen, weil der Hersteller dieser Autos seit über 100 Jahren beweist, dass er besonders zuverlässige Fahrzeuge baut.. Erst auf diesem Fundament kann die Legende der großen Marke aufgebaut werden.

Der soziale Nutzen wirkt mehrfach: Zunächst wirkt und wirbt der soziale Nutzen für das Produkt. Es entsteht ein Mehrwert gegenüber Produkten anderer Anbieter, selbst wenn diese ähnliche Zusatznutzen bieten. Dann überträgt sich der soziale Nutzen auf den Anbieter – es findet ein Imagetransfer statt. Ein weiterer Imagetransfer, den wir als Verkäufer stets erleben, ist der vom Produkt auf den Verkäufer. Um beim obigen Vergleich zu bleiben: Ganz sicher wird die Kassiererin von Feinkost-Dallmayr auf die Frage, was sie denn beruflich mache, stolz antworten, sie arbeite bei Dallmayr – und sich so den Imagetransfer eines großen Delikatessenhauses sichern. Ihre Kollegin hingegen, die in einem Discounter arbeitet, kann nicht von derlei Ansehensgewinn profitieren. Ganz klar: Arbeitgeber, welche die besten Mitarbeiter gewinnen wollen, haben es leichter, wenn sie auch mit dem sozialen Nutzen locken können, bei diesem renommierten Unternehmen beschäftigt zu sein.

Der soziale Nutzen ist zwar nur über einen längeren Zeitraum zu schaffen und verlangt stetige besondere Leistung, aber er ist auch stabil. Einmal geschaffen, wird dieser soziale Nutzen auch durch einzelne Fehler nicht so schnell beeinträchtigt oder gar ruiniert.

Praxistest »Sozialer Nutzen«: Fahren Sie beispielsweise nach München, begeben Sie sich mit mehreren vollen Einkaufstüten von »Feinkost-Dallmayr« oder »Feinkost-Käfer« in die öffentlichen Verkehrsmittel – und beobachten Sie, wie Sie aufgrund dieser Einkaufstüten von den anderen Fahrgästen sozial zugeordnet werden.

Magischer Nutzen

Frauen, die Lätta-Margarine essen, haben eine tolle Figur. Männer, die Marlboro rauchen, erleben Freiheit und Abenteuer. Das ist natürlich albern! Wir wissen, dass Halbfettmargarine nun wirklich kein wertvolles Lebensmittel ist und dass der Marlboro-Cowboy an Lungenkrebs leidet. Trotzdem arbeiten sich solche Werbebotschaften in unseren Kopf hinein. Die Botschaften haben zwar mit dem Produkt wenig zu tun, hinterlassen aber eine schöne Illusion.

Wir als VerkäuferInnen können auch im Verkaufsgespräch diese Bilder in den Köpfen unserer Kunden entstehen lassen. Wir lernen das über fachliche Qualifizierung (in diesem Buch im Kapitel 2) und bessere Kommunikationsfähigkeiten (Kapitel 3 und 8)

Auf der Basis der Nutzenpyramide erkennen wir, welche Nutzenbereiche wir für unser Produkt »verargumentieren« können. Tun Sie es jetzt, beginnen Sie damit!

FAZIT – DARAUF KOMMT ES AN

 Wir machen das alles für unsere KundInnen. Sie bezahlen uns. Aber wir kriegen auch alles zurück, was wir für die KundInnen tun. Das Spiel, das wir spielen, heißt »Nutzen geben und dadurch auch Nutzen haben«. Es geht also um unsere Vorleistung. Wer immer nur wie ein egoistisches Kind »Nutzen haben wollen!« ruft, ist für dieses Spiel noch nicht reif.

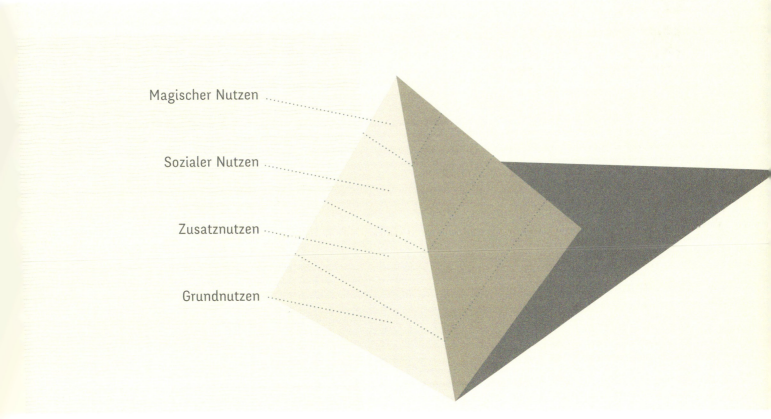

Magischer Nutzen

Sozialer Nutzen

Zusatznutzen

Grundnutzen

KundInnen

22

Die richtige
Einstellung zum Kunden

ALS MOTOR

102

für geschäftliche, berufliche
und persönliche Entwicklung

Wir profitieren an der Bedientheke jeden Tag von einem Vorteil, den die Industrie über aufwändige Marktforschung versucht auszugleichen: Wir haben den direkten Kontakt zu den KundInnen! Wir erleben die Konsumententrends live und direkt. Wir wissen, was wichtiger wird. Wir müssen diesen Vorteil aber auch nutzen – sowohl für die Weiterentwicklung unserer Produkte und unseres Sortiments wie auch für unsere persönliche Weiterentwicklung. Vergegenwärtigen wir uns die vielen großartigen Einladungen, die wir an der Bedientheke ständig erhalten. So machen wir aus den Konsumententrends unser persönliches, berufliches und geschäftliches Förderprogramm. Wir betrachten diese Zusammenhänge an drei besonders populären und für die Bedientheke besonders wichtigen Trends.

KONSUMENTENTREND:
SILBERNE REVOLUTION

Kennzeichen für diesen Trend: Wir werden immer älter. 1970 waren 13 Prozent der Gesamtbevölkerung älter als 65 Jahre, 2006 waren es schon 20 Prozent und 2030 werden es 29 Prozent sein. Viele der heute Geborenen werden 100 Jahre alt werden. Gleichzeitig werden die neuen Senioren immer aktiver. Sie wenden viel Zeit und Geld auf, um Fitness, Gesundheit und Schönheit zu erhalten. Und: Weil die Menschen immer älter werden, arbeiten sie auch länger. Die Beschäftigungsquote der 55- bis 64-Jährigen lag 1980 bei 44 Prozent, 2007 bei 52 Prozent und sie wird 2020 bei 58 Prozent liegen.

Die Chancen für die Bedientheke: Die Ausrichtung auf die Zielgruppe der »jungen Alten« erfolgt im Hinblick auf die MitarbeiterInnen und KundInnen aus dieser Gruppe.

Im Bereich Mitarbeitergewinnung zählt dabei:

- »Gemische Teams« aus jungen und älteren MitarbeiterInnen sind das Gewinnermodell (siehe dazu auch Kapitel 4, Thema »Diversity«).
- Wer eine bestimmte Gruppe als KundInnen ansprechen will, tut gut daran, diese auch im Bereich der Mitarbeiterschaft zu integrieren.
- Der Mangel an jungen Nachwuchskräften lässt uns aus der Not eine Tugend machen und die »jung gebliebenen Alten« als Zielgruppe für die Rekrutierung neuer Mitarbeiter sehen.

Positive Veränderungen im Bereich »Produktentwicklung« und »Sortiment«:

- Fertiggerichte, sowohl als Konserve (Glas ist immer attraktiver als Dose) wie auch als offen in der Theke angebotenes frisches Fertiggericht. »Cook and Chill«, das Verfahren, bei dem frisch gekocht und dann schnell heruntergekühl wird, verlängert die Haltbarkeit frischer Fertiggerichte
- Renaissance der »großen Gerichte der deutschen Bratenküche« – immer mehr ältere Menschen erinnern sich an Lieblingsspeisen von früher, die heute keiner mehr zubereitet (Kalbsnierenbraten u. a.).
- Wechselnde Menüs zum Verzehr an Ort und Stelle wie auch zum Mitnehmen.
- Seniorenfreundliche Produktgestaltung: Alle Angaben auf Thekenpreisschildern, Etiketten u. a. groß genug geschrieben, damit auch ältere Menschen alles lesen können.
- Seniorenfreundliche Ladengestaltung: Der Rollator wird in unserer älter werden Gesellschaft zum ganz normalen Fortbewegungsmittel. Richten wir unsere Läden darauf ein.

Chancen für die persönliche Weiterentwicklung:

- Fachliche Qualifizierung für den Bereich Fertiggerichte, z.B. durch Erlernen neuer Garverfahren wie Sous Vide.
- Trainieren von Geduld und Höflichkeit besonders im Kontakt mit den älteren KundInnen.

KONSUMENTENTREND: NEO-ÖKOLOGIE

Kennzeichen für diesen Trend: Die Käufer von Bio-Lebensmitteln waren einmal die Typen mit Birkenstock-Sandalen an den Füßen und Palästinensertüchern um den Hals. Heute ist Bio der Mainstream in unserer Gesellschaft. Die ökologische Korrektheit eines Unternehmens und von Lebensmitteln wird heute immer mehr zur Grundvoraussetzung, überhaupt etwas erfolgreich zu verkaufen. Der Markt der erneuerbaren Energien, Hybrid- und Elektroautos, Energiesparlampen oder Naturkosmetik sind Indizien für diese Veränderung.

Chancen für die Bedientheke:

• Garantien für artgerechte Tierhaltung an der Fleischtheke. Es gibt eine Vielzahl von Möglichkeiten, den KundInnen das gute Gefühl eines sicheren Gewissens beim Fleischeinkauf zu sichern:
→ Tierschutzlabel (Deutscher Tierschutzbund u. a.)
→ Markenfleischprogramme mit Schwerpunkt Tierschutz (Neuland u. a.)
→ Vertragslandwirtschaft mit Bauern (Auslaufhaltung, keine Gentechnik u. a. vereinbaren)
→ Reduzierung zugelassener Zusatzstoffe (Verzicht auf Glutamat u. a.)
→ Zusatzsortimente in regionalen, alternativen, fair gehandelten und ökologischen Qualitäten (»Region« ist oft das »neue Bio«)
→ Produktbezogene Informationen zu ökologischen Themen über Waagenbildschirme

Chancen für die persönliche Weiterentwicklung:

• Persönliche Marktforschung betreiben: Was ist anders und besser im Bio-Supermarkt? Was sollten wir nachmachen? Was ist anders und besser an den Produkten? Was ist anders an den KundInnen dort?
• Wissensaufbau durch Lesen u. a. zu den großen ökologischen Themen unserer Zeit, die alle in irgendeiner Form auch an unserer Bedientheke relevant werden.

KONSUMENTENTREND: GESUNDE ERNÄHRUNG

Kennzeichen für diesen Trend: Nahezu jeder dritte Deutsche ist Mitglied in einem Fitnessstudio. Die Zahl der Menschen, die von sich selbst sagen, »sehr auf Gesundheit zu achten«, ist vom Jahr 2000 bis zum Jahr 2010 von 24 Prozent auf 38 Prozent gestiegen. In Deutschland haben sich die Gesundheitsausgaben in den letzten 20 Jahren nahezu verdoppelt. Gesundheit ist für immer mehr Menschen nicht nur die Abwesenheit von Krankheit, sondern auch »gesund aussehen«. Fitness, Schönheit und Gesundheit werden immer mehr zu einer Einheit.

Chancen für die Bedientheke:

• Fitness-Angebote. Fleisch hat 80 Prozent Wasser und 20 Prozent Eiweiß. Wer das weiß, erkennt als erfahrene FachverkäuferIn die vielen Produkte in der Theke, die wir unverändert als Fitness-Angebote anbieten können. Dazu gibt's natürlich die Informationen zu Nährwert, Fettgehalt u. a.

- Fitness-Rezepte. Als Broschüre oder produktbezogen zum Ausdruck an der Ladenwaage.
- Aktionswochen »Fitness und Schönheit«. Dazu gibt es ein Event (Wandertag mit KundInnen und MitarbeiterInnen mit Fitness-Picknick), viele neue Fitness-Produkte und Informationsangebote (Bücherecke, Computerterminal und vor allem gut geschulte VerkäuferInnen).
- Cross-Marketing mit dem örtlichen Fitnessstudio. Dabei werben wir für das Fitnessstudio – unsere Kunden erhalten etwa ein kostenloses Probetraining. Und das Fitnessstudio wirbt für unsere Fitness-Angebote.

Chancen für die persönliche Weiterentwicklung:

- Weiterbildung zur Ernährungsberaterin (Kurse dauern u. U. nur zwei Wochen). Bedenken Sie: Der Titel »Ernährungsberaterin« ist nicht geschützt, Sie können also auf Ihrem Namensschild damit werben!
- Weiterbildung im Bereich Kochen zur Zubereitung von kalorienreduzierten Gerichten

Gehen wir es an! Die Trends – hier am Beispiel Silberne Revolution, Ökologie, Gesundheit – stehen jeden Tag in Form unserer Kunden direkt vor uns. Wir dürfen die Trends, die das Geschäft der Zukunft bestimmen, nicht übersehen. Wir können sie schneller und besser nutzen als andere und so gewinnen.

FAZIT – DARAUF KOMMT ES AN

Die Arbeit an der Bedientheke wirkt wie ein persönliches Entwicklungsprogramm. Dort ergibt sich ein stetiger, positiv fordernder Input seitens der Kunden und des Marktes. Was für ein Glück! Würden wir im Discounter nur jeden Tag die Regale einräumen und die Kunden abkassieren, würden wir in unserer Entwicklung stehen bleiben.

23.

Die richtige
Einstellung zum Kunden

ERWAR-TUNGEN

von KundInnen frühzeitig wahrnehmen

Das Geheimnis erfolgreicher Kommunikation liegt nicht im Sprechen, sondern in der Wahrnehmung. Und das erfolgreiche Verkaufsgespräch gründet in der sorgfältigen Wahrnehmung der Wünsche und Bedürfnisse des Kunden. Viele dieser »geheimen Kundenwünsche« sind an der Oberfläche des Verkaufsgesprächs nicht erkennbar. Diese Kundenwünsche werden nicht in Form einer Bestellung oder eines Auftrags formuliert. Ähnlich einem Eisberg liegt auch bei Kundenwünschen das Meiste auf den ersten Blick unsichtbar unter der Oberfläche verborgen.

Die Kunst ist es nun, wahrzunehmen, was KundInnen gar nicht ausgesprochen haben, aber eben doch meinen. Um hierbei Missverständnisse zu vermeiden, trainieren wir unsere Sinne. Wir hören genauer hin, schauen genauer hin, versuchen Gefühle unserer KundInnen nachzuempfinden. Wir verstehen viele Signale, die wir früher übersehen haben.

SIGNALE IM ÄUSSEREN ERSCHEINUNGSBILD DER KUNDINNEN

Signal: »Aufgedonnert« – demonstrativ hochwertige Kleidung, Schmuck, Kosmetik; »Vorfahren« mit dem Auto direkt vor der Ladentür u. a.

Zeigt uns: »Ich habe einen bestimmten Status. Ich will auch so behandelt werden.«

Unser Verhalten: Wir erfüllen die vermutete Erwartungshaltung. Wir geben den »Diener«, verbeugen uns bei der Begrüßung etwas tiefer. Verwenden Anreden wie »sehr verehrte Dame« oder »sehr gerne, der Herr«, nutzen Gelegenheiten zu Höflichkeitsgesten (Tür aufhalten u. a.).

Signal: »Avantgarde« – demonstriert unkonventionellen, außergewöhnlichen Geschmack durch mutige Kombinationen im Outfit (auf die offensichtlich viel Mühe und Zeit verwendet wurde).

Zeigt uns: Solche KundInnen suchen das Außergewöhnliche.

Unser Verhalten: Wir gehen auf »du und du«. Wir empfehlen zu den gekauften Artikeln weitere Verzehrkombinationen (»Diesen Rohschinken haben wir in unseren Firmenseminaren auch schon mit kandierten Früchten probiert«). Im Bereich der Zusatzempfehlungen lassen wir eine »außergewöhnliche Neuheit« probieren.

SIGNALE IM VERHALTEN DER KUNDINNEN

Signal: »Superkritisch« – guckt mit Kontrollblick überall im Laden umher, dreht verpackte Erzeugnisse um und liest Zutatenverzeichnisse, liest an der Theke den Ordner mit den verwendeten Zusatzstoffen in den lose angebotenen Waren u. a.

Zeigt uns: Solche KundInnen wissen viel und wollen viel wissen. Bevor der Gaumen solcher Menschen befriedigt werden kann, muss der Geist befriedigt werden.

Unser Verhalten: »Ich freue mich über Ihr Interesse. Wir haben viele Kunden mit besonderer Kennerschaft. Gerne beantworte ich Ihnen alles ganz genau.« Weiterhin geben wir ungefragt Zusatzinformationen zu den gekauften Produkten.

Signal: »Preisbewusst« – liest die Preisangebote, achtet auf die Preise an den Thekenpreisschildern.

Zeigt uns: KundIn will preiswert und günstig einkaufen, hat vielleicht nur ein begrenztes Budget für den Einkauf.

Unser Verhalten: Wir versuchen, die bestellte Menge möglichst einzuhalten (schneiden nicht 120 Gramm, wenn 100 bestellt waren), bei Zusatzempfehlungen lassen wir ein »enorm leckeres Produkt zu einem günstigen Preis« probieren. Aber Vorsicht: Solche KundInnen dürfen nie den Eindruck gewinnen, wir würden sie einer sozialen Unterschicht zuordnen.

SIGNALE IN KUNDENFRAGEN

Kundenfrage: »Ist dieser Schinken sehr fett?«

Zeigt uns: Interesse an eher fettreduzierten Lebensmitteln und solchen, die für eine Gewichtsreduktion geeignet sind.

Unser Verhalten: Wir beantworten zunächst korrekt und präzise (Fettgehalt, Nährwert in Kilokalorien pro 100 Gramm) die gestellte Frage. Bei den Zusatzempfehlungen nennen wir beispielsweise: Bierschinken, Rinderzunge, Schinkenkrakauer.

Kundenfrage: »Meine Tochter hat eine Unverträglichkeit gegen Milcheiweiß. Ist in dieser Wurstsorte Milcheiweiß verarbeitet?«

Zeigt uns: Interesse an den Zutaten und Zusatzstoffen, möglicherweise weitergehende Anliegen im Bereich Allergien und Unverträglichkeiten.

Unser Verhalten: Wir verweisen auf die Möglichkeiten der Information, über die wir verfügen. Häufig können wir über die Ladenwaagen mit einer einzigen Abfrage alle Produkte erfassen, die einen bestimmten Inhaltsstoff haben. Weiterhin erklären wir ungefragt den ausliegenden Ordner mit den Zutaten und Zusatzstoffen. Im Verkaufsgespräch nutzen wir die Chance, auf unsere Bemühungen zur Reduzierung von zugelassenen Zusatzstoffen zu verweisen.

FAZIT – DARAUF KOMMT ES AN

Wer aufmerksam zuhört, sein Gegenüber wertschätzt und in allen Details wahrnimmt, der darf führen. Wer aber nur daran denkt, führen zu wollen, hat meist das Zuhören, Wertschätzen und Wahrnehmen noch nicht ausreichend gelernt.

Kundenfragen erfassen

In den regelmäßigen Besprechungen des Bedienthekenteams gehört dieser Punkt immer auf die Tagesordnung: »Kundenfragen«. Sie erfassen so, wonach KundInnen verstärkt fragen. Die Veränderungen in den Kundenfragen fließen dann in die Sortimentsgestaltungen mit ein. Weiterhin richten wir das Marketing danach aus. Wenn also beispielsweise die Kundenfragen zu »Kalorien und Fettgehalt« immer mehr werden, heißt eine der nächsten Verkaufsförderungsaktionen: »Fitness aus der Feinkosttheke«. Wenn die Fragen zur Herkunft zunehmen, werden wir mit »Leckerbissen aus unserer Heimat« werben. Es gilt: Wir machen das alles nur für unseren Kunden. Deshalb achten wir mit besonderer Sorgfalt darauf, was er haben will.

MEIN GRÖSSTES GLÜCK

Schwierige und besonders kluge KundInnen sind

SCHRITT 24.

Die richtige Einstellung zum Kunden

Die Bedientheke ist die traditionelle Heimat der besonders schwierigen und der besonders klugen KundInnen. Das ist nicht die Strafe, sondern die Chance der Bedienkräfte. Hier vor der Bedientheke können Eigenarten ausgelebt, Fragen gestellt, Einwände geäußert und Klugheit demonstriert werden – im Billigsystem des Discounts hingegen müssen KundInnen bloß funktionieren.

Die »schwierigen« KundInnen sollten wir zunächst einmal relativieren. Bedenken wir bei unserem Urteil:

· Wir alle sind »schwierig«. Vielleicht saßen auch wir schon einmal in einem Restaurant und der Kellner hat beim Koch gelästert, was für ein schwieriger Gast wir doch wären.

· Auch »schwierige« KundInnen bezahlen alles (mehr dazu am Anfang dieses Kapitels).

· Die »schwierigen« Kunden sind für die Weiterentwicklung unseres Geschäfts, unserer Theke und unserer eigenen Persönlichkeit besonders hilfreich.

· VerkäuferInnen und BeraterInnen braucht man nur für »schwierige« KundInnen. Wo KundInnen nicht schwierig sind, sondern einfach nur kaufen, reicht das unpersönliche SB-System völlig aus.

SCHWIERIGE KUNDEN BESSER VERSTEHEN

Wenn wir die schwierigen Kunden genau betrachten, sind sie nicht mehr schwierig, sondern ganz normal. Um einen Menschen genauer zu betrachten, eignet sich das Muster der »Fünf Identitätssäulen«. Demnach wird unsere Persönlichkeit vor allem in diesen fünf Bereichen geprägt:

- *Körper*
- *Soziales*
- *Materielles*
- *Arbeit*
- *Werte*

Bei der Betrachtung unserer schwierigen KundInnen nehmen wir dazu die Perspektive dieser KundInnen ein. Wir versuchen, mit ihren Augen zu sehen, mit ihren Ohren zu hören und wie sie zu fühlen. Anders gesagt: Wir laufen in den Schuhen unserer KundInnen. In unseren Gedanken stellen wir uns vor, in der Person einer dieser Schwierigen an unsere Bedientheke zu treten. Wir sehen uns selbst jetzt mit den Augen dieser schwierigen KundIn hinter der Bedientheke stehen. Wir erkennen, wie wir bisher solche »schwierigen KundInnen« begrüßt, beraten, bedient und verabschiedet haben. Da ist einiges verbesserungsbedürftig – vielleicht haben wir sogar Grund, uns für das eine oder andere Detail unseres Verhaltens zu schämen und zu entschuldigen.

Um die schwierigen KundInnen noch besser verstehen zu können, erforschen wie sie anhand der fünf Identitätssäulen und beantworten uns Fragen dazu:

- Körper. Wir erfassen Alter, Größe und Körpergewicht dieser KundIn. Oft ergeben sich aus diesen Daten schon Gründe für gesundheitliche Einschränkungen. Wir stellen uns vor, in diesem Körper zu leben, und versuchen nachzufühlen, wie es uns dabei ginge.

- Soziales. Wir überlegen: Hat dieser schwierige Kunde Familie und Freunde? Liebt er einen anderen Menschen? Wird er von einem anderen Menschen geliebt? Welche sozialen Kontakte hat dieser schwierige Kunde? Anhand der sozialen Kontakte, die wir zu diesem Kunden wissen (oder ggf. vermuten), schärfen wir unser Verständnis dafür, dass dieser Kunde so ist, wie er ist. Wir überlegen: Wie wäre unser Verhalten an der Bedientheke, wenn wir dieser Kunde wären, den wir gerade erforschen?

- **Materielles.** Haus? Eigene Wohnung? Auto? Finanzielle Unabhängigkeit oder wirtschaftliche Sorgen? In welchen Verhältnissen lebt unser »schwieriger Kunde«? Wenn wir dieser Kunde wären, wie würde sich diese materielle Situation auf unser Verhalten auswirken?

- **Arbeit.** Die Leistung, die wir im Arbeitsleben geben, prägt unser Verhalten ganz wesentlich. Wer sich selbst als »Leistungsträger« fühlt, agiert in vielen alltäglichen Situationen in einer entsprechend selbstbewussten Weise. Wer als Arbeitsloser die Wertschätzung seiner Leistung vermisst, verliert oft dieses starke Selbstbild. Wir versuchen zu bewerten, wie sich der Identitätsbereich Arbeit/Leistung auf das Verhalten unseres schwierigen Kunden auswirkt.

- **Werte.** Die Dinge, an die wir glauben, können aus dem Bereich der Religion stammen, oder es sind Überzeugungen, wie es richtig und gut ist, dass Menschen zusammenleben, und wie es schlecht ist. Welche Werte prägen wohl unseren schwierigen Kunden? Wie wirkt sich sein Gerüst aus Glauben und persönlichen Wertvorstellungen auf sein Verhalten an unserer Bedientheke aus? Stört ihn vielleicht gerade deswegen irgendetwas? Wie würden wir uns verhalten, wenn das unsere Werte wären?

Eine ergänzende Übung hierzu ist das vermutete »Lebenspanorama« unserer schwierigen KundInnen: Wir versuchen dabei zu erfassen (oder auch teilweise zu vermuten), wie der Lebensweg des einzelnen schwierigen Kunden wohl war – welche Hürden und schwierigen Situationen gemeistert werden mussten.

Diese Übungen schaffen ein höheres Maß an Einfühlsamkeit und Verständnis für die Eigenarten eben der schwierigen KundInnen. Vor solchen Übungen haben wir häufig eine sehr einseitige und egoistische Sicht: Wir erkennen nur die Schwierigkeiten, die uns dieser Kunde bereitet. Wir beklagen, dass er den reibungslosen Ablauf an unserer Theke bremst. Insgeheim ärgert uns, dass dieser Kunde eben schwierig ist und nicht »funktioniert«, wie es für uns besonders bequem und einfach wäre. Kurzum: Wir erkennen vor allem die Eigenarten dieses Kunden, seine »Macken«. Wir sehen nicht, dass wir selbst vielleicht ebenso viele »Macken« haben – nur eben andere.

SOS – MEIN KUNDE WEISS MEHR ALS ICH!

Wenn die KundInnen an der Bedientheke mehr wissen und letztlich (bezogen auf die angebotenen Waren) klüger sind als die Bedienkräfte hinter dieser Theke dann gilt »Alarmstufe Rot«. Denn, wenn das nicht nur ein isolierter Einzelfall ist, sondern eher die Regel, dann verliert die Bedientheke komplett ihre Daseinsberechtigung! Wenn der Kunde auf dem Etikett der SB-Packung mehr erfahren kann als von der VerkäuferIn an der Theke, dann braucht er keine Bedientheke mehr. SB ist ohnehin das kostengünstigere System! Das Vertriebssystem Bedientheke ist das kostenaufwändigste, das es zu Lebensmitteln gibt. Wir müssen dieses System täglich mit einer Überlegenheit an Wissen, Service und Beratung rechtfertigen.

Sobald wir an unserer Theke die Situation feststellen: »KundIn weiß mehr als wir«, müssen wir diesen Warnschuss sofort an die Unternehmensleitung weitergeben. Diese muss dann mit intensiveren Schulungen für mehr Wissen und mit der Vermittlung von fachlichen Erlebnissen reagieren. Sonst reagiert der Markt früher oder später mit dem Wegfall dieser Bedientheke!

111

FAZIT – DARAUF KOMMT ES AN

Unsere Aufgabe an der Bedientheke ist anspruchsvoll – wir brauchen fachliches Wissen und soziale Kompetenz. Die immer schwieriger werdenden KundInnen fordern beides deutlich. Aber so bleiben wir auch nie stehen. Ohne unsere schwierigen KundInnen wären wir noch wie Kinder.

25. SCHRITT

Die richtige Einstellung zum Kunden

Regeln für schwierige Situationen:

REKLAMATION, UNHÖFLICHE KUNDINNEN

Für schwierige Situationen an der Bedientheke gibt es keine universal gültige Regel – dafür sind die schwierigen Situationen einfach zu verschieden. Aber wir können uns auf eine Regel grundsätzlich zurückziehen: »Ich bewahre alle Regeln des guten Benehmens, egal was da kommen mag.« Die innere Einstellung »Haltung bewahren« schützt auch hier. Der Klassiker unter den schwierigen Situationen an der Bedientheke ist die Reklamation eines Kunden.

KUNDE, RECHT UND REKLAMATION

Wir brauchen an der Bedientheke Umsatz und KundInnen – nicht in erster Linie Wahrheitsfindung und juristische Aufarbeitung. Daher orientieren wir uns bei einer Reklamation auch vorrangig an den geschäftlichen Interessen und nicht an den Paragraphen. Die gesetzlichen Regelungen sehen dieses vor:

Gewährleistungspflicht

113

Grundsätzlich haften die VerkäuferInnen für einen Mangel. Bei einer Reklamation innerhalb von sechs Monaten nach dem Kauf muss die VerkäuferIn dem Kunden nachweisen, dass das Produkt frei von Mängeln war, um nicht für den Mangel haften zu müssen. Die Beweislast liegt also bei der VerkäuferIn! Erst bei einer Reklamation nach Ablauf von sechs Monaten liegt die Beweislast bei der reklamierenden KundIn (dieser Fall ist aber bei Lebensmitteln nicht realistisch).

Rechte der KäuferIn

Zunächst hat die KäuferIn das Recht auf Nacherfüllung, also auf Beseitigung des Mangels. Da das bei Lebensmitteln meist nicht realistisch ist, kann die KäuferIn auf »Neulieferung der gleichen fehlerfreien Sache« bestehen. Die weiteren Gewährleistungsansprüche der KäuferIn gelten, wenn eine Nacherfüllung nicht möglich ist: Herabsetzung des Kaufpreises oder Rücktritt vom Kaufvertrag.

Nichtgefallen

Keinen Rechtsanspruch gibt es bei Nichtgefallen – oder bei Lebensmitteln, wenn diese den KundInnen einfach nicht schmecken.

Erst die Reklamationsbehandlung macht die Reklamation zum Problem

Verschiedenste Untersuchungen befassen sich mit der Frage: »Warum kaufen Kunden nicht mehr bei einem bestimmten Anbieter?« Es werden dabei im Durchschnitt 30 Prozent genannt, die wegen Qualitätsmängeln oder einem zu hohen Preis nicht mehr kaufen. Rund 70 Prozent aber beklagen den unzureichenden Service, die mangelnde Freundlichkeit, die fehlende Wertschätzung u. a.

Reklamationen sind dabei eine großartige Chance, aus einem unzufriedenen Kunden mit einer gelungenen Behandlung dieser Reklamation einen Freund des Unternehmens zu machen. Wesentlich dafür ist zu unterscheiden zwischen:

1. Dem Ärger, den der Kunde hatte, und dem Verständnis und Mitgefühl, das wir für diesen Ärger aufbringen.

2. Dem sachlichen Grund dieser Reklamation (die Frage nach der Schuld). Tipp: Vernachlässigen Sie die Frage nach der Schuld. Es ist einfach nur egal. Zeigen Sie sich von Ihrer gewinnenden und einfühlsamen Seite und gewinnen Sie einen neuen Freund. Sie wissen ja: Es ist siebenmal aufwändiger, einen neuen Kunden zu gewinnen, als einen bestehenden Kunden zu halten. Die Großzügigkeit mit dem Ziel, in jedem Fall den Kunden zu erhalten, findet erst dort eine Grenze, wo ein Kunde mit böswilliger Absicht reklamiert und mit dieser Masche immer wieder entschädigt werden will.

FIRMENINTERNE REKLAMATIONSREGELN

Alle VerkäuferInnen an der Bedientheke brauchen Regeln, wie mit Reklamationen umgegangen wird. Diese Regeln müssen die rechtlichen Anforderungen berücksichtigen und sollten im Sinne der Kundenzufriedenheit von Großzügigkeit gekennzeichnet sein. Im Einzelnen kann dabei geregelt werden:

- Wo wird eine Reklamation entgegengenommen und behandelt (am besten ein Ort, an dem die Sache nicht die Aufmerksamkeit weiterer KundInnen auf sich ziehen kann)?
- Was tun wir, um die Aufgeregtheit eines reklamierenden Kunden zu besänftigen? Beispiel: »Ich werde alles tun, um Ihre Reklamation korrekt und kulant zu bearbeiten. Wir wollen Sie als KundIn behalten. Erlauben Sie mir, Ihnen als kleine Entschuldigung dafür, dass Sie sich haben ärgern müssen, dieses kleine Geschenk zu überreichen. Wir sprechen dann anschließend über die Sache.«

- Um Entschuldigung bitten. »Ich bedauere die Situation ganz außerordentlich und bitte Sie sehr, unser Bedauern über die Sache zu akzeptieren.« Entschuldigung sagen verlangt nicht, eine Schuld einzugestehen!
- Interesse zeigen. Zeigen Sie fachliches Interesse an den Schilderungen der KundIn zur Reklamation. Das Ziel ist, solche Reklamationsanlässe künftig gar nicht mehr entstehen zu lassen (auch dann, wenn wir gar nicht »schuld« sind).
- Keine Ausreden. Wir brauchen uns jetzt nicht zu verteidigen, das hilft der Sache nicht. Wir sitzen hier nicht vor Gericht und wollen Gerechtigkeit. Wir wollen diese KundIn zurückhaben!
- Großzügig sein. Eine Reklamation – egal ob berechtigt oder nicht berechtigt – verlangt nach einer Wiedergutmachung (Ersatz, Rückgeld) und einer Entschädigung für den Ärger.

PS: Nur wenn die Reklamation bewusst bösartig ist, gelten diese Regeln nicht mehr.

Eine wahre Geschichte: Der kleine Rassismus an der Wursttheke

»Dann sind wir wohl nicht das richtige Geschäft für Sie« – so antwortete die Fleischer-Unternehmerin Kerstin Kühle aus Weißenhorn zu einer Kundin. Vorausgegangen war die Kritik der Kundin an der Arbeit einer dunkelhäutigen Fleischerei-Verkäuferin. Als Kerstin Kühle versuchte, den Grund für die Unzufriedenheit der Kundin herauszufinden, erfuhr sie schnell, worum es wirklich ging: »Wo kommen wir denn in Deutschland noch hin, wenn ich mir jetzt schon von einer Schwarzen die Wurst aufschneiden lassen muss!«, platzte die Kundin heraus. Diese kleine Geschichte ist Anlass, Respekt für couragiertes Verhalten zu bekunden. Wir haben als ChefInnen gegenüber unseren MitarbeiterInnen auch Schutzaufgaben wahrzunehmen. Sicher: Wir machen das alles nur für unsere Kunden, und es fällt uns schwer, einen Kunden abzulehnen. Aber im Umgang mit »schwierigen Kunden« gibt es auch eine Grenze, an der die grundsätzliche Regel nicht mehr gilt. Diese Regel lautet: Wir befolgen alle Regeln der Höflichkeit und des guten Benehmens – selbst dann, wenn unser Gegenüber von solchen Regeln noch nicht einmal gehört hat.

VON UNHÖFLICHKEIT BIS LADENDIEBSTAHL – SCHWIERIGE SITUATIONEN AN DER BEDIENTHEKE

Schwierige Situationen im Verkauf werden oft durch ein Fehlverhalten der KundInnen hervorgerufen. Je nachdem, wie schwerwiegend dieses Fehlverhalten ist, muss unsere Reaktion angemessen ausfallen.

Kunde ist unhöflich, grüßt nicht zurück, würdigt die Bedienkräfte keines Blickes:

• Wir bleiben höflich, korrekt und freundlich. Wir lächeln, auch wenn wir selbst nicht gewürdigt werden. Der Kunde muss nicht höflich sein.

Kunde nutzt unsere Großzügigkeit aus – will immer Neues probieren, kauft aber nicht:

• Wir gewähren eine größere Anzahl von Kostproben, auch um den anderen anwesenden Kunden unsere Großzügigkeit zu demonstrieren. Dann bitten wir höflich aber bestimmt um die Kaufentscheidung. Wir können auch anbieten, dass sich der Kunde seine Kaufentscheidung in Ruhe überlegen kann, und bitten darum, inzwischen eine weitere KundIn bedienen zu dürfen.

Kunde belästigt oder diskriminiert Verkaufspersonal:

• Wir definieren in jedem Einzelfall, wie weit wir »so tun, als hätten wir das nicht gehört oder gesehen« oder eben in letzter Konsequenz auf diesen Kunden verzichten.

Kunde stiehlt Ware:

• Wir verzichten in weniger schweren Fällen auf eine Strafanzeige. Bitten den klauenden Kunden – ohne großes Aufheben darum zu produzieren –, unser Geschäft nicht mehr zu betreten.

KONFLIKTE LÖSEN

Schwierige Situationen an der Bedientheke können zu echten Konflikten werden.
Wir können das vermeiden, wenn wir die Regeln zur Lösung von Konflikten kennen.

1. Die Chance von Konflikten

- *Einleitung von Veränderungen, die gut und notwendig sind.*
- *Gemeinsames Lösen von Konflikten stärkt den Zusammenhalt.*

2. Die Gefahren von Konflikten

- *Was nicht angesprochen wird, schwelt weiter.*
- *Was »unter den Teppich gekehrt wird, ist nicht entsorgt«.*
- *Konflikte, die nicht gelöst werden, verschlechtern die Situation.*

3. Konflikte lösen braucht die Fähigkeit zum Nachdenken über sich selbst

- *Was habe ich falsch gemacht?*
- *Wo habe ich mich nicht korrekt verhalten?*
- *Wo habe ich den Konflikt verschlimmert?*

4. Konflikte lösen braucht Abstand

- *Bundeswehr-Regel: »Keine Beschwerde vor Ablauf von 24 Stunden«.*
- *Welcher Dritte hätte als Vermittler sowohl Verständnis als auch Distanz?*

116

5. Konflikte lösen braucht den Wechsel der Perspektive

- *Wie würde ich als der Andere das sehen, hören, fühlen?*
- *Warum genau hat sich der Andere so verhalten?*
- *Wie würde ich als unbeteiligter Dritter das beobachten und bewerten?*

6. Konflikte lösen braucht Kritik

- *Kritik annehmen und geben.*
- *Konkrete Kritik an der Sache (nicht an der Person!) sensibel formulieren.*
- *Kritik darf nicht persönlich verletzen.*

7. Konflikte lösen braucht Toleranz

- *Für andere sind andere Dinge wichtig.*
- *Diese Welt ist bunt, diese Vielfalt ist gut für jeden, das muss man auch aushalten.*

FAZIT – DARAUF KOMMT ES AN

Der Kunde ist König. Wir bedienen ihn und bewahren auch in schwierigen Situation Haltung. Das ist oft eine starke Leistung und verlangt uns viel Kraft ab. Aber es gibt auch Grenzen, an denen wir die Zivilisation an der Bedientheke retten und auf einen einzelnen Kunden notfalls verzichten.

Regeln bei einer Kundenreklamation

Die große Chance einen [...] zu gewinnen – genau diese Situation besteht, wenn der Kunde mit einer Reklamation kommt.

1. **Perspektivenwechsel.** Sie sehen den Kunden. Vielleicht ist schon beim Betreten des Ladens erkennbar, dass er Ärger hat. Wie umgeschickt waren Sie schon, als Sie Ärger hatten? Wie oder haben Sie schon aus Ärger überreagiert?

2. **Begrüßen und von den anderen Kunden trennen.** Sie spüren jetzt in jedem Fall allen seinen Ärger jetzt zu Ihnen. Er hätte solltest. Weil wir nicht wissen, wie laut der Kunde wird und was alles passiert, trennen wir ihn von den anderen Kunden.

3. **Ärger wegnehmen.** Dieser Kunde hat sich geärgert und er kommt mit all seinem Ärger jetzt zu Ihnen. Es gibt auch einer entscheiden können und sagen „dieser Laden bereitet ihr Reklamation für den Ärger (hat)? wegen „sie ja noch nicht. dass die Reklamation sachlich gerechtfertigt ist, (habt) eine kleine Geschenke, die den Ärger reduzieren. Auf keinen Fall werden Sie den Kunden widersprechen. Es geht hier um den Ärger, nicht um die [...] in der Sache.

4. **Sie entschuldigen sich,** für alle Umstände, für alle Umgangnahme, was dem Kunden hier widerfahren ist und bietet an. Geld zurück“ oder „andere Ware“ (auch dann, wenn die Beschwerde in Ihren Augen nicht gerechtfertigt ist). Sie be-

5. **Bei Lebensmittel gilt, dass diese, wenn Sie zurückgenommen werden, vernichtet werden müssen,** treuer diesen Vorgang (Geld zurück oder neuer Ware) persönlich.

6. **Sie erklären** gg.f. Umstände zur Sache und schildern, dass Sie die Sache und bei der nächsten Mitarbeiterbesprechung darlegen werden. Aber selbst, wenn der Kunde an seiner Reklamation „schuld“ ist, werden Sie diese Schuld jetzt nicht darlegen.
Bedanken Sie sich bei diesem Kunden für das Vertrauen, das er mit der Reklamation in Sie setzt.

Fritz Gempel

117

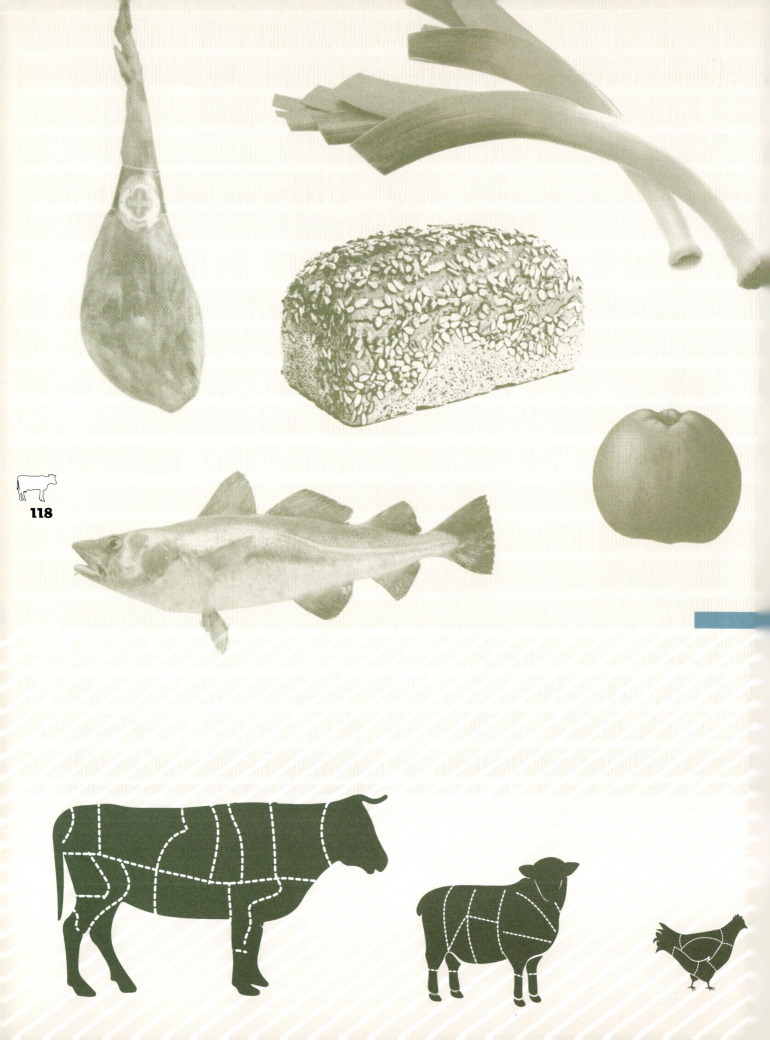

118

Warenkunde und Trends

119

Fachliche Qualifizierung für die Food-Branche

FACHLICHE ERLEBNISSE

beginnen bei der Urproduktion –
die Landwirtschaft erleben

120

Warenkunde
und Trends

26.

SCHRITT

Fachliche Qualifizierung ist die Basis für den verkäuferischen Erfolg. Die Formel lautet: Fachliches Wissen + fachliche Erlebnisse = fachliche Überzeugungskraft.

Die immer besser informierten und immer kritischeren Kunden erwarten überall dort, wo sie abseits des Billigsystems Discount einkaufen, ein immer höheres Maß an Information. Entsprechend steigt das Erfordernis der Weiterbildung für die Bedienkräfte hinter den Theken.

Fachliche Qualifizierung lohnt und wird immer mehr auch zum Erfordernis für eine Karriere im Bedienverkauf. Denn der Arbeitsmarkt spaltet sich erkennbar: Fachkräfte, die hochwertige Lebensmittel auch an schwierige Kunden erfolgreich verkaufen können, sind immer mehr gefragt und werden – weil knapp – immer besser bezahlt.

Alle VerkäuferInnen und alle Unternehmen in der Food-Branche brauchen einen Fortbildungsplan. Bevor kommunikative Fähigkeiten wie Verkaufsgespräch oder Verhandlungsgeschick trainiert werden, sollte die fachliche Weiterbildung gefördert werden. Denn wer als VerkäuferIn erst einmal weiß: »Mein Kunde darf alles fragen, Ich weiß zu allen Produkten und allen Themen zu meinen Lebensmitteln bestens Bescheid«, der entwickelt auch die Lockerheit oder Souveränität eines erfolgreichen Verkäufers.

Bei Lebensmitteln sollte die fachliche Qualifizierung dort beginnen, wo die menschliche Ernährung ihren Ursprung hat: In der Landwirtschaft. Hier sind die erfolgreichsten Maßnahmen für VerkäuferInnen, um die landwirtschaftliche Herkunft und Qualität der Produkte besser erklären zu können.

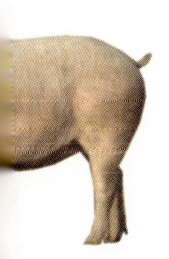

BESUCH VON VERKÄUFERINNEN AUF DEM BAUERNHOF

Am einfachsten ist das, wenn Ihr Geschäft einen direkten Kontakt zum Landwirt hat, wie das vor allem bei handwerklich schlachtenden Fleischerfachgeschäften der Fall ist. Nutzen Sie bei den Besuchen alle Sinne, um möglichst viel zu erfahren. Fassen Sie das Futtermittel an und riechen Sie daran. Beobachten Sie die Tiere und erfassen Sie persönlich, wie es um das Tierwohl bestellt ist. Fragen Sie den Bauern, welche Arzneimittel die Tiere wann bekommen. Fragen Sie nach Herkünften – von Futter oder auch von Jungtieren (Ferkeln, Küken u. a.). Erfahren Sie live und vor Ort, wie unterschiedliche Mastdauer, Haltungsbedingungen und Futtermittel der Tiere sich auch auf die Fleischqualität auswirken.

Ein Beispiel: Ein ausgemästetes Hähnchen aus Freilandhaltung wird oft dreimal so lange gemästet wie ein konventionelles Hühnchen. Wer das erlebt hat, weiß, dass ein unter tierfreundlichen Bedingungen so lange gemästetes Hähnchen sehr preiswert ist, wenn es nur das Doppelte des konventionellen Hühnchens kostet.

Bedenken Sie: Persönliche Erfahrungen vor Ort sind für das Verkaufsgespräch wichtiger (weil überzeugender) als angelesenes Wissen. Denn die Bestätigung der Verkaufskräfte: »Sie können ganz sicher sein, ich war selbst schon auf dem Bauernhof, von dem die Tiere stammen«, wiegt für die KundInnen mehr als alle Broschüren und Werbemittel zusammen.

Besuchen Sie bevorzugt die Bauernhöfe, von denen die Erzeugnisse stammen, die Sie verkaufen. Wegen der Spezialisierung in der Landwirtschaft werden etwa die VerkäuferInnen in der Fleischbranche sowohl einen Rinderbetrieb, einen Schweinemäster wie auch einen Geflügelhof besuchen.

GUTES TUN UND DAVON REDEN

Von allen Bauernhofbesuchen, die Sie im Rahmen Ihres innerbetrieblichen Weiterbildungsplans absolvieren, bringen Sie eine Foto- und/oder Videodokumentation mit. Die Fotos zeigen Sie in der Theke und im Internetauftritt des Unternehmens. Wir geben damit gleich zwei Signale: Zum einen in Richtung künftiger Mitarbeiter »Bei uns gibt's fachliche Erlebnisse, Wissen und Kollegialität«. Zum anderen in Richtung unserer Kunden: »Wir informieren uns ständig, damit wir präzise und sichere Kundeninformationen an der Theke angeben können«. Besonderes Leben kommt auf, wenn die einzelnen VerkäuferInnen die Fotos der Bauernhofbesuche für ihre sozialen Netzwerke (Facebook und Co.) nutzen.

LANDWIRTSCHAFTLICHES BASISWISSEN SCHAFFEN

Sie brauchen als VerkäuferInnen in der Foodbranche keinen »Dipl.-Ing.« der Agrarwissenschaften. Aber Sie brauchen ein solides Basiswissen. Wer etwa erfolgreich Fleisch verkaufen will, sollte sich beispielsweise hier auskennen:

- Was kostet was (Erzeugerpreise, Futtermittelpreise, Fleischpreise)?
- Was braucht wie viel Zeit (Mast der verschiedenen Tiergattungen bis zur Schlachtreife)?
- Welche Tiere fressen was?
- Die Weltmärkte – wo wird wie viel von was produziert?
- Lebensmittel für die Energiegewinnung (allzu häufig werden statt Lebensmitteln auf den Äckern »nachwachsende Rohstoffe« angebaut).
- Natürliche Zusammenhänge erkennen, etwa zwischen Milcherzeugung und Kalbfleischvermarktung.
- Abläufe in der Tierhaltung erkennen, etwa, dass Ferkelaufzucht und Muttersauhaltung meist auf spezialisierten Höfen erfolgen.
- Unterschiede in der Tierhaltung erkennen – Haltung auf Spaltenböden, Haltung auf Stroh, Auslaufhaltung, Freilandhaltung.

Tipp für weiterführende Informationsquellen: Jahresberichte des Bauernverbands, Besuch auf der alljährlichen Messe »Grüne Woche« in Berlin.

KRITIK AN DER LANDWIRTSCHAFT ERKENNEN

Seit vielen Jahren protestieren jährlich mehrere zehntausend Menschen zur alljährlichen »Grünen Woche« in Berlin gegen eine industrialisierte Landwirtschaft – vielleicht sind ja auch Kunden von Ihnen darunter. Eine Befragung im Auftrag des »Deutschen Tierschutzbundes« ergab schon 2011, dass den deutschen Konsumenten das »Tierwohl« nach »Qualität« und

Das Wissen auch in der Theke demonstrieren!

Bei SB-verpackten Lebensmitteln hat der Gesetzgeber genau geregelt, wie welche Zutaten auf dem Etikett angegeben werden müssen. Beim Verkauf von loser Ware in der Theke ist nur eine dem Produkt zuordenbare Preisauszeichnung vorgeschrieben. Die Warenpräsentation und die Produktkennzeichnung in der Theke bieten aber viele Möglichkeiten der kundenfreundlichen Information:

• Getrennte Thekenbereiche: Eine räumliche Trennung ist das deutlichste Signal für Warentrennung. Der Grund dafür liegt häufig im Bereich Hygiene, es geht dann etwa um das Trennen von Geflügelfleisch zu den anderen, »roten« Fleischsorten«. Bei Frischfisch erfolgt diese Trennung wegen des Geruchs und der aggressiven Fischsäure. Bei Bio-Lebensmitteln erfolgt eine solche Trennung, weil die Warenkreisläufe »Bio« und »konventionell« klar getrennt sein müssen. Doch abseits dieser Gründe schaffen getrennte Warenbereiche eine bessere Orientierung und schnellere Information für den Kunden.

• Unterschiedliche Thekenplatten: Thekenplatten gibt es in vielen verschiedenen Farben. Unterschiedlich farbige Thekenplatten machen verschiedene Produktgruppen besser erkennbar. Gerade, wenn sehr ähnlich aussehende, aber in Qualität und Preis unterschiedliche Ware präsentiert wird.

• Freiwillige Kennzeichnung auf den Thekenpreisschildern: Sie müssen nicht, aber Sie dürfen die Zutaten von loser Ware in der Theke kennzeichnen. Gerade wenn in Ihren Erzeugnissen auf viele zugelassene Zusatzstoffe verzichtet wird, ist dies auch eine Marketingaktion.

• Herkunftszeichen auf den Thekenpreisschildern: Gerade wenn Sie ähnlich aussehende Waren unterschiedlicher Herkünfte in der Theke präsentieren, empfiehlt es sich, die Thekenpreisschilder mit deutlichen Herkunftszeichen (z. B. Länderflaggen oder Hersteller-Logos) zu gestalten.

• Bedenken Sie: Gerade wenn Sie viel wissen, sollten Sie alle Möglichkeiten nutzen, dieses Wissen zu demonstrieren. Der Kunde erwartet immer mehr Information. Und: Alles, was die Warenpräsentation und die Produktkennzeichnung schon verraten, muss nicht mehr erfragt und im Verkaufsgespräch beantwortet werden.

123

»Produktinformation« der drittwichtigste Aspekt bei tierischen Lebensmitteln ist. Zentrale Kritikpunkte, die Sie kennen sollten, sind u. a.:

• Weltbevölkerung und Fleisch: Weltweit leben immer mehr Menschen, und immer mehr davon wollen Fleisch essen. Die wachsende Weltbevölkerung und der weltweit wachsende Wohlstand vergrößern die ökologischen Auswirkungen der Fleischproduktion

• Hunger und Fleischproduktion: Ein Kilo Fleisch zu »produzieren« braucht mehrere Kilo Pflanzen, die in den armen Regionen der Welt dann nicht mehr als pflanzliche Nahrung zur Verfügung stehen.

• Wasser und Fleisch: Die Landwirtschaft verbraucht weltweit 70 Prozent des verfügbaren Süßwassers und die Produktion eines Kilo Rindfleisch verbraucht 15.500 Liter Wasser. Gut zu wissen: Bei einer naturverträglichen Tierhaltung (Weidehaltung) sieht die Bilanz besser aus.

• Klima und Rindfleisch: Rinder und alle anderen Wiederkäuer rülpsen häufig und stoßen dabei das klimaschädliche Gas Methan aus. Bei einer ganzheitlichen Betrachtung gerade der kleinbäuerlichen und extensiven Tierhaltungsformen verbessert sich die Klimabilanz von Steak und Tafelspitz. Aber der Ruf des Rindfleisches als »Klimakiller« steht – und ist im Vergleich auch zu anderen Fleischsorten grundsätzlich berechtigt.

- Rindfleisch und Regenwald: Der Regenwald, die »grüne Lunge« unseres Planeten, wird durch Raubbau immer kleiner. In Südamerika sind 62 Prozent der entwaldeten Flächen heute Weideland für Rinder. Allein im Amazonasgebiet Brasiliens weiden 40 Millionen Rinder. Die Weideflächen dort sind innerhalb der letzten 30 Jahre um mehr als 500 Prozent gewachsen. Angesichts solcher Nachrichten sind regionale Warenkreisläufe mit »Fleisch von hier« die bessere Alternative.

- Industrielle Tierproduktion / »Massentierhaltung«: Mit einer immer intensiveren Tierhaltung können die Preise niedrig gehalten werden – aber das »billige Fleisch« bedeutet Einschränkungen hinsichtlich Tier- und Umweltschutz.

- Defizite im Tierschutz: Vieles wurde lange so gemacht und wird jetzt kritisch hinterfragt, vom betäubungslosen Kastrieren der männlichen Ferkel und dem Töten der männlichen »Eintagsküken« bis zum Kupieren von Ferkelschwänzchen oder Hühnerschnäbeln. Manche Tiergattungen, wie die konventionellen Puten, stehen hinsichtlich des Tierwohls in einem besonders negativen Licht.

FAZIT – DARAUF KOMMT ES AN

Unsere Prägung als kompetente Fachleute und glaubwürdige VerkäuferInnen erhalten wir nicht im Internet und auch nicht allein mit Büchern. Wir brauchen dazu eine Vielzahl von fachlichen Erlebnissen und beruflichen Erfahrungen. Wir brauchen dafür nur offen zu sein und unsere Zeit gerne dafür zu geben.

124

Landwirtschaftliches Wissen an die Theke bringen

Wir sind VerkäuferInnen an den schönsten Bedientheken – keine AgrarexpertInnen. Wir lernen über die Gegebenheiten und Zusammenhänge in der Landwirtschaft, um dieses Wissen zur Verkaufsförderung an die Theke und zu unserem Kunden zu bringen. Einige Praxistipps dazu:

- Das eigene Produkt loben: »Dieses schön marmorierte und feste Rindfleisch stammt aus heimischer Weidehaltung. Den Bauernhof haben wir erst neulich besucht.«

- Kritische Anmerkungen sachlich aufnehmen: Da reagiert Ihr Kunde auf ein Angebot ablehnend und kritisch, etwa mit dem Satz »Oh, nein. Wir essen keine Turbo-Puten.« Nutzen Sie die Ablehnung für Aufklärung und der Auslobung Ihres Geflügelfleischangebots.

- Umfassende Information anbieten: Im Alltag des Verkaufs an der Bedientheke haben wir für viele Kundenfragen eher kurze Antworten. Sobald wir aber merken, dass unser Kunde gerne genau Bescheid weiß, bieten wir dieses an: »Ich kann Ihnen gerne ganz präzise Information geben – ich kenne mich aus, von der Landwirtschaft bis zur Wurstherstellung.«

- Infoveranstaltung für Kunden: Veranstalten Sie zu Lebensmittel-Themen, die in der aktuellen Diskussion sind, Infoveranstaltungen im Geschäft. Gerade Vereine, z. B. Tierschutzverein, Bauernverband, Bund für Umwelt und Naturschutz u. a. bieten geeignete Referenten. Danach schildern Sie die Vorteile Ihrer Produkte, und dann gibt's noch eine Verkostung.

- Handzettel: Wenige Tage nachdem ein neues Lebensmittel-Thema öffentlich diskutiert wird, »verargumentieren« Sie das Thema im Sinne der Verkaufsförderung für Ihre Produkte auf Handzetteln, die dann an der Theke ausliegen und fragenden Kunden mitgegeben werden. Sie demonstrieren so: »Wir wissen Bescheid.«

GETREIDE, MILCH UND FLEISCH –

Lebensmittelverarbeitung erleben

27. SCHRITT

Warenkunde und Trends

125

Lebensmittel gehören zum Schönsten, was man überhaupt verkaufen kann. Lebensmittelverkauf gehört auch zu den verantwortlichsten Tätigkeiten, die man als VerkäuferIn haben kann. Die besondere Herausforderung ist aber: Die Kunden an den Bedientheken wissen immer mehr und stellen immer mehr »schwierige« Fragen. Durch die Medien, die sehr gerne über tatsächliche und vorgebliche Lebensmittelskandale berichten, wird diese Entwicklung noch beschleunigt. Unsere Aufgabe ist es, mit einem ständig wachsenden und aktualisierten Fachwissen mitzuhalten. Die Aufgabe der Unternehmen ist es, ihre innerbetrieblichen Weiterbildungspläne auch an Kundenfragen und Medienthemen auszurichten.

Wenn Sie, entsprechend der Gliederung dieses Buches, zuerst Basiswissen und eigene Praxiserfahrungen zur Landwirtschaft gesammelt haben, dann sind Ihnen viele wichtige Zusammenhänge schon vertraut: Etwa, dass es ohne Fleischproduktion auch keine Milch gäbe. Oder, dass die Fleischproduktion eine Veredelung der Getreideproduktion darstellt. Jetzt intensivieren wir diesen Qualifizierungsplan in Richtung Lebensmittelverarbeitung.

Fleisch und Fleischerzeugnisse sind für die VerkäuferInnen an den Bedientheken von zentraler Bedeutung. Wir schaffen aber mit Wissensaufbau und Erfahrungen zu Brot und Milch/Käse die umfassende Lebensmittelkompetenz. Deshalb sollten diese

Bausteine in Ihrem persönlichen oder betrieblichen Qualifizierungsplan nicht fehlen:

BESUCH EINER BÄCKEREI (BROTHERSTELLUNG)

Suchen Sie sich für diese Exkursion eine Bäckerei aus, die hinsichtlich der Qualitätskriterien Ihren eigenen entspricht. Vielleicht ist der Bäcker, den Sie besuchen, ja auch Ihr Lieferant. Diese Aspekte könnten für Ihren Erfolg als VerkäuferIn an der Bedientheke spannend sein:

- **Zutaten:** Erfahren Sie, wie bei allen Lebensmitteln die Herkunft und die Qualität der Zutaten wesentlich für die Qualität des Endprodukts sind.

- **Technologie:** Am Beispiel »Natursauerteig« können Sie erfahren, wie verwandt die Technologie der Fleischverarbeitung mit der der Brotherstellung ist. Denn: Natursauerteig braucht mehr Zeit und handwerkliches Können, lässt dagegen auf viele Zusatzstoffe verzichten. Aber das sollten Sie vor Ort live sehen, riechen und erklärt bekommen.

- **Bio und konventionell:** Was ist an den Zutaten und Rezepten für Biobrot anders? Auch hier geben Liveerlebnisse Ihrer Beratung an der Theke die besondere Glaubwürdigkeit – auch wenn Sie niemals Brot verkaufen sollten!

- **Qualität und Zeit:** Das besonders gute Lebensmittel braucht oft besonders viel Zeit. Vielleicht kennen Sie diesen Zusammenhang schon von Salami und rohen Schinken.

Demonstrieren Sie die umfassenden Kenntnisse und Erfahrungen, die Sie so aus dem gesamten Bereich der Herstellung hochwertiger Lebensmittel sammeln. Bringen Sie von allen Exkursionen Foto- und Videodokumentationen mit. Diese passen dann in die Rubrik »Karriere und Fortbildung« auf der eigenen Firmenhomepage. Wenn wir damit Werbung in eigener Sache machen, denken wir immer gleichzeitig an die Zielgruppen »Kunden von morgen« und »Mitarbeiter von morgen«.

126

BESUCH EINER KÄSEREI

Zwei wichtige Gründe sprechen etwa für VerkäuferInnen aus dem Fleisch- und Wurstbereich dafür, die Verarbeitung von Milch und die Herstellung von Käse vor Ort und live genau zu erleben. Erstens: Käse ist ein für viele Feinschmecker wichtiges und für viele Lebensmittelgeschäfte margenträchtiges Produkt. Zweitens: Wir vertiefen beim Besuch einer Käserei viele fachliche Kenntnisse, die wir vielleicht schon aus anderem Zusammenhang kennen. Die Käserei, die Sie besuchen, ist idealerweise auch Ihr Lieferant. So können Sie den Besuch nutzen:

- **Produktwissen aufbauen:** Mit welchen Zutaten und welchen Herstellungsweisen werden die in unserer Theke angebotenen Käsesorten hergestellt? Worauf kommt es dabei genau an?

- **Gute Zutaten – gutes Produkt:** Milch ist so unterschiedlich wie Fleisch. Da entsteht die Milchqualität etwa dadurch, was die Kühe gefressen haben, ob die Kühe auf der Weide oder nur im Stall standen, welche Gräser und Blumen auf der Weidewiese wuchsen.

Eine andere Orientierungsgröße für Qualität bei Milch heißt Tierwohl. »Anbindefreie Milch«, also Milch von Kühen, die nicht im Stall angebunden oder anderweitig fixiert sind, ist für viele gut informierte Konsumenten ein wichtiger Aspekt.

• **Technologie:** Auch hier werden Sie in der Käserei viele Zusammenhänge neu erleben und mit bereits vorhandenem Wissen (etwa aus dem Fleischbereich) verknüpfen. Beispielsweise hinsichtlich der Auswirkung von Wärmebehandlung auf die Haltbarkeit oder der Anwendung von Reifekulturen.

Vielleicht denken Sie beim Lesen: »Das braucht aber alles viel Zeit, die wir nicht direkt im Verkauf stehen.« Ja, aber Ihr langfristiger Verkaufserfolg braucht diesen Qualifizierungsplan. Wenn sich unsere Kunden immer weiter entwickeln und wir stehen bleiben, werden wir morgen von gestern sein! Und, bedenken Sie einmal, welche enorme Qualifizierung entsteht, wenn Ihr VerkäuferInnen-Team nur einen Tag für einen Bauernhofbesuch, einen Tag für einen Bäckereibesuch und einen für einen Käsereibesuch investiert hat. Diese

Investition kommt über Beratungsqualität, Kundenzufriedenheit und Mehrverkäufe schnell zurück. Und damit bringen die Qualifizierungstage mehr, als wenn wir alle Tage ausschließlich »produktiv« für den direkten Abverkauf einsetzen.

BESUCH EINER FISCHVERARBEITUNG

»Fisch stinkt!« Das könnte Ihr Einwand zu diesem Vorschlag sein. Aber überzeugen Sie sich mal: Frischer Fisch stinkt nicht! Ähnlich wie bei dem Besuch in einer Käserei geht es uns im Rahmen unseres Qualifizierungsplans um den direkten Erwerb von Wissen und Erlebnissen zu Fisch und um die Erlangung einer übergreifenden Kompetenz zu allen Lebensmitteln – oder auch nur zu denen tierischer Herkunft. Auf diese Aspekte könnten Sie besonders achten:

• Seefisch, Wildwasserfisch, Fisch aus Aquakulturen, Fisch aus MSC-zertifiziertem nachhaltigem Fang ... da gibt es viel zu sehen und zu lernen. Dieses Wissen brauchen wir!

- **Fisch entschuppen, Fisch filetieren und andere Arbeiten am frischen Fisch:** Wir sehen und lernen, worauf es bei den vielen unterschiedlichen Fischen ankommt und wie man es richtig macht.

- **Fischverarbeitung:** Was unterscheidet das Räuchern von Fischen von der Schinkenräucherei?

- **Warenkunde Fisch:** Wie lange ist Fisch frisch? Woran erkenne ich die Frische eines Fisches? Wie lagere und präsentiere ich Fisch richtig? Welcher Fisch wird wie zubereitet?

- **Fischgeruch:** Was tun, damit es an der Fischtheke angenehm riecht (Geruchsabsaugung an der Theke, Duftmarketing im Verkaufsraum mit Kräutern u. a.)?

- **Fisch und Umwelt:** Wie beim Fleisch sollten Sie auch beim Fisch die Umweltaspekte kennen und bei ihrer Fischexkursion ansprechen und diskutieren:

  → Die Menschen fangen zu viel Fisch. Es ist wie beim Fleisch: Immer mehr Menschen essen immer mehr Fisch. Viele Fischarten, die wir gerne essen, sind in ihrem langfristigen Bestand gefährdet, weil wir zu viel fangen.

  → Beifang. Viele Fische werden gefangen und dann – teils tot, teils lebendig – wieder ins Meer geworfen, weil es die falschen Fische sind. Diese Vergeudung von tierischen Lebensmitteln wird aus Gründen der Ethik und des Tierschutzes kritisch diskutiert.

→ Töten von Fischen. Beim Fleisch ist das Schlachten der Tiere durch eine Vielzahl von Vorschriften genau geregelt. Beim Fisch gibt es keinerlei Gesetz, das regelt, wie ein Fisch geschlachtet werden muss!

Reisetipp in Sachen »Fisch«

Bremerhaven ist die deutsche Fischhauptstadt. Hier können Sie (nach Vereinbarung und als Fachbesucher) zuerst eine Fischauktion erleben, bei der fangfrische Fische für den Handel und die Industrie versteigert werden, und dann einen Fischverarbeitungsbetrieb besuchen. Wenn für die Fischexkursion eine größere Anreise erforderlich ist, kann diese Maßnahme im Rahmen des Qualifizierungsplans auch zum Event ausgebaut werden, das die Zusammengehörigkeit der VerkäuferInnen stärkt – und wer erst mal in Bremerhaven ist, will auch mal mit einem Schiff fahren.

FACHMESSEN UND FACHZEITSCHRIFTEN »BENACHBARTER« BRANCHEN NUTZEN

Wir besuchen gerne die Fachmessen der eigenen Branche und nutzen diese Besuche zur Anregung für eigene Verbesserungen in unserer Arbeit. Lohnende neue Perspektiven ergeben Besuche von Fachmessen »benachbarter« Lebensmittelbranchen. Und für die Fachzeitschriften gilt das Gleiche: Öfter mal über den eigenen Tellerrand schauen und die eigene Arbeit und das eigene Geschäft aus einer neuen Perspektive erleben.

FAZIT – DARAUF KOMMT ES AN

Egal, ob Sie Fleisch oder Wurst, Fisch oder Käse verkaufen: Sie brauchen eine übergreifende Kompetenz zu Lebensmitteln, zu Ernährung und zum Genießen. Nehmen Sie die vielen kleinen Einladungen an zum Besuchen, Probieren, Lernen, Schmecken, Vergleichen …

SEHEN, RIECHEN, FÜHLEN –

Geschmacks-
erlebnisse
schaffen
und bewerten

28.

Warenkunde
und Trends

SCHRITT

Die einfachste Unterscheidung zu allen Fragen des Geschmacks heißt: »Das mag ich und das mag ich nicht.« Und selbst hiervon kann die Hälfte für den erfolgreichen Verkauf eingesetzt werden. Aus »das mag ich« wird dann eine Produktauslobung, die zur Krönung die Aussage bekommt: »Wissen Sie, das ist auch meine persönliche Lieblingssorte.« Doch bevor dieses »Sahnehäubchen« auf eine Produktauslobung oben drauf kommt, brauchen wir eine Vielzahl von Eigenschaftsworten und Vergleichen, die unsere KundInnen auf unsere Produkte neugierig machen.

Wir lehren uns selbst den »feinen Geschmack«, wir erkennen die vielen kleinen Unterschiede und wie wir diese ausloben. Ähnlich den Versandhauskatalogen mit feinen Weinen trainieren wir zu den Lebensmitteln in unseren Bedientheken die schönen Worte, die das Produkt von seiner schönsten Seite zeigen. So können Sie dabei vorgehen.

GEMEINSAM VERKOSTEN

Eine Verkostung im Kreis der VerkäuferInnen ist in diesem Sinne mehr ein Stück Geschmacksstudium als Mahlzeit. Nehmen Sie sich zu jeder Verkostung eine bestimmte Produktgruppe vor. Stellen Sie Wasser und Weißbrot zum Neutralisieren und Schreibblöcke für Notizen bereit. Damit diese Notizzettel schon etwas standardisiert sind, können Sie unterteilt werden in Angaben zu:

- *Aussehen/Farbe*
- *Geruch*
- *Beschaffenheit*
- *Geschmack*

Um das sehr persönliche »mag ich oder mag ich nicht« ein Stück weit auszublenden, setzt beispielsweise die Deutsche Landwirtschaftsgesellschaft für ihre Qualitätsprüfungen seit vielen Jahren ein Punkteschema ein. Für eine Verwendung im Sinne einer verkaufsfördernden Produktauslobung sind diese im Internet frei verfügbaren Prüfschemata aber nur bedingt geeignet. Das vom Autor dieses Buches mitverfasste Arbeitsblatt der Failenschmid GmbH aus Gächingen, einem qualitativ führenden Fleischverarbeiter auf der Schwäbischen Alb, ist eine Anregung, aus der Verkostung der eigenen Produkte neue Verkaufsargument zu gewinnen.

TIPP: Nehmen Sie das Failenschmid-Produktblatt als Muster für Ihre eigenen Produktblätter, die dann argumentativ im Verkauf genutzt werden.

Sensorische Argumente für unsere Rohschinken

NAME DES PRODUKTS: **Alb Coppa**

(luftgetrockneter Schweinehals vom Albschwein, nach Art der italienischen Coppa)

Warenkunde zu diesem Produkt

HERSTELLER: **Failenschmid, Gächingen**

HERKUNFT DES FLEISCHES (LAND, REGION): **Schwäbische Alb, zwischen Reutlingen und Münsingen**

QUALITÄTSMERKMALE ZUM AUSGANGSMATERIAL FÜR DIESEN SCHINKEN (TIERE AUS EINER BESONDEREN HALTUNGSFORM, MIT BESTIMMTEN FUTTERMITTELN): **Schweine aus kleinbäuerlicher Haltung mit überwiegend heimischen Futtermitteln. Futtermittel sind gentechnikfrei.**

WEITERE ZUTATEN, DIE IM VERKAUFSGESPRÄCH BESONDERS AUSGELOBT WERDEN KÖNNEN: **Meersalz aus Frankreich**

HERSTELLUNGSVERFAHREN, DIE IM VERKAUFSGESPRÄCH AUSGELOBT WERDEN KÖNNEN: **Von Hand gesalzen, im Stammhaus in Gächingen auf der Schwäbischen Alb neun Monate luftgetrocknet.**

NÄHRWERTANGABEN: **Zirka 260 Kilokalorien pro 100 Gramm.**

WICHTIG FÜR DAS VERKAUFSGESPRÄCH: **Der vergleichsweise hohe Nährwert entsteht weniger durch das Fett als vielmehr dadurch, dass der Schinken im Laufe der Reifezeit rund 50 Prozent seines Gewichts verliert (Wasser geht raus, Eiweißgehalt und Geschmack bleiben und werden intensiviert). Der Frischfleischanteil in Prozent angegeben liegt bei etwa 190 Prozent. Es handelt sich um einen durch natürliche Reduzierung besonders intensiv schmeckenden Schinken.**

PRÄSENTATIONSFORM: **Im Stück, SB-vorverpackt, auf Kundenwunsch individuell verpackt dieser Schinken kann wie Wurst in Scheiben geschnitten und gelegt oder auch mit der Schneidemaschine »gehobelt« und in einer Schale angeboten werden.**

Aussehen

FARBE: **Im Ganzen naturbraune Rohschinkenfarbe, aufgeschnitten dunkelrote Schinkenfarbe mit hellweißem Fett**

FORM: **Im Ganzen wie ein »Fleischknüppel«, rechteckige Scheiben**

MASERUNG: **Durch die lange Reifezeit entsteht eine sehr feine Maserung.**

Geruch

ANGABEN AUS DER INTERNEN VERKOSTUNG: **Intensiv, kraftvoll, konzentriert, lang anhaltend, männlich, stark.**

WEITERE INDIVIDUELLE LOBENDE AUSSAGEN ÜBER DEN GERUCH: **»Kein Schinken schmeckt mehr nach Schwäbischer Alb«, »der intensivste luftgetrocknete Schinken, den wir kennen«, »man riecht die lange Reifezeit wie bei einem guten alten Rotwein«, »der intensive Geruch erinnert an Wald, Holz und Leder«, »riecht auch nach getrockneten Beerenfrüchten.«**

132

Geschmack

ANGABEN AUS DER INTERNEN VERKOSTUNG: Besonders intensiver charakteristischer Geschmack eines luftgetrockneten Schinkens, lang anhaltendes Geschmackserlebnis

WEITERE INDIVIDUELLE LOBENDE AUSSAGEN ÜBER DEN GESCHMACK: »Man schmeckt die Natur des Schinkens, nicht das Salz oder die Gewürze.«

Geschmackskombinationen

UNSER ALB COPPA PASST KLASSISCHERWEISE IDEAL ZU: Kräftigem Wein (leichte Weine können mit der Geschmacksintensität des Alb Coppa nicht mithalten), Märzenbier und Bockbier, andere gehaltvolle Biere, herzhaftes Bauernbrot, Gewürzbrot, Südtiroler Schüttelbrot, Parmesankäse, Gorgonzola.

NEUE AUSGEFALLENE GESCHMACKSKOMBINATIONEN, DIE EINZELNEN GEFALLEN HABEN: Alb Coppa und frische Birne, Alb Coppa zu edelsüßem Dessertwein (Auslese u.a.), Alb Coppa und kandierte Früchte, Alb Coppa und Birnenschnaps, Alb Coppa auf warmem Toast mit Honig.

KUNDEN, DIE UNSEREN ALB COPPA MÖGEN, KAUFEN AUCH GERNE (NUTZEN SIE DAS FÜR ZUSATZEMPFEHLUNGEN, ÜBER DIE SICH DER KUNDE FREUT):

- Albschinken, luftgetrocknet
- Albsalami, luftgetrocknet
- Albbüffel-Göschle
- Albbüffel-Salami
- Saitenwürstchen
- Dry Aged Steaks
- Entrecote vom Albrind

133

FAZIT – DARAUF KOMMT ES AN

Erfolgreiches Verkaufen verlangt, zum Produkt eine Geschichte erzählen zu können. Eine solche Geschichte muss leuchtende Augen bei den KundInnen schaffen. Wenn es einmal zur »großen Geschichte« nicht reicht, muss zumindest eine detailgenaue werblich wirkende Auslobung stattfinden. Wir müssen einen Schinken beschreiben, wie ein Weinkatalog einen guten Tropfen – mit etwas Prosa!

Warenkunde und Trends

134

GENUSS, FITNESS + GESUNDE ERNÄHRUNG

Persönlich umsetzen und vorleben

Ernährungsberatung liegt im Trend der Zeit. Ernährungsberatung hilft unseren Kunden beim Abnehmen und führt zu einer gesunden und ausgewogenen Ernährung, zu der Fleisch und Wurst immer dazugehören. Damit ist eines auch ganz klar: Ernährungsberatung an der Bedientheke muss immer auch dem Umsatz und dem Mehrverkauf dienen. Unsere Ernährungsberatung ist nicht Selbstzweck, sondern sie dient dem Verkauf.

Mehr Wissen über die menschliche Ernährung hat für Bedienkräfte gleich zwei wichtige Vorteile:

1. Wer mehr über Ernährung weiß, ernährt sich selbst gesünder. Und, wer sich gesund ernährt, sieht auch besser aus – Gesundheit und Schönheit hängen eng zusammen.

2. Wer mehr über Ernährung weiß, kann den KundInnen vor der Bedientheke mit nützlichen Tipps helfen und qualifiziert sich selbst zum geschätzten Partner.

Ernährungsberatung ist eines der zukunftsstarken Fortbildungsthemen im Fleischerhandwerk. Einige Beispiele zeigen, wie das Wissen um Ernährung starke Argumente für Fleisch und Wurst liefert – und warum Ernährungslehre ein absolutes Muss im persönlichen oder betrieblichen Qualifizierungsplan darstellt.

EIWEISS

Ein Gramm Eiweiß hat 4,1 kcal (Kilokalorien), genauso viel wie ein Gramm Kohlenhydrate. Zum Vergleich: Ein Gramm Fett hat 9,3 kcal und ein Gramm Alkohol 7,2. Eiweiß ist der Baustoff unseres Körpers. Mit dem Eiweiß »baut« und erhält der Körper die wichtigen Organe, das Blut und viele Substanzen im Körper. Eiweiß ist aber auch der Baustoff für alles, was wir an unserem Körper als »schön« empfinden: kräftige Muskeln, straffe Haut, stabile Fingernägel und festes Haar. Und der Mensch, selbst »Säugetier«, kann das Eiweiß aus dem

Fleisch von anderen Tieren besser verwerten als das von Pflanzen.

Das Fleischargument: Mageres Fleisch besteht zu 80 Prozent aus Wasser und zu 20 Prozent aus wertvollem tierischem Eiweiß. Das ist gut für Gesundheit und Schönheit!

VITAMINE

Das Vitamin B1 und das Vitamin B12 sind Musterbeispiele für wichtige Vitamine, die vor allem vom Fleisch geliefert werden. Das B12 wird auch »Fleischvitamin« genannt, weil es hauptsächlich in Fleisch vorkommt. Menschen, die sich vegan ernähren, nehmen deshalb häufig entsprechend Vitaminpräparate, um auszugleichen, was dem Körper bei einer fleischlosen Ernährung fehlt. Rindfleisch ist ein besonders guter Lieferant von Vitamin B12, Schweinefleisch von Vitamin B1. Schon ein Schweineschnitzel mit etwa 140 Gramm deckt den Tagesbedarf eines Erwachsenen am Vitamin B1.

135

Das Fleischargument: Fleisch hat viele wichtige Vitamine. Schweinefleisch hat viel Vitamin B1 – dieses Vitamin fördert die Konzentration und die Kondition. Rindfleisch hat am meisten Vitamin B12 – dieses Vitamin ist unter anderem wichtig für das Nervensystem.

EISEN

Für viele Körperfunktionen ist das Spurenelement Eisen unverzichtbar, unter anderem transportiert das Eisen den Sauerstoff im Körper. Eisenmangel ist die wichtigste Ursache für Blutarmut. Wer zu wenig Eisen aufnimmt, ist schnell erschöpft, hat eine blasse und spröde Haut sowie brüchige Fingernägel und Haare. Das Eisen aus dem Fleisch kann unser Körper besser verwerten als das Eisen aus pflanzlicher Nahrung, denn dieses muss unser Körper erst in die Form des tierischen Eisens »umbauen«. Rind- und Kalbfleisch sowie Innereien sind die besten Eisenlieferanten.

Das Fleischargument: Fleisch ist der beste Lieferant für das wichtige Spurenelement Eisen. Eisen ist wichtig für unsere Fitness und unser gesundes Aussehen.

ZINK

Das Spurenelement Zink ist wichtig für unser Immunsystem. Es hilft uns, Krankheiten frühzeitig abzuwehren und gesund zu bleiben. Der Körper kann Zink nur begrenzt speichern und braucht dessen ständige Zufuhr. Fleisch, besonders von Rind, Kalb und Lamm sowie die Innereien, sind wichtige Lieferanten.

Das Fleischargument: Fleisch und Innereien haben viel lebenswichtiges Zink. Mit Zink kann der Körper beispielsweise leichter Kollagen aufbauen (straffe Haut) oder das männliche Sexualhormon Testosteron produzieren.

136

KALORIEN

Das Beste an Fleisch ist, dass es prima beim Abnehmen helfen kann. Einige Vergleiche machen das deutlich: 300 Gramm mageres Rind, Kalb- oder Schweinefleisch – und da hat man dann schon »Fleisch satt« – haben mit rund 330 kcal nur so viel Nährwert, wie gut 50 Gramm Erdnüsse oder ein Viertelliter kräftiger Rotwein. Wichtig zu wissen: Das magere Fleisch ohne sichtbares Fett von Hähnchen und Pute hat etwa ebenso viele Kalorien wie das von Schweinen oder Rindern. Manche Fleischerzeugnisse haben mehr Kalorien, aber trotzdem kaum Fett. Das beste Beispiel ist der magere rohe Schinken (Lachsschinken): Er hat pro 100 Gramm etwa 20 Prozent mehr Kalorien als das vergleichbare frische Fleisch. Aber das liegt daran, dass beim Trocknen, Reifen und Räuchern das Wasser austritt und ein besonders wertvolles tierisches Lebensmittel zurückbleibt. Viele rohe Schinken haben durch lange Reifezeit bis zu 180 Prozent Frischfleisch – das Beste vom Fleisch bleibt da immer drin. Um Kunden, die abnehmen wollen, ideal zu beraten, sollten Sie auch Zubereitungstipps geben können – denn sonst hat die Soße zum Schnitzel schnell mehr Nährwert als das ganze Schnitzel.

Das Fleischargument: Mageres Fleisch und magere Fleischerzeugnisse sind ideal zum Abnehmen und helfen, dass wir beim Abnehmen auch gut aussehen.

TIPP: Probieren Sie es selbst aus! Erklären Sie dann Ihren Kunden, wie Sie selbst mit Fleisch und Wurst zu Ihrer Wunschfigur gekommen sind. Erkennen Sie im Rahmen Ihrer Fortbildung im Bereich Ernährungslehre die Chancen, aber auch die Grenzen Ihrer Beratungsmöglichkeiten. Denn wenn ein Kunde eine ernste Krankheit hat und Sie darauf anspricht, dann endet die Ernährungsberatung im Fleischerfachgeschäft.

ERNÄHRUNGSWISSEN AN DIE THEKE BRINGEN

BEI ALLEM RESPEKT: Wenn wir mit Ernährungsargumenten an der Bedientheke bei unseren Kunden punkten wollen, sollten wir auch ein Stück weit danach aussehen. Oder zumindest eigene Erfahrungen gemacht haben – etwa dadurch, dass wir selbst mit einer auf viel mageres Fleisch ausgerichteten Ernährung ein paar Kilo abgenommen haben. Zu diesem »Vorleben von gesunder Ernährung« passen ergänzend zur Ernährungsberatung an der Theke:

• Betriebssportgruppe. Wenn Ihre KundInnen die VerkäuferInnen jede Woche zwei Mal beim Joggen sehen, wird sich die Botschaft »Fitness-Fleischerei« wie von selbst verbreiten.

• Gratisäpfel an der Kasse. Zumindest im Rahmen von Aktionswochen ist der kleine Gratisapfel für jeden Kunden an der Kasse eine Marketingmaßnahme mit sehr gutem Preis-Leistungs-Verhältnis..

• »Fitnessprodukte« ausloben. Ein eigener Thekenbereich mit »Fitnessprodukten« (alles, was als Fleischerzeugnis kaum Fett enthält, darf dazugehören). Dazu eigene Thekenpreisschilder und das Wissen um die Nährwerte und Fettgehalte – und schon locken Sie die Ernährungs- und Fitnessorientierten.

• Ernährungsdaten an der Theke abrufbereit halten. Die Bedienerseite der Doppelbildschirm-Ladenwaagen eignet sich prima, um auch die Kilokalorien und Fettgehalte anzurufen.

• Rezepte zum »Abnehmen mit Fleisch«. Bieten Sie ernährungs- und schlankheitsorientierten Kunden an der Fleischtheke immer auch Rezepte zum »Abnehmen mit Fleisch« oder präsentieren Sie entsprechende Rezeptbücher zum Lesen im Laden oder zum Kauf an.

FAZIT – DARAUF KOMMT ES AN

Sie haben mit Ihrer Bedientheke die Kompetenz für gutes Essen. Jetzt erwerben Sie zusätzlich die Kompetenz für gesunde Ernährung. Und damit sind Sie dann auf der Gewinnerstraße!

30.

Verkäuferln sein verlangt Beratung –

138

WISSEN SCHAFFT UMSATZ

Warenkunde
und Trends

Der Arbeitsmarkt verlangt nicht nach »Wurstauf-schneiderInnen«, sondern nach VerkäuferInnen, die immer besser informierten und anspruchsvolleren Kunden als PartnerInnen gelten. Vieles auf diesem Weg kann in einem betriebsindividuellen oder auch persönlichen Qualifizierungsplan enthalten sein. Aber es ist auch die persönliche Grundeinstellung jedes Einzelnen, die lauten muss: »Ich nehme täg-lich neues Wissen auf.« Es bedarf dazu nicht stän-dig neuer Fachbücher, sondern einer geschärften Wahrnehmung.

Einige Anregungen für diese tägliche Wissens-auffrischung:

- Zeitunglesen/Mediennutzung. Die gut informierten Konsumenten sind überwiegend Abonnenten von Tageszeitungen, und sie hören und schauen Magazin-beiträge in Rundfunk und Fernsehen. Wenn Ihr Kunde Zeitung liest und Sie nicht, sind Sie schon im Hinter-treffen – es sei denn, sie holen sich diese Informatio-nen auf elektronischem Weg im Internet. Wesentlich ist, dass Sie alles, was irgendwie mit Lebensmitteln zu tun hat, ständig daraufhin abprüfen: Könnte ich diese Information irgendwie für den Verkauf brauchen? Welche Argumente habe ich, wenn ich an der Theke auf dieses Thema angesprochen werde?

- Testeinkäufe/Store-Check. Alle Wettbewerber wer-den ständig besser. Behalten Sie Ihre Wettbewerber im Auge – am besten durch persönliche Einkäufe vor Ort. Werfen Sie dabei auch öfter einen Blick über den Tellerrand. Vielleicht haben Sie selbst ein Fleischer-fachgeschäft, dann gelten Ihre Testeinkäufe ebenso der neugestalteten Lebensmittelabteilung eines Kauf-hauses, dem Bio-Supermarkt oder einem neuen Steak-restaurant.

- Selbstbewertung. Wir selbst können in allen Berei-chen täglich besser werden. Stellen Sie mit der hier abgedruckten »600-Punkte-Checkliste« fest, in wel-chen Bereichen Sie Defizite haben. Wiederholen Sie diesen Selbstcheck regelmäßig persönlich oder im Team.

- Urlaub. Sie sind an einem fremden Ort – ob im Urlaub oder auf einer beruflich/geschäftlichen Reise. Nehmen Sie alle Anregungen, die in Geschäften, auf Märkten oder im Restaurant zum Thema Essen und zur Ernäh-rung zu finden sind, mit nach Hause. Motivieren Sie die VerkäuferInnen in Ihrem Unternehmen, das auch zu tun. Loben Sie einen Preis aus für die Teilnahme am Wettbewerb, um Anregungen aus dem Urlaub, die wir zu Mehrumsatz oder einem attraktiveren Angebot nutzen können, zu erhalten.

Bewertungsbogen für Fleisch- und Feinkostgeschäfte

DAS BEWERTUNGSSCHEMA

Zu jedem Bewertungsbereich sind maximal 10 Punkte möglich:

10 = in jeder Hinsicht vorbildlich, nicht mehr verbesserungsfähig
9 = vorbildlich, kaum mehr verbesserungsfähig
8 = sehr gut, Verbesserungen im Detail sind sinnvoll
7 = gut, überdurchschnittlich aber auch verbesserungsbedürftig
6 = insgesamt in Ordnung, Verbesserungen sind aber erforderlich
5 = ausreichend, Mängel sind aber erkennbar
4 = unterdurchschnittlich, Mängel erfordern sofortige Behebung
3 = mangelhaft, erhebliche Mängel
2 = nicht mehr zu tolerieren, schwerwiegende Mängel
1 = ungenügend, besonders schwerwiegende Mängel
0 = völlig ungenügend, besonders schwerwiegende, erschreckende Mängel, die sofortiges Handeln erfordern

140

A EINDRUCK VON AUSSEN

Punkte: Aufgefallen:

- Erster Eindruck   ...... x 2 = ...
- Außenwerbung
- Sauberkeit Außenbereich
- Sauberkeit Schaufenster
- Sauberkeit Eingangsbereich
- Gestaltung Eingangsbereich
- Gestaltung Schaufenster
- Akkuratheit (Schaufensterbeschriftung/Plakataushang)
- Einsehbarkeit des Geschäfts

Von **100** möglichen Punkten wurden erreicht:
Bemerkungen zum »Eindruck von außen«:

B EINDRUCK IM VERKAUFSRAUM

Punkte: Aufgefallen:

- Erster Eindruck   ...... x 2 = ...
- Sauberkeit Fußböden
- Sauberkeit Theke, Thekenrückwand   ...... x 2 = ...
- Geruch im Laden   ...... x 2 = ...
- Beleuchtung   ...... x 2 = ...
- Dekoration
- Produkthinweise/Angebote
- Auswahl und Präsent. Handelswaren

Von **120** möglichen Punkten wurden erreicht:
Bemerkungen zum »Eindruck im Verkaufsraum«:

C EINDRUCK THEKE

Punkte: Aufgefallen:

- Erster Eindruck ...... x 2 = ...
- Auswahl und Präsent. Frischfleisch/Convenience ....
- Auswahl und Präsent. Wurst/Schinken ....
- Auswahl und Präsent. Käse ....
- Auswahl und Präsent. Feinkostsalate ....
- Auswahl und Präsent. Imbiss ....
- Frische der Waren, optisch erkennbar ...... x 5 = ...
- Geruch an der Theke ....
- Dekoration ....
- Beleuchtung ...... x 2 = ...
- Ordnung und Sauberkeit Thekenablage ....
- Ordnung und Sauberkeit Thekenrückwand ....
- Ordnung und Sauberkeit Schneidemaschinen, Waagen-(Preis-)Auszeichnung ....

Von 200 möglichen Punkten wurden i erreicht: ....
Bemerkungen zum »Eindruck Theke«: ....

D EINDRUCK MITARBEITER

Punkte: Aufgefallen:

- Erster Eindruck ...... x 2 = ...
- Begrüßung und Verabschiedung der Kunden ....
- Kundenansprache/Beratung/Verkaufsgespräch ...... x 2 = ...
- Lächeln/Freundlichkeit ...... x 2 = ...
- Persönlicher Pflegezustand ....
- Hygiene bei der Arbeit ...... x 2 = ...
- Berufskleidung/Namensschilder ....
- Behandlung/Verpackung/Überreichung der Ware ...... x 2 = ...

Von 130 möglichen Punkten wurden erreicht: ....
Besonders positiv aufgefallen sind die Mitarbeiter: ....
Besonders negativ aufgefallen sind die Mitarbeiter: ....
Bemerkungen zum »Eindruck Mitarbeiter«: ....

E EINDRUCK SONSTIGE RÄUME

Punkte: Aufgefallen:

- Sauberkeit und Ordnung Küche etc. ....
- Sauberkeit und Ordnung Lagerräume ....
- Sauberkeit und Ordnung Kühlraum ....
- Sauberkeit und Ordnung Sozialräume ....
- Sauberkeit und Ordnung Personaltoilette ....

Von 50 möglichen Punkten wurden erreicht: ....
Bemerkungen zum »Eindruck Sonstige Räume« ....

GESAMTAUSWERTUNG:

von möglichen 600 Punkten wurden erreicht: ....

Mit den in diesem Kapitel präsentierten Ideen können Sie einen guten und wirkungsvollen Qualifizierungsplan aufstellen. Entscheidend ist danach, dass Sie diese stärker gewordene Qualifizierung der VerkäuferInnen zu Mehrumsatz machen. Denn wir tun das alles für unseren Kunden und für unseren Umsatz! Die wichtigsten Punkte, die Sie nicht vergessen sollten:

• Drei Viertel aller Kaufentscheidungen fallen im Geschäft. Prüfen Sie: Nutzen Sie diesen Umstand in den Bereichen Außenwerbung, Schaufensterwerbung, Gestaltung des Eingangsbereichs, Produktauslobung im Geschäft, Beleuchtung, Verkaufsgespräch? Welche Möglichkeiten bieten sich in Ihrem Geschäft, um diese drei Viertel aller Kaufentscheidungen positiv, also zugunsten des Kaufs, ausfallen zu lassen?

• Ein Drittel aller Kunden sind Seltenkunden, ein Drittel sind Gelegenheitskunden, ein Drittel sind Stammkunden. Prüfen Sie: Wie können wir das viele neue Wissen und die vielen kleinen Verbesserungen nutzen, damit es unseren Kunden nie langweilig wird? Damit die Seltenkunden zu Gelegenheitskunden werden und die Gelegenheitskunden zu Stammkunden?

• Produktvorteile kommunizieren. Das Kernproblem vieler Geschäfte ist nicht, dass es keine guten Produktvorteile geben würde. Sondern: Viele Produktvorteile erfährt kein Kunde, wenn er nicht ausdrücklich danach fragt. Warenpräsentation, Thekenpreisschilder, Werbeplakate, Waagenbildschirme und vor allem das persönliche Verkaufsgespräch schaffen viele gute Möglichkeiten, die Einzigartigkeit des eigenen Geschäfts und des eigenen Produkts auch zum Kunden zu bringen.

WENN DER KUNDE NICHT ZU IHNEN KOMMT ...

Sie sind VerkäuferIn. Das heißt, Sie brauchen für einen erfolgreichen Job ganz einfach Kunden. Viele erfolgsbewährte Kundengewinnungs- und Kundenbindungsmaßnahmen finden Sie im Kapitel 10 dieses Buches. Viele VerkäuferInnen sind aber schlicht zu schüchtern, um die möglichen Maßnahmen zur Neukundengewinnung auch umzusetzen. So habe ich seit einigen Jahren eine Empfehlung gegeben, die bis letztes Jahr kein Kunde umgesetzt hat: Die Idee ist, Neukunden zu gewinnen, wie die Politiker im Wahlkampf erfolgreich Wähler gewinnen: durch Hausbesuche. Als dann wieder einmal ein Kunde gemeint hat »das können wir doch nicht machen, wir sind doch keine Hausierer«, dann habe ich es mit einer Freiwilligen unter den Verkäuferinnen einfach selbst gemacht. Mit Kostproben und vielen »10-Prozent-Gutscheinen für Ihren nächsten Einkauf« bewaffnet, klingelten wir von Haustür zu Haustür und haben ganz offen gesagt: »Guten Tag. Wir kommen von der Metzgerei Muster. Wir wollen Sie als Kunden gewinnen und haben Ihnen etwas mitgebracht.« Wir haben so neue Kunden gewonnen und alte gebunden – und Spaß gemacht hat es auch. Nur trauen muss man sich!

Deshalb, überprüfen Sie immer wieder: Wie können wir vorgehen, damit wir den Kunden zu uns locken? Das Ziel ist, den Noch-Nicht-Kunden erst einmal in den Laden und an unsere Theke zu kriegen – dann haben wir schon halb gewonnen.

FAZIT – DARAUF KOMMT ES AN

Es ist ganz einfach: Die KundInnen werden immer klüger – wir als VerkäuferInnen müssen auch immer klüger werden. Ansonsten könnte der Kunde irgendwann feststellen, dass das Etikett auf der SB-Packung mehr weiß als die Bedienkräfte – und dann hätte die Bedientheke verloren. Das soll nicht passieren!

31.

SCHRITT

144

Die richtige Einstellung des Verkäufers zu seiner Ware

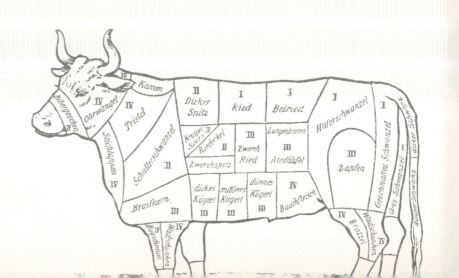

WARENKUNDE

Ständig lernen, erleben, ausprobieren

Erfolgreiche VerkäuferInnen müssen

1. *Über ihre Produkte Bescheid wissen.*
2. *Von der Überlegenheit der eigenen Produkte überzeugt sein.*
3. *Die KundInnen zum Kauf motivieren können.*

Diese drei Anforderungen bauen aufeinander auf. Das Wissen zu den Produkten ist die Grundvoraussetzung.

Warenkundliches Wissen bezieht sich zunächst auf die eigenen Produkte. In einem weiteren Schritt muss dieses Wissen auch zu den Produkten der Wettbewerber aufgebaut werden. Denn der erfolgreiche Verkauf vollzieht sich immer im Dreieck zwischen

1. *der Erwartungshaltung der KundInnen*
2. *unserem Angebot*
3. *dem Angebot unserer Wettbewerber.*

Wir können gar nicht genug wissen! VerkäuferInnen, die viel zum eigenen Produkt wissen, sind immer auch im Verkauf erfolgreicher und als Persönlichkeit souveräner. Wie viele Einzelheiten wie wissen können, beschreibt Ihnen dieser Abschnitt am Produktbeispiel »Rindersteak«. Die Checkliste macht deutlich: Wir lernen hier nicht zum Selbstzweck, sondern für den erfolgreichen Verkauf. Wir geben unser Wissen an der Theke nicht weiter, damit unser Kunde klüger wird, sondern damit er treu immer bei uns kauft.

CHECKLISTE: WARENKUNDLICHES WISSEN ZU »RINDERSTEAK«

1. Herkunft (geografisch)

- Produktdaten zu diesem Rindfleischteilstück (Daten der Rindfleischetikettierung) lesen und verstehen. Auf dem Etikett dürfen keine Angaben stehen, die wir nicht erklären können. Wir erkennen hier u. a. das Land, in dem das Rind geboren und geschlachtet wurde.

- So präzise wie möglich die Herkunft angeben (»Schwäbische Alb« ist besser als nur »Baden-Württemberg«).

- Vermeiden Sie bei der Herkunftsangabe abstrakte Begriffe, die größere Regionen umfassen (»Süddeutschland«).

- Nutzen Sie für die Herkunftsangabe nach Möglichkeit Begriffe, die positiv besetzt sind, das sind insbesondere Urlaubsgebiete und Regionen, die gemeinhin mit »gesunder Natur« in Verbindung gebracht werden. Auch hier gilt wieder: Je präziser, desto besser (»Werdenfelser Land« ist konkreter als »Bayern«).

- Benennen Sie auch die Herkunft von ausländischem Rindfleisch so präzise wie möglich, wahrheitsgemäß und lobend als »Fleischspezialität«.

- Idealerweise können wir die Herkunft bis auf den Bauernhof genau benennen.

2. Fütterung der Rinder kennen und erklären können. Wissen, welche Kundenvorteile hinsichtlich Gesundheit und Tierschutz wir daraus ableiten können.

- War bei der Futtermittelproduktion Gentechnik im Spiel?

- Herkunft der Futtermittel. Vorteilhaft ist z. B., wenn wir die Verwendung von Futtermitteln aus der »dritten Welt« oder dem brasilianischem Regenwaldgebiet ausschließen können.

- Anteil der Futtermittel, die der Bauernhof aus eigenem Anbau hat, kennen und erklären können.

- Zeitangaben zum Weidegang der Tiere – mit der natürlichen Futteraufnahme auf der Weide (Bild dazu: Glückliches Rind auf Blumenwiese).

3. Haltungsform der Rinder kennen. Die unterschiedlichen Haltungsbedingungen haben Einfluss auf das Tierwohl und die Fleischqualität.

- Haltungsform benennen und erklären: Freilandhaltung, Auslaufhaltung, Offenstall, Trestmiststall (Wenn wir Bullenfleisch aus intensiver Bullenmast verkaufen, müssen wir das auch wissen, können es aber nicht so vorteilhaft im Verkaufsgespräch einsetzen).

4. Rasse, Alter, Geschlecht des Rindes

- Die Rindfleischrasse kann meist sehr gut in Verbindung mit der Herkunft genannt werden (»Die Rinderrasse ›deutsches Fleckvieh‹ ist auf den Weiden im bayerischen Alpenvorland die häufigste.«)

- Das Alter des Tieres wissen und anhand von Knochen und Knorpeln sowie der Fleisch- und Fettfarbe erkennen können. Für den erfolgreichen Fleischverkauf ist es wichtig, dass das Fleisch der etwas jüngeren und weiblichen Tiere immer das zartere ist. Andererseits prägt sich intensiver Fleischgeschmack erst ab einem etwas höheren Alter der Tiere (ab etwa 2 Jahren) aus.

146

5. Tiertransport und Schlachtung. Beides ist entscheidend für den Tierschutz und die Fleischqualität. Wir sollten dazu wissen:

• Dauer des Transports. Es gilt: je kürzer, desto besser.

• Tierschutz beim Transport. Für die Ruhe der Tiere ist es z. B. vorteilhaft, wenn sie in der gewohnten Gruppe oder von einer vertrauten Person (Bauer) be- und entladen werden.

6. Reifung des Fleisches

• Art der Reifung. Benennen Sie z. B. Reifung in einem getrennten Reiferaum, in speziellen Fleischreife-Boxen, Dry Aged – Reifung am Knochen. Die herkömmliche Vakuumreifung als die »normale« und häufigste Reifeform muss nicht besonders ausgelobt werden – in diesem Fall erklären Sie im Verkaufsgespräch besser die Reifezeit oder andere Vorteile. Oder Sie erklären, warum die Vakuumreifung besondere Vorteile hat.

• Dauer der Reifung. Rindfleisch reift zwischen 3 und 14 Wochen, wobei Reifezeiten über 6 Wochen Ausnahmen für den erlesenen Fleischliebhaber sind.

• Auswirkungen der Reifung. Erklären Sie, dass Rindfleischreifung immer einen Gewichts- und Wasserverlust bedeutet, das heißt, »alles Gute« bleibt im Fleisch enthalten. Gereiftes Fleisch wird mit der Reifezeit in seinem Nährwert und Geschmackswert immer intensiver.

7. Schneiden und Portionieren

• Namen der Teilstücke und ihre Besonderheiten (Feinheit der Faserung, Marmorierung, Zartheit) kennen und erklären können. Tipp: Je mehr Steak-Teilstücke Sie anbieten, desto stärker betonen Sie die Steak-Spezialisierung.

• Besondere Schnittführungen/Cuts. Beispiel aus dem Verkaufsgespräch: »Wir praktizieren die französische Rindfleisch-Feinzerlegung. So können wir auch Steakcuts wie das Bavette (Flanksteak) anbieten.«

• Zum Wissen um die vielen Steak-Teilstücke auch das Können trainieren: Z. B. aus einer Rinderhüfte Steaks schneiden, sodass alle Steaks ohne Sehne und gegen die Faser geschnitten sind.

8. Ernährungsdaten

• Steaks werden mehr über das Argument Genuss verkauft, aber Ernährungswissen gehört bei Lebensmitteln immer mit dazu.

• Den Fettgehalt in Prozent und den Brennwert in Kilokalorien sollten gute VerkäuferInnen wissen.

• Ergänzend kann erklärt werden, dass gerade die Fettfasern im Steak das wichtigste Qualitätsmerkmal sind – ein weniger marmoriertes und weniger lange gelagertes Steak hätte auch weniger Kalorien. Daher die Empfehlung: Lieber ein kleines Steak, aber ein gutes.

9. Zubereitung von Steaks

• Die Größe und Form des Steaks entscheidet über die ideale Zubereitung. Oder: Für eine bestimmte Zubereitungsform (z.B. Chateaubriand) muss das Steak entsprechend geschnitten werden.

• Benennen Sie Kochtipps zur Verwendung von Bratfett/Öl, Pfannenart, Temperatur zum Anbraten in der Pfanne und zum Garen im Ofen; ggf. nennen Sie eine Ziel-Kerntemperatur.

10. Haltbarkeit

• Nennen Sie: Unter welchen Lagerbedingungen (Kühlschranktemperatur) die Steaks beim Kunden noch wie lange lagerfähig sind.

• Erklären Sie, dass das Fleisch zwar lange gereift, aber noch nicht gefroren war und falls gewünscht auch eingefroren werden kann.

11. Zertifizierungen / Kontrollen

• Nennen Sie die Kontrolleinrichtungen, die prüfen, dass die gemachten Angaben auch tatsächlich stimmen

• Erklären Sie, wie die eigene betriebliche Warenwirtschaft sicherstellt, dass kein Fleischteilstück verwechselt wird (gerade dann, wenn zu einer Fleischgattung, z.B. Rind, verschiedene Qualitäten im Angebot sind).

PRAXISAUFGABE:

Entwickeln Sie anhand dieses Beispiels zu den verschiedenen Produktgruppen in Ihrer Theke nun Gliederungen für das erforderliche Produktwissen. Entsprechend der Besonderheiten der Produktgruppen setzen Sie die Wissens-Schwerpunkte (Reifung bei Salami und Rohschinken, Häufigkeit der frischen Herstellung von Würstchen). Das Ziel ist nicht ein maximaler Wissensspeicher in den Köpfen, sondern das Verfügen über das warenkundliche Wissen, das für den erfolgreichen Verkauf maximal hilft. Sie erarbeiten am besten im Team dieses Wissen und trainieren das Erklären.

FAZIT – DARAUF KOMMT ES AN

Lebensmittel sind ein großartiges Thema. Wenn wir mehr darüber wissen und mehr darüber erzählen können, qualifizieren wir uns nicht nur im Job, sondern wir werden auch zu attraktiveren Gesprächspartner für viele Menschen. Das Investment in mehr Warenkunde lohnt sicher!

32

Die EINZIGARTIGKEIT der eigenen Produkte und des eigenen Geschäfts

149

Es herrscht Überfluss: an Anbietern, an Geschäften, an Lebensmitteln. Es herrscht auch Überfluss an Argumenten, das eine oder das andere zu kaufen. Alle Anbieter von Lebensmitteln versprechen Qualität und Frische, einen guten Geschmack und ein vorteilhaftes Preis-Leistungsverhältnis. Das Ziel: Wir müssen aus der Vergleichbarkeit mit den uniformen Vorteilen, die alle in Anspruch nehmen, heraustreten. Wir brauchen einzigartige Vorteile, die uns von keinem anderen Anbieter oder keinem anderen Produkt »weggenommen« werden können.

Die Basis für diese Einzigartigkeit sind unsere Zusatznutzen. An diesen Zusatznutzen haben Sie im Kapitel 2 und in diesem Kapitel schon gearbeitet; auch bei der Planung zusätzlichen warenkundlichen Wissens ergeben sich neue Zusatznutzen.

Die Einzigartigkeit von Produkt und Geschäft sind nicht nur für Verkaufsgespräche wichtig, sondern sie sind Dreh- und Angelpunkt für das ganze betriebliche Marketing. Bei der Suche nach einem erfolgreichen Werbeslogan wird meist genauso vorgegangen: Aus den Zusatznutzen die Einzigartigkeiten herausfiltern, dann zu einem Slogan formulieren.

Die Einzigartigkeit unserer Produkte und unseres Geschäfts entsteht in einem Matching aus dem, was

1. dem Kunden wichtig ist
2. die Wettbewerber nicht so gut können
3. unsere wichtigsten Zusatznutzen darstellt.

Wir erfassen, was den KundInnen dieses Geschäfts alles wichtig ist.

Dazu können diese Maßnahmen eingesetzt werden:

- *Schriftliche Kundenbefragung*
- *Befragung des Kundenbeirats / Kundenclubs*
- *Auswertung von Kundenfragen und Reklamationen*
- *Auswertung von Verkaufsgesprächen.*

In unserem Praxisbeispiel haben wir über eine Kundenbefragung diese Erwartungen der KundInnen ermittelt. Wir haben dabei gefragt »Was ist Ihnen wie wichtig (0= unwichtig, 5 = sehr wichtig). Hier das Ergebnis:

Platz 1: Regionale Herkunft (4,2 Punkte)

Platz 2: Reduzierung von Zusatzstoffen (3,1 Punkte)

Platz 3: Feine Küche (3,1 Punkte)

Platz 4: Guter Geschmack (2,9 Punkte)

Platz 5: Tierschutz (2,8 Punkte)

Platz 6: Günstiger Preis (2,7 Punkte)

Platz 7: Eigene handwerkliche Verarbeitung (2,7 Punkte)

Platz 8: Bio-Qualität (2,0 Punkte)

Platz 9: Internationale Spezialitäten (1,8 Punkte)

Platz 10: Partyservice (1,1 Punkte)

150

 Im zweiten Schritt treffen sich die MitarbeiterInnen aus Produktion und Verkauf zu einer Teambesprechung. Die MitarbeiterInnen kennen das Ergebnis der Kundenbefragung noch nicht. Die Aufgabe lautet: In welchem dieser Bereiche sind wir wie gut (0 = gar nicht gut, 5 = sehr gut)? Hier das Ergebnis:

Platz 1: Guter Geschmack (4,6 Punkte)

Platz 2: Eigene handwerkliche Verarbeitung (4,3 Punkte)

Platz 3: Regionale Herkunft (4,2 Punkte)

Platz 4: Feine Küche (4,2 Punkte)

Platz 5: Reduzierung von Zusatzstoffen (4,1 Punkte)

Platz 6: Partyservice (3,5 Punkte)

Platz 7: Tierschutz (3,3 Punkte)

Platz 8: Bio-Qualität (3,2 Punkte)

Platz 9: Internationale Spezialitäten (2,9 Punkte)

Platz 10: Günstiger Preis (2,8 Punkte)

Auswertung und Abgleich dieser Befragungen:

- Erfahrungsgemäß haben die eigenen Mitarbeiter die Stärken insgesamt positiv bewertet.
- Unsere Einzigartigkeit, mit der wir bei unseren Kunden punkten können, liegt nach diesen Befragungen vorrangig im Bereich der regionalen Herkunft, gestützt durch den guten Geschmack insbesondere unserer »feinen Küche«.
- Wir betreiben für manches einen hohen Aufwand, was unseren Kunden gar nicht so wichtig ist (Partyservice, Bio-Qualität). Wir lernen: Wenn wir diese Energien in eine Stärkung des Profils »Spezialitäten aus der Heimat« stecken, verspricht das einen höheren Ertrag.
- Für unsere Kunden ist die regionale Herkunft wichtiger, als dass wir diese regionalen Waren alle selbst herstellen. Damit werden die Kooperation und der Warenaustausch mit Kollegen in unserer heimatlichen Region sinnvoll.
- Unsere Kunden geben uns 2,7 Punkte (also eher ein »Gut«) für das Preis-Leistungs-Verhältnis. Damit können wir die nächste Runde einer vorsichtigen Preiserhöhung mit Sicherheit angehen.
- Unsere MitarbeiterInnen hingegen setzen den »günstigen Preis« mit der vergleichsweise schlechtesten Bewertung an. Unsere MitarbeiterInnen glauben also eher, »wir sind teuer«. Dazu braucht es schnell Information, damit alle MitarbeiterInnen sicher wissen und glauben: »Wir sind preiswert. Es ist ein großes Glück, dass wir unseren KundInnen diese guten Waren zu einem so niedrigen Preis anbieten.«

151

Formel für die Einzigartigkeit auf der Grundlage dieser Befragung:

»Schmeck den feinen Geschmack der Spezialitäten aus unserer Heimat«

Mit dieser ermittelten Einzigartigkeit gehen wir in die Besprechungen und Schulungen mit allen VerkäuferInnen. Die Botschaften:

- Wir haben ganz viele Zusatznutzen, aber drei Bereiche, in denen wir einzigartig gut sind und die unseren Kunden sehr wichtig sind: »Regionale Herkunft«, »Feine Küche« und »Guter Geschmack«.
- Diese Themen stellen wir ab sofort in den Mittelpunkt unserer Werbung.
- Wir nutzen weiterhin diese Themen für die Beratung an der Theke.
- Wir planen mit Unterstützung des Heimatvereins die Herausgabe einer Broschüre mit Kochrezepten: »Die großen Gerichte der feinen Küche unserer Heimat«.
- Wir veranstalten künftig Kochkurse zu diesen »großen Gerichten der feinen Küche unserer Heimat«, und zwar zuerst für die VerkäuferInnen, dann für die KundInnen.
- Unsere Sortimentsplanung wird entsprechend dieser Einzigartigkeiten neue Schwerpunkte erhalten:
  - Mehr Kooperation mit bäuerlichen Landwirten, die uns direkt beliefern.
  - Mehr Fertiggerichte auf der Basis regionaler Zutaten und Rezepten für Spezialitäten aus unserer Region.
  - Aufbau einer Vertragslandwirtschaft mit unserem Schweinemäster. Dabei werden die Schweine mit Futtermitteln gefüttert, die in unserer Region angebaut werden – auf Soja aus Südamerika wird verzichtet.

DIE EINZIGARTIGKEIT MEINES GESCHÄFTS WIRD ZU MEINER EIGENEN EINZIGARTIGKEIT

Auf dem Weg zu noch mehr Verkaufserfolg können VerkäuferInnen nicht nur die Strategie des Unternehmens umsetzen helfen. Sie können viel mehr zum eigenen Vorteil tun, nämlich aus der Einzigartigkeit des Geschäfts die eigene Einzigartigkeit als VerkäuferIn prägen. Das kann am voranstehenden Beispiel mit diesen Maßnahmen beschrieben werden:

• Durch Besuche im Heimatmuseum, Freilandmuseum u.a. selbst erforschen, welche althergebrachten Spezialitäten die heimatliche Region hat, welche Getreidesorten hier früher angebaut wurden.

• Die alten Rezeptbücher der eigenen Familie durchstöbern und so auf neue Rezeptideen für das Unternehmen kommen. Dabei nicht nur die Zutaten, sondern auch die Art und Weise der Zubereitung erfassen. Dann diese Gerichte nachkochen.

• Auf dieser Basis werden die Verkaufsgespräche einzigartig – allen KundInnen wird klar: »Niemand sonst weiß so viel über die Spezialitäten aus unserer Heimat.«

• Mit diesem Profil kann die Verkäuferin (im Einvernehmen mit dem Arbeitgeber) auch der örtlichen Volkshochschule anbieten, als Referentin oder Kochtrainerin Seminare zu geben. Das Thema lautet (ganz im Sinne unseres Unternehmens): »Die großen Gerichte der feinen Küche unserer Heimat.«

ERGEBNIS SOLCHER EIGENAKTIVITÄTEN:

Die VerkäuferIn wird selbst einzigartig, als MitarbeiterIn nicht mehr austauschbar und nicht mehr so einfach ersetzbar, das soziale Ansehen steigt, die Chancen auf mehr Gehalt und Karriere steigen.

FAZIT – DARAUF KOMMT ES AN

Es reicht nicht, einfach ein guter Anbieter unter anderen guten Anbietern zu sein. Denn: Schlechte Anbieter gibt es nicht, die werden vom Markt sofort aussortiert. Wir brauchen einzigartige, unverwechselbare und nicht austauschbare Vorteile gegenüber allen Wettbewerbern. Und diese Einzigartigkeit müssen wir dann auch kommunizieren.

152

Die verkaufsfördernde Überzeugung:

»WIR SIND PREISWERT«

Warenkunde und Trends

SCHRITT

33

Es gibt Geschäfte, die sind teuer. Und es gibt solche Geschäfte, von denen vermuten manche Menschen nur, sie seien teuer. Und es gibt Geschäfte, die sind preiswert. Und es gibt solche Geschäfte, von denen vermuten manche Menschen, sie seien preiswert. Preis und Preisvermutung sind also zweierlei. Besonders, wenn Geschäfte als teuer gelten, es aber gar nicht sind, hat das verkaufsschädigende Auswirkungen. Die schlimmsten verkaufsschädigenden Auswirkungen hat es, wenn die eigenen VerkäuferInnen glauben, »wir sind teuer«.

WIE WIRKT UND WORAUS ENTSTEHT EINE »TEUERPREISVERMUTUNG«?

In vielen firmeninternen Mitarbeiterseminaren hat der Autor dieses Buches gefragt: »Sind Sie eher teuer oder eher preiswert?«. Die Mitarbeiter zögerten meist. Mit der Hilfestellung, sich für »eher teuer« oder »eher preiswert« zu entscheiden, meinten rund 60 Prozent der VerkäuferInnen, dass das eigene Geschäft schon »eher teuer« sei.

Stellen wir uns dieses Problem einmal in der Praxis vor: Da fragt der Kunde an der Theke: »Wie viel kostet denn dieser Schinken?« Die Bedienkraft, die jetzt antworten muss und im Kopf den Glaubenssatz trägt: »Wir sind eher teuer«, antwortet mit dem korrekten Preis, sie lächelt sogar dazu. Aber ihre ganze Körpersprache sagt dazu: »Bitte entschuldigen Sie vielmals. Aber ich mache die Preise nicht. Es kostet halt so viel. Bitte, bitte kaufen Sie trotzdem.« Wenn es nun gelänge, den Glaubenssatz »Wir sind teuer« zu ändern in »Wir sind sehr gut und sehr preiswert. Es ist geradezu ein Glück

für unsere Kunden«. Und dann fragt der gleiche Kunde wieder nach dem gleichen Schinken. Die Bedienkraft lächelt wieder und nennt den Preis. Aber jetzt signalisiert die ganze Körpersprache: »Ich freue mich, Ihnen diesen hervorragenden Schinken zu einem so günstigen Preis anbieten zu können.«

Die gewünschte Änderung hin zum Glaubenssatz der VerkäuferInnen »Wir sind preiswert« erfordert solide Begründungen. Viele Begründungen finden Sie in den Übungen zu den voranstehenden Teilen dieses Buchkapitels: Es sind die vielen Zusatznutzen und unsere Einzigartigkeit, die uns beweisen: Wir sind preiswert.

Alle MitarbeiterInnen, die in Geschäften mit dem Vertriebssystem Bedientheke arbeiten, müssen auch wissen, dass die Bedientheke das kostenaufwändigste System des Lebensmittelvertriebs ist. Wir müssen also als Beteiligte an diesem aufwändigen System mit unserer tagtäglichen Arbeitsleistung die Überlegenheit dieses Systems begründen und rechtfertigen. Wenn wir

Praxisbeispiel eines Fleischerfachgeschäfts:
Wir sind preiswert!

Sechs wichtige Gründe dafür:

1. Wir zahlen unseren Bauern faire Preise. Wir zahlen unseren Bauern höhere Preise als die Großen in der Fleischindustrie! Wir könnten das Fleisch anderswo viel billiger kaufen. Aber das wollen wir nicht!

2. Wir beschäftigen ausschließlich Mitarbeiter, die hier bei uns leben und von ihrem Gehalt ihre Familien ernähren. Wir haben keine Leiharbeitnehmer von irgendwoher. Das wollen wir nicht!

3. Wir produzieren handwerklich, mit Fachkräften, die das Fleischerhandwerk gelernt haben und für Ihre Qualifikation und ihr Können einen fairen Lohn erhalten. Es gäbe irgendwoher auch billigere Arbeitskräfte. Aber das wollen wir nicht!

4. Wir stellen nach handwerklichen Familienrezepten her. Alles, was wir herstellen, könnte man auch mit viel weniger gutem Fleisch und billigeren anderen Zutaten herstellen. Aber das wollen wir nicht!

5. Wir beschäftigen in unserem Laden ausschließlich gelernte Fachverkäuferinnen, die fachkundig beraten können. So haben wir die 10-fachen Personalkosten eines Discounters. Es wäre billiger, alles in Folie zu verpacken und in Regale zu legen. Aber das wollen wir nicht!

6. Wir lassen das Geld in unserer Heimat. Ob wir einen Handwerker brauchen oder einen Umbau planen: Wir geben – so weit es geht – alle Aufträge an Partner hier bei uns. Anders wäre es oft billiger. Aber das wollen wir nicht!

glauben, »Bedientheke ist teuer, SB ist preiswert«, dann irren wir in der Sache und begründen unsere eigene Entbehrlichkeit.

ÜBUNG UND TEST FÜR DIE PRAXIS

Nach dem Sammeln aller Argumente, die begründen, warum ihr Geschäft preiswert ist, ändern Sie bitte in einer intensiven Teambesprechung den Glaubenssatz der Bedienkräfte. Er heißt jetzt: »Wir sind preiswert. Es ist ein Glück für unseren Kunden, wie preiswert wir sind.« Gerade wenn die ChefInnen so etwas vorsprechen, werden es die VerkäuferInnen gerne nachsprechen.

Nutzen Sie dann die Gelegenheit zur Gegenprobe. Die Frage an die versammelten Bedienkräfte lautet: »Wer kauft grundsätzlich die Lebensmittel, die wir anbieten, nur hier bei uns?« Erfahrungsgemäß können sich jetzt nicht alle melden, die gerade noch willig den neuen Glaubenssatz nachgesprochen haben. Auf die Frage

»Und warum nicht?«, wird wahrscheinlich peinliches Schweigen kommen. Denn am Preis könnte es ja nicht mehr liegen. Sie erkennen an diesem Beispiel, dass wir nicht einmal, sondern immer wieder allen VerkäuferInnen den wirklich günstigen Preis unserer Produkte erklären müssen.

FAZIT – DARAUF KOMMT ES AN

»Wir sind preiswert!« Das ist die Überzeugung des Fans, der weiß, dass es nichts Besseres gibt. Und das ist die Überzeugung von VerkäuferInnen, die KundInnen beim Einkauf bestätigen und glücklich machen. Wer die Überzeugung »Wir sind preiswert« nicht in sich aufnehmen kann, reduziert seinen Erfolg und verhindert seine Arbeitsfreude.

Was ist preiswert?
Fachliche Beispiele aus der Fleisch- und Wursttheke

BEISPIEL 1

- Roastbeef vom heimischen Weideochsen, mindestens 4 Wochen gereift, meisterlicher Zuschnitt 100 Gramm 3,20 EUR
- Deutsches Jungbullenroastbeef 100 Gramm 1,99 EUR

ERKLÄRUNG: Der Weideochse ist das auf der Weide naturnah gehaltene Tier. Der Ochse hat mehr Fett und einen geringeren Fleischanteil nach der Schlachtung. Durch eine vierwöchige Reifung verliert das Roastbeef etwa 30 Prozent Gewicht – Geschmack und Nährwert werden dadurch intensiver, die Zartheit gewinnt.
Der Jungbulle stammt meist aus intensiver Mast, hat das magerere Fleisch und hat mehr Fleischanteil als das Rind oder der Ochse. Ohne Reifung wiegt das Bullenroastbeef auch 30 Prozent mehr.

FAZIT: Jeder Steakkenner weiß: Das Roastbeef vom Weideochsen ist das preiswerte Angebot.

BEISPIEL 2

- Metzger-Kochschinken aus dem ganzen Schlegel unserer heimischen Schweine. Ohne Glutamat, ohne Gentechnik, ohne Phosphat. Der reine Metzgerschinken 100 Gramm 2,70 EUR
- Formfleisch-Vorderschinken, sehr saftig 100 Gramm 1,59 EUR

ERKLÄRUNG: Beim Metzger-Kochschinken werden aus 10 Kilo besten Schnitzelstücken aus der Keule im Ergebnis auch etwa 10 Kilo Kochschinken hergestellt.
Beim Formfleisch-Vorderschinken werden aus 60 bis 80 Prozent verschiedenen Fleischabschnitten aus der Schulter und 20 bis 40 Prozent Wasser und vielerlei Zusatzstoffe ein klebriger und bindiger Fleischbrei gepoltert, der dann so ähnlich aussieht wie ein Kochschinken.

FAZIT: Jeder Schinkenliebhaber weiß: Der Metzger-Kochschinken ist das preiswerte Angebot.

3.4.

SCHRITT

Warenkunde und Trends

156

In Ihrer Nutzenargumentation müssen Sie reale Motive des Gesprächspartners ansprechen. Ohne die Kaufmotive des Partners zu kennen, gelingt es Ihnen nicht, seinen Nutzen an Ihrem Angebot herauszuarbeiten. Wir gehen also zunächst einmal »in den Gehirnwindungen der KundInnen ein wenig spazieren« und überzeugen sie dann genau in den Bereichen, auf die es ihnen ankommt. Nur so können wir die KundInnen motivieren.

Wir kaufen Lebensmittel aus ganz verschiedenen Gründen. So unterschiedlich diese Gründe sind, so unterschiedlich kann die Nutzenargumentation zum Kauf sein.

Lebenserhaltung
Sicherheit
Gewinn, Erwerb
Prestige, Image
Bequemlichkeit
Gesundheit
Kontakt, Kommunikation
Neugierde, Genuss
Bildung, Information
Selbstverwirklichung

FORMULIERUNGSMUSTER FÜR NUTZENARGUMENTATIONEN IM VERKAUF

Für die Umsetzung von Eigenschaften in Nutzen gibt es eine Reihe charakteristischer Formulierungen, die die positive Wirkung des Produktes betonen. Vervollständigen können Sie diese Sätze, wenn Sie zum einen warenkundliches Wissen haben und zum anderen Ihre KundInnen mit aller Sorgfalt wahrnehmen.

»Damit erzielen Sie ...«
»Das bedeutet für Sie ...«
»Das heißt für Sie ...«
»Das bewirkt ...«
»Das bringt Ihnen ...«
»Dadurch sichern Sie sich ...«
»Damit erreichen/erringen Sie ...«
»Das nutzt Ihnen ...«
»Dadurch sparen Sie ...«
»Das garantiert Ihnen ...«
»Ihr besonderer Vorteil/Nutzen ist ...«
»Das erhöht/verringert Ihnen ...«
»Sie erlangen so ...«
»Das erspart Ihnen ...«
»Dadurch verbessern Sie ...«
»Das entlastet Sie ...«
»Dadurch nutzen Sie ...«
»Das nutzt Ihnen ...«
»Auf diese Weise gewinnen Sie ...«
»Das liefert Ihnen ...«

NUTZENARGU-MENTATION:

Dem Kunden seinen Vorteil erklären

Der Sinn der nutzenbezogenen Argumentation: Verkaufen Sie statt einer Beschreibung aller Merkmale den Nutzen, den Ihre KundInnen aus dem Kauf gewinnen können.

PRAXISBEISPIEL AUS DER FLEISCHTHEKE

Überprüfen Sie, welche Methode wohl zum besseren Verkaufserfolg führen wird:

Beispiel: Rinderbraten

Beschreibung der Merkmale:
- *1,1 Kilo Rinderhüfte*
- *Geburt, Mast und Schlachtung des Rindes erfolgt in Deutschland*
- *Zwei Wochen Fleischreifung*
- *Fett- und sehnenfreier Zuschnitt*

Beschreibung des Nutzens:
- *Damit haben Sie eine Zartheitsgarantie. Das ist das beste Stück aus der Keule. Das gelingt immer und wird zart.*
- *Sie haben damit auch die Sicherheit einer Herkunft aus Deutschland.*
- *Durch die Fleischreifung haben Sie eine zusätzliche Sicherheit für einen außergewöhnlich zarten Rinderbraten.*
- *Durch den fett- und sehnenfreien Zuschnitt können Sie später formschöne Scheiben servieren.*

Die wichtigsten Regeln zur Nutzenargumentation:

☞ Nutzen für den Gesprächspartner herausstellen

☞ Einwände wirksam beantworten

☞ Den Kunden nicht zum Kauf »drücken«, sondern ihn mit Vorteilen »ziehen«

☞ Stets von Anwendung, Nutzen und Vorteilen reden

FAZIT – DARAUF KOMMT ES AN

Nüchterne Produktevorteile könnte auch ein Etikett auf der SB-Packung aufzählen. Sozial kompetente Bedienkräfte aber erklären jedem Kunden, dass dieser Einkauf sein persönlicher Vorteil, sein Glück ist.

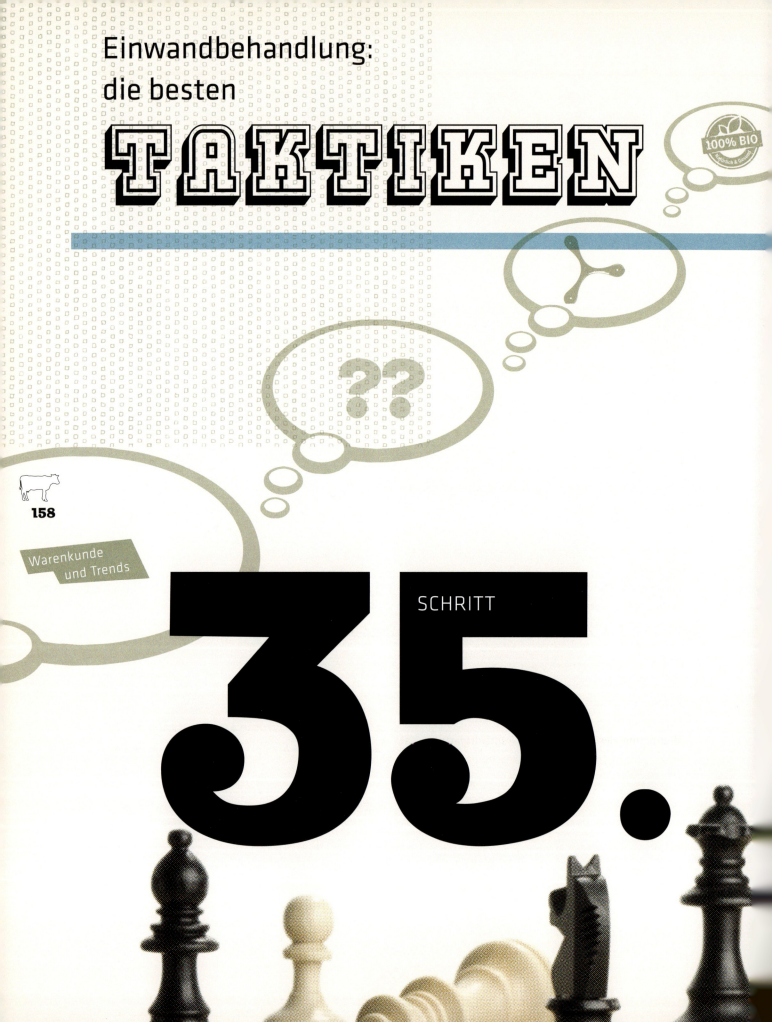

Einwandbehandlung:
die besten

TAKTIKEN

100% BIO
Natürlich & Gesund

??

Warenkunde
und Trends

SCHRITT

35.

Einwandbehandlung ist die Kehrseite der Nutzenargumentation. Denn auf unsere Nutzenargumentation werden KundInnen manchmal abwehrend reagieren, etwas einwenden. Es ist dann unsere Aufgabe, auf diese Einwände zu reagieren, die Einwände zu entkräften, zu erwidern und so schließlich zum Kauf zu überzeugen.

DIE »RICHTIG-NUR«-METHODE

Die »Richtig-nur«-Methode wird dann angewendet, wenn der Einwand des Gesprächspartners nicht alle Informationen berücksichtigt, die Ihnen zur Verfügung stehen. Im ersten Teil (richtig) stimmen Sie dem Gesprächspartner zu. Im zweiten Teil (nur) wird der Einwand relativiert. Die Einleitung des zweiten Teils kann mit Wendungen beginnen wie:

* *»Nur, haben Sie auch daran gedacht...«*
* *»Bitte bedenken Sie jedoch auch...«*

Achten Sie darauf, dass diese Methode der Einwandbehandlung nicht zur bloßen Technik verkommt. Ihre Würdigung der Aussage des Gesprächspartners darf nicht nur eine Floskel sein. Es reicht keinesfalls aus, nur »ja« zu sagen und mit einem »aber« zu Ihrer Aussage zu kommen. Der Kunde erkennt instinktiv, wenn Sie Verständnis nur vortäuschen.

DIE REFLEXIONSMETHODE

Sie ermitteln mit Hilfe einer Besinnungsfrage die genauen Gründe für den Einwand. Diese Methode ist dann angebracht, wenn Sie vermuten, dass der Einwand auf Vorurteilen, falscher oder fehlender Information

beruht. Diese Methode wird auch gerne angewendet, wenn man den Einwand nicht ganz verstanden hat und ihn noch einmal mit anderen Worten hören möchte. Ihre Erwiderung könnte z. B. beginnen:

* *»Sie fragen sich also...«*
* *»Sie befürchten also...«*

DIE RÜCKFRAGEMETHODE

Sie stellen zum Kundeneinwand weiterführende Fragen. Beispielsweise, um Ansätze zur Gegenargumentation zu finden:

* *»Mit welchen anderen Produkten vergleichen Sie?«*
* *»Haben Sie auch beachtet, dass Sie durch dieses Produkt den Vorteil haben, dass...*

Oder Sie wenden diese Methode an, um Kunden zur Aufgabe des Einwandes zu bewegen:

* *»Beim Wettbewerber sind die geforderten Kennzahlen nicht so hoch?«*
* *»Sind Sie sich wirklich sicher, dass Sie bei irgendeinem unserer Wettbewerber eine vergleichbare Qualität zu einem günstigeren Preis erhalten können?«*

DIE WIEDERHOLUNGSMETHODE

Gerade bei provokativen Einwänden hilft es oft, den Einwand aufzunehmen, zu wiederholen, aber in den Worten abzuschwächen.

* »Sie sagen, wir sind teuer. Nun, es gibt in der Tat Anbieter, die haben niedrigere Preise. Wir aber sind wirklich preiswert. Haben Sie beispielsweise bedacht, dass wir ...« (dann Nutzen nennen)

DIE UMARMUNGSTAKTIK

Zeigen Sie, dass Sie die Ihr Gegenüber, Ihre KundIn kennen und schätzen.

* »Es ist für uns immer eine besondere Herausforderung, gerade Ihre Wünsche zu erfüllen. Wir wissen es zu schätzen, wenn Kunden mit so viel Kennerschaft gezielt bei uns einkaufen.«

DIE AUTORITÄTENTAKTIK

Beziehen Sie sich auf eine Institution.

* »Unser Betrieb ist nach dem internationalen Standard ›ISF highest Level‹ zertifiziert. Das bedeutet höchstmögliche Produktsicherheit für Sie als Kunde.«

DIE NIMBUSTAKTIK

Beziehen Sie sich auf andere – große – Kunden.

* »Wir beliefern seit über zehn Jahren auch die Bundeswehr. Sie können sich vorstellen, was das für die Produktsicherheit bedeutet.«

DIE DETAILTAKTIK

Gehen Sie auf den Einwand mit weiterführenden Fragen ein.

* »Ich verstehe Ihre Kritik an unserer letzten Preiserhöhung. Aber zeitgleich haben wir auch eine wichtige geldwerte Verbesserung im Bereich des Lieferservice realisiert.«

DIE BUMERANGTAKTIK

Nehmen Sie den Einwand des anderen für Ihre eigenen Zwecke

* »Gerade weil der Wettbewerb so hart ist, kommt es auf Qualität an.«

Argumentation erweitern, das Verkaufsgespräch verändern

1. Argumente vergrößern oder verkleinern, um deren Wirkung zu verändern

Beispiel: »Es kommt heute nicht mehr so sehr darauf an, dass ...« oder: »Bei der derzeitigen Entwicklung in der Lebensmittelbranche ist es noch viel wichtiger, dass...«

2. Extremwerte bilden, um Argumente ad absurdum zu führen

Beispiel: »In Prozent ausgedrückt, wirkt die Erhöhung der Liefergebühr von 5 auf 10 EUR natürlich viel. Aber es sind eben doch nur fünf Euro mehr für einen guten und zuverlässigen Service.«

3. Die Aussage in einen neuen oder anderen Zusammenhang bringen, inhaltlich, zeitlich, örtlich

Beispiel: »Sie werden künftig von unserer neuen Herstellungsweise noch mehr profitieren. Denn ...«

4. Durch Umkehrung eine Aussage in ihr Gegenteil verkehren, aus einem Nachteil einen Vorteil machen und umgekehrt

Beispiel: »Wir setzen dieses Herstellungsmaterial nicht mehr ein. Das ist doch ein großer Kundenvorteil. So wird die Zutatenliste übersichtlicher und kundenfreundlicher.«

5. Einen Gegenpol schaffen, die Aussage wird durch ein gleichstarkes oder stärkeres Gegenargument relativiert

Beispiel: »Den zwei Prozent Preiserhöhung steht aber eine Verbesserung unseres Lieferservices entgegen, den Sie bei Wettbewerbern extra bezahlen müssen.«

6. Einen Zusammenhang als Sonderfall darstellen

Beispiel: »Durch das Zusammentreffen von Mindermengenzuschlag und Zuschlag für Expresslieferung entstanden zuletzt die hohen Liefergebühren. Das war aber ein absoluter Ausnahmefall.«

7. Einen Vergleich zu einem anderen Bereich bilden

Beispiel: »Die Produktverbesserung, die wir mit der neuen Technologie erreicht haben, ist so revolutionär wie dereinst die Erfindung der Weißwurst.«

8. Kombination mehrerer Argumente zu einem neuen Zusammenhang

Beispiel: »Durch die neuen Wochenangebote und die verbesserten Rezepturen werden wir zum nahezu unschlagbaren Anbieter.«

9. Autoritätenbeweis – Theorien, Zitate, Fakten, Gesetze

Beispiel: »Der Ministerpräsident hat bei seinem Besuch in unserem Unternehmen gesagt, dass wir ein Musterbeispiel für ein regional wirtschaftendes Unternehmen in der Lebensmittelbranche sind.«

Einwand: »Als ich auf die Kasse gesehen habe, dachte ich, mich haut es jetzt gleich um. So viel Geld für so wenig Ware – das ist ja unglaublich.«

Einwandbehandlung: »Das ist ein großer Betrag, das stimmt schon. Aber Sie haben natürlich auch die edelsten Produkte aus unserer Theke gekauft. Die Sachen die Sie ausgewählt haben, sind vielleicht nicht billig, aber wirklich preiswert. Ich kann Ihnen das gerne auch ganz genau begründen.«

Einwand: »Sie haben doch irgendwie heimlich die Preise erhöht. Das war doch früher alles günstiger. Ich finde das alles völlig überteuert.«

Einwandbehandlung: »Wir haben die letzte Erhöhung der Preise, die wir unseren Bauern zahlen, nur zum kleinen Teil an unsere Kunden weitergeben. Im Schnitt haben sich die Preise binnen von zwei Jahren nur um 4 Prozent erhöht.«

Einwand: »Die Qualität war früher besser. Sie verkaufen doch jetzt vor allem Billigware von irgendwoher!«

Einwandbehandlung: »Gerade Sie als Kunde mit so langjähriger und intensiver Kennerschaft wissen doch, dass Billigware von irgendwoher mit unserer Qualitätsphilosophie unvereinbar ist. Auch würde das bei unseren eigenen Qualitätskontrollen und den Zertifizierungen, die wir haben, sofort auffallen. Sie kaufen bei uns weiterhin die seit jeher gewohnte hervorragende Qualität.«

Einwand: »Immer, wenn ich bei Ihnen anrufe, ist keiner mehr da. Am Samstag erreiche ich auch stets niemanden. Die Fleißigsten sind Sie ja mal nicht.«

Einwandbehandlung: »Es kann vorkommen, dass einmal niemand an das Telefon geht. Ich entschuldige mich dafür, dass Sie schon mehrmals niemanden erreicht haben. Das liegt dann daran, dass im Laden oft die Kunden warten. Bitte nehmen Sie uns das nicht übel. Wir versuchen stets, keinen Kunden warten zu lassen.«

162

FAZIT – DARAUF KOMMT ES AN

Als VerkäuferInnen sind wir stets auch die Interessenvertreter und die Verteidiger unseres Unternehmens. Wenn die KundInnen spüren, dass wir hinter unserem Unternehmen und hinter unseren Produkten stehen, motiviert sie das zusätzlich zum Kauf und steigert die Wertschätzung für unsere Arbeit und unsere Person.

36.

Warenkunde und Trends

164

Gute VerkäuferInnen brauchen einen »guten Riecher« für Trends

100% BIO
Natürlich & Gesund

Markt- und Trendforschung im Do-it-Yourself:

KUNDEN GENAU WAHRNEHMEN

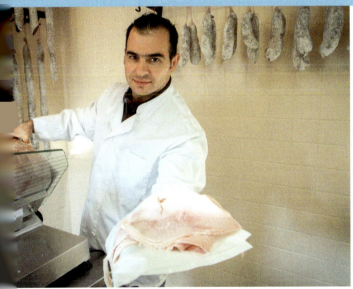

Am Anfang des erfolgreichen Verkaufs steht das Wissen um die KundInnen. Die zentrale Frage lautet: Was wollen sie haben und auch bezahlen? Würden wir alleine darauf achten, was die KundInnen haben wollen, wären wir vielleicht am Ende die Dummen, die zwar alle möglichen Wünsche erfüllen, aber davon selbst keinen wirtschaftlichen Vorteil haben.

Diese Zielvorgabe erreichen wir mit Fragen, Beobachten und Ausprobieren. Und zwar genau in dieser Reihenfolge: Wir fragen zuerst »Liebe Kundin, was wünscht du dir alles?«, dann beobachten wir, ob unsere Kundin das, was Sie vorgibt, kaufen zu wollen, auch tatsächlich kauft. Bedenken Sie: Viel mehr Menschen sagen, sie würden »Tierschutz-Fleisch« oder Bio-Eier oder fair gehandelten Kaffee kaufen, als es dann wirklich tun!

AUSWERTEN, WAS IM BETRIEB SCHON DA IST!

Viele Daten, aus denen wir Markt- und Trendveränderungen ableiten können, sind im Unternehmen vorhanden und müssen nur angesehen werden:

• Abverkaufsdaten der verschiedenen Produkte und Produktgruppen (Kassen-/Waagensystem, betriebliches Warenwirtschaftssystem). Was hat sich wie entwickelt? Wie hießen die »Renner und Penner« im Sortiment vor drei Jahren und wie heißen sie heute? Wir erkennen so Verschiebungen in den Vorlieben unserer Kunden.

BEISPIELE:

Es wird mehr luftgetrockneter Schinken, aber weniger geräucherter Schinken gegessen. Beim Bier wird immer mehr Alkoholfreies konsumiert, während beim Rotwein die kraftvollen Weine mit bis zu 15 Prozent Alkohol immer mehr gefragt sind.

• Erfassen von Kundenfragen. Es sind oft nur beiläufige Fragen, die etwa beginnen mit »Haben Sie eigentlich auch ...?«. Solche Fragen zeigen, was die KundInnen bei uns kaufen wollen. Wir müssen solche Fragen erfassen. Jede Bedienkraft, die solche Fragen entgegennimmt, muss auch die Frage notieren. Ebenso erfassen wir alle Anfragen von Kunden, die irgendetwas geliefert haben möchten, was wir (noch) nicht anbieten. Auf dieser Basis fördern wir die Produkt- und Sortimentsentwicklung.

AUSWERTEN, WAS VERFÜGBAR IST!

In vielen Quellen finden wir immer wieder Berichte zur Markt- und Trendentwicklung. Wir beachten bei der Auswertung stets:

- Wer hat das mit welchen Interessen in Auftrag gegeben? Mit diesem kritischen Blick werten wir aus:

  - *Amtliche Statistiken (Landwirtschaftsministerium u. a.)*
  - *Veröffentlichungen von IHK und Handwerkskammer*
  - *Veröffentlichungen von Fachverbänden*
  - *Fachbücher und Fachzeitschriften*
  - *Veröffentlichungen wirtschaftswissenschaftlicher Institute*
  - *Geschäftsberichte von Wettbewerbern*

PRAXISTIPP:

Beim Auswerten dieser Informationen achten Sie bitte nicht nur auf Unternehmens- und Branchennachrichten aus dem unmittelbaren eigenen Umfeld. Wir wollen nicht nur wissen, was die Unternehmen verkaufen, die ähnliche Produkte haben wie wir. Sondern, gerade bei der Markt- und Trendforschung achten wir auch auf die Unternehmen, die ähnliche Kunden haben – aber ganz andere Produkte verkaufen.

DAZU EIN BEISPIEL:

Sie verkaufen an Ihrer Bedientheke vor allem Lebensmittel aus der Region, Ihre Zusatznutzen heißen Ökologie, Tierschutz, weniger Zusatzstoffe, Natürlichkeit, unverfälschter Geschmack u. a. Dann beachten Sie beispielsweise auch Branchen- und Unternehmensnachrichten aus diesen Bereichen: Bio-Supermärkte, Versandhandel mit Bio-Weinen, Direktvermarktung auf dem Bauernhof. In einem weiteren Schritt beachten Sie dann auch die Entwicklungen dort, wo »Ihre« Kunden ganz andere Waren kaufen: Einrichtung/Massivholzmöbel, Tourismus/Öko-Reisen, Drogerie/Naturkosmetik, Mobilität/Elektroautos.

DIE »KLEINE« KUNDENBEFRAGUNG DIREKT AN DER BEDIENTHEKE

Kundenbefragungen haben klassischerweise einen Fragebogen und eine statistische Auswertung. Wenn wir Antworten auf viele Fragen haben, führt kein Weg darum herum. Aber einzelne Fragen für die optimale Sortiments- und Produktentwicklung können auch direkt an der Bedientheke gestellt werden – und das am besten in einer Form, die für den Kunden mehr Belohnung als lästige Frage ist. Bewährt hat sich die Kombination »Verkostung und Befragung«. Einige Beispiele dazu:

- Der Prototyp. »Wir sind dabei eine neue Haussalami zu entwickeln. Unsere Fleischer haben jetzt zwei neue naturgereifte Salamis entwickelt. Bitte probieren Sie und sagen Sie mir, welche Ihnen besser schmeckt.«

- Die geschmackliche Auswahl. »Wir haben Salami-Wochen. Sie dürfen sich eine Kostprobe aussuchen. Mögen Sie lieber luftgetrocknete oder mild geräucherte Salami?«

167

- Die bevorzugte Herkunft. »Wir haben hier drei neue Sorten Bergkäse. Einen aus dem Allgäu, einen aus Südtirol und einen aus den Schweizer Bergen. Welcher schmeckt Ihnen am besten? Bitte sagen Sie mir Allgäu, Südtirol oder Schweiz.«

PRAXISTIPP:

Wenn Sie den Käse zusätzlich mit Länderflaggen kennzeichnen, werden Sie Antworten erhalten, die den Geschmack und die Präferenz für eine bestimmte Herkunftsregion kombiniert betreffen. Schöne Urlaubserinnerungen können dabei stärker sein als die Geschmacksnerven am Gaumen. Sie wissen dann vielleicht, dass Ihre Kunden Lebensmittel aus der Schweiz besonders wertschätzen. Wenn Sie eine Blindverkostung daraus machen (ohne Länderflaggen, ohne Info vor der Verkostung), dann erfahren Sie das reine Geschmacksurteil. Beides kann nützlich sein.

VORBEREITUNG EINER KUNDENBEFRAGUNG

Vorab eine Warnung: Tun Sie Gutes – und Kundenbefragungen sind generell gut. Aber tun Sie vom Guten nicht zu viel. Immer häufiger sind KundInnen auch genervt, weil sie schon wieder um das Ausfüllen einer Kundenbefragung, Kundenzufriedenheitsanalyse oder ähnliches gebeten werden. Wenn Sie sich für eine Kundenbefragung entscheiden, dann muss feststehen:

- Sie haben wirklich etwas Wichtiges zu fragen.
- Sie sind entschlossen, das, was Ihre Kunden wollen, dann auch nach Möglichkeit in die Praxis der Bedientheke umzusetzen.
- Sie haben für die Kunden eine kleine Belohnung für das Ausfüllen eines Fragebogens.
- Sie wissen, wie Sie alle VerkäuferInnen zur aktiven Mithilfe bei dieser Kundenbefragung gewinnen.

DIE MÖGLICHKEITEN EINER KUNDENBEFRAGUNG

1. Bestimmen Sie die Anzahl der Befragungsthemen: Haben Sie ein Thema oder mehrere Themen. Bedenken Sie, dass lange Fragebögen viel Geduld erfordern.

2. Bestimmen Sie die Durchführung der Befragung:
- Mündlich im Geschäft (an einem Stehtisch mit MitarbeiterIn und Notebook)
- Mündlich als Straßenpassanten-Befragung (um auch Noch-Nicht-KundInnen zu fragen)
- Schriftlich mit ausgedrucktem Fragebogen (und einer Box im Geschäft zur Rückgabe oder einem Freikuvert zur Rücksendung)

- Telefonisch (nur an KundInnen, von denen Sie eine ausdrückliche Einwilligung haben, dass Sie sie anrufen dürfen).
- Online, computergestützt

3. Die Fragen ordnen

Für die Entwicklung eines Fragebogens (oder eines Interviews bei der mündlichen Befragung) brauchen wir – vor der Formulierung der Fragen – eine sichere Ordnung:

- Ziel der Befragung benennen
- Umfang des Fragebogens festlegen (Wie viel Zeit darf man maximal brauchen?)
- Einleitungsfrage (»Eisbrecherfrage«)
- Fragen zur Sache
- Fragen zur Person (Alter, Einkommens- und Berufsgruppe)
- Fragen zum Einkaufsverhalten (KundIn oder Noch-Nicht-KundIn, Einkaufshäufigkeit)
- Ankündigung der Auswertung der Befragung (z. B. im Geschäft, der Kundenzeitschrift o. ä.)
- Dankeschön, Geschenk für die Teilnahme u. a.

FAZIT – DARAUF KOMMT ES AN

Wir brauchen Informationen über unseren KundInnen! Was wollen sie haben? Was wollen sie auch bezahlen? Welche unerfüllten Wünsche könnten sie haben? Alle Informationen, die wir dazu schon haben, müssen wir auswerten. Was wir noch wissen wollen, müssen wir so erfragen, dass wir Wertschätzung und nicht Neugierde signalisieren.

Liebe Kundin, lieber Kunde,

wir wollen unser Sortiment im Bereich »Salami/Rohschinken«
verbessern und dabei Ihren Geschmack und Ihre Vorlieben treffen.
Bitte helfen Sie uns mit dem Ausfüllen dieses Fragebogens dabei.
Als Dankeschön wartet auf Sie ein kleines Geschenk.

Metzgerei Buono
best food

FRAGE 1:

Welche Produkte kaufen Sie wie häufig? Bitte kreuzen Sie an. (0 = fast nie, 5 = sehr oft)

	0	1	2	3	4	5
Salami	☐	☐	☐	☐	☐	☐
Rohe Schinken	☐	☐	☐	☐	☐	☐
Aufschnittwurst	☐	☐	☐	☐	☐	☐
Würstchen	☐	☐	☐	☐	☐	☐
Streichwurst	☐	☐	☐	☐	☐	☐
Gekochter Schinken	☐	☐	☐	☐	☐	☐

FRAGE 2:

Welche Sorten Salami kaufen Sie wie häufig? Bitte kreuzen Sie an.

(0 = fast nie, 5 = sehr oft)

169

	0	1	2	3	4	5
Haussalami	☐	☐	☐	☐	☐	☐
Französische Baguette-Salami	☐	☐	☐	☐	☐	☐
Mailänder Salami	☐	☐	☐	☐	☐	☐
Appenzeller Salami	☐	☐	☐	☐	☐	☐
Salami mit Urwaldpfeffer	☐	☐	☐	☐	☐	☐
Ungarische Salami	☐	☐	☐	☐	☐	☐
Edelschimmel-Salami	☐	☐	☐	☐	☐	☐
Trüffelsalami	☐	☐	☐	☐	☐	☐
Salami mit Fenchel	☐	☐	☐	☐	☐	☐
Salami mit Chili	☐	☐	☐	☐	☐	☐
Salami mit Schokolade	☐	☐	☐	☐	☐	☐

FRAGE 3:

Welche Sorte Rohschinken kaufen Sie wie häufig?
Bitte kreuzen Sie an. (0 = fast nie, 5 = sehr oft)

	0	1	2	3	4	5
Schwarzwälder Schinken	☐	☐	☐	☐	☐	☐
Pata Negra Schinken	☐	☐	☐	☐	☐	☐
Serrano	☐	☐	☐	☐	☐	☐
Parma Schinken	☐	☐	☐	☐	☐	☐
Emmentaler Schinken	☐	☐	☐	☐	☐	☐

Südtiroler Speck	☐	☐	☐	☐	☐	☐
San Daniele Schinken	☐	☐	☐	☐	☐	☐
Osnabrücker Friedensschinken	☐	☐	☐	☐	☐	☐
Schinkenspeck, geräuchert	☐	☐	☐	☐	☐	☐
Lachsschinken	☐	☐	☐	☐	☐	☐
Wacholderschinken	☐	☐	☐	☐	☐	☐

FRAGE 4:

Welche dieser Salami- und Schinkensorten, die wir noch nicht führen oder produzieren, würden Sie gerne einmal probieren?

☐ Wildschweinsalami
☐ Steinpilzsalami
☐ Salami mit kandierten Kirschen
☐ Salami mit extra langer Reifezeit (mehr als 1 Jahr)
☐ Salami aus Biofleisch
☐ Coppa (luftgetrockneter Schweinehals, italienische Art)
☐ Neue deutsche Rohschinkenspezialitäten (z. B. aus Oberbayern, der Schwäbischen Alb)
☐ Neue ausländische Rohschinkenspezialiäten (z. B. aus Spanien, Italien, Frankreich)

FRAGE 5:

Wenn Sie Salami und Rohschinken essen, was steht dann noch mit auf dem Tisch?
Bitte kreuzen Sie an. (0 = fast nie, 5 = sehr oft)

	0	1	2	3	4	5
Rotwein	☐	☐	☐	☐	☐	☐
Weißwein	☐	☐	☐	☐	☐	☐
Bier	☐	☐	☐	☐	☐	☐
Tee	☐	☐	☐	☐	☐	☐
Alkoholfreie Getränke	☐	☐	☐	☐	☐	☐
Brot, Brötchen	☐	☐	☐	☐	☐	☐
Käse	☐	☐	☐	☐	☐	☐
Obst	☐	☐	☐	☐	☐	☐
Nüsse	☐	☐	☐	☐	☐	☐

FRAGE 6:

Wenn Sie an einem Urlaubsort sind, sind diese Lebensmittel dann wichtiger oder weniger wichtig? Bitte kreuzen Sie an. (0 = fast nie, 5 = sehr oft)

	0	1	2	3	4	5
Salami	☐	☐	☐	☐	☐	☐
Rohschinken	☐	☐	☐	☐	☐	☐
Wurst	☐	☐	☐	☐	☐	☐
Fleisch	☐	☐	☐	☐	☐	☐
Käse	☐	☐	☐	☐	☐	☐
Wein	☐	☐	☐	☐	☐	☐

FRAGE 7:

Gute Qualität hat ihren Preis. Wie viel geben Sie für gute Salami oder guten rohen Schinken aus? Bitte kreuzen Sie an.

☐ Bis 2 Euro pro 100 Gramm
☐ Bis 3 Euro pro 100 Gramm
☐ Bis 4 Euro pro 100 Gramm
☐ Bis 5 Euro pro 100 Gramm
☐ Bis 6 Euro pro 100 Gramm
☐ Bis 7 Euro pro 100 Gramm
☐ Über 7 Euro pro 100 Gramm

FRAGE 8:

Bitte helfen Sie uns mit einigen Angaben zu Ihrer Person. Bitte zutreffendes ankreuzen

Ihr Geschlecht:
☐ männlich ☐ weiblich

Ihr Alter:
☐ bis 20 Jahre ☐ 21–30 Jahre ☐ 31–40 Jahre ☐ 41–50 Jahre
☐ 51–60 Jahre ☐ 61–70 Jahre ☐ 71–80 Jahre ☐ über 80 Jahre

Wie wohnen Sie:

☐ Single ☐ mit Partner/in im Haushalt ☐ mit Partner/in und Kinder/n im Haushalt
☐ Wohngemeinschaft

Ihr Netto Haushalts-Einkommen pro Monat:
☐ unter 1000 Euro ☐ 1001 bis 2000 Euro ☐ 2001 bis 3000 Euro
☐ 3001 bis 4000 Euro ☐ 4001 bis 5000 Euro ☐ über 5000 Euro.

FRAGE 8:

**Haben Sie sich irgendwann schon einmal über unser Geschäft ärgern müssen?
Wenn ja, bitte sagen Sie uns, was passiert ist.**

Vielen Dank.
Für Ihre wertvolle Mithilfe bedanken wir uns mit einem kleinen Geschenk, das Sie erhalten,
wenn Sie den Antwortbogen in die Box an der Kasse unseres Geschäfts einwerfen.

Metzgerei Buono
best food

Anmerkung zu diesem Fragebogen: Es wurde gezielt auch ein »Emmentaler Schinken« und eine »Appenzeller Salami« abgefragt, die es gar nicht im Handel gibt. So erkennen wir in der Auswertung Fragebögen, die wir nicht ernst nehmen können.

171

SCHRITT

37

172

DIE GROSSEN TRENDS

auf unsere Berufe herunterbrechen

Die Trends sind da. Wir sehen sie auch. Aber wir wissen nichts mit ihnen anzu-
fangen. Durchbrechen wir dieses Muster und beginnen, die Veränderungen um
uns herum für unsere Geschäfte und unsere Karriere nutzbar zu machen. Machen
wir uns das an einigen längerfristig wirkenden Trends bewusst.

TREND: DIE POSTMATERIALISTEN.

Darum geht es: Durch die Wiedergeburt gesellschaftlicher Werte werden Familie, Gemeinsinn, Heimatgefühl und Natur wichtiger. Den Menschen geht es nicht mehr nur um existenzielle und materielle Absicherung. Sie suchen Sinn im Arbeitsleben und im Konsum. Wichtig sind Ihnen Besinnung, Authentizität und hohe Service-Qualität, weiterhin aufregende Erlebnisse und ökologisch und sozial korrekte Angebote.

So nutzen wir diesen Trend:

• Handwerk klingt für Handwerker selbst altmodisch. Die Werterenaissance aber birgt die Chance, gerade in den hippen Szenevierteln der Städte Handwerk wieder zu etwas Angesagtem und Erstrebenswertem zu machen. Handwerk als Lebens-, Wirtschafts- und Arbeitsweise passt zu den »neuen Konservativen«.

• Familienunternehmen haben den aktuellen Wertebegriff Nr. 1 »Familie« quasi gepachtet. Nutzen wir das! Die Aufforderung an alle Arbeitgeber: Zeigen wir nach innen (in den Betrieb hinein) und nach außen (durch Werbung, PR), dass unser Unternehmen den Wertekomplex »Familie« lebt – und den MitarbeiterInnen wesentlich mehr gibt als nur einen Arbeitsplatz.

TREND: NEUE ZUKUNFTSLUST

Darum geht es: Die Zeit der Zukunftspessimisten und Weltuntergangspropheten geht zu Ende. Die Verbesserung der wirtschaftlichen und persönlichen Lebensbedingungen einer breiten Mehrheit von Menschen begründet eine neue Zukunftslust. Aus Öko-Alarmismus wird Öko-Optimismus (»Wir haben es in der Hand!«). Zukunft macht nicht mehr Angst, sondern macht Lust auf Neues und auf Veränderung.

So nutzen wir diesen Trend:

• Zukunftslust verlangt nach Neuem, nach Veränderung und Vorwärtsentwicklung. Investieren wir unsere eigene Zukunftslust in das Kreieren, Verpacken und Vermarkten von neuen Produkten. Gestalten wir mit unserer Zukunftslust die neuen Läden, in denen das Konzept »Fachgeschäft« neu erfunden wird.

• Stimmen wir unseren gesamten Marktauftritt, unsere Unternehmenskommunikation nach innen zu unseren MitarbeiterInnen und nach außen zu unseren KundInnen und Partner auf die neue gesellschaftliche Zukunftslust ab. Denn: An traurigen und pessimistischen Unternehmen wird nicht nur die Zukunftslust, sondern die Zukunft insgesamt vorübergehen.

TREND: NAHRUNG FÜR DIE SEELE

Darum geht es: Essen, das auch Nahrung für die Seele ist, stillt nicht nur den Appetit, sondern auch den Hunger der Menschen nach Sinn und Sinnlichkeit. Ayurvedische Gewürze und Brotaufstriche entsprechen diesem Trend ebenso wie die Gesundheitskochbücher der heilig gesprochenen Klosterfrau Hildegard von Bingen. Weil wir alle längst satt sind, soll Essen jetzt ganzheitlich Körper, Seele und Geist fördern.

So nutzen wir diesen Trend:

• Für viele Fleisch- und Conveniencegerichte eignen sich typisch ayurvedische Gewürze wie Kurkuma oder Ingwer hervorragend.

• Nahrung für die Seele (engl. Soul Food) ist ein gutes Marketingthema: Die Geschichten zu all dem, was den verwendeten Kräutern und Gewürzen nachgesagt wird, umgeben unsere Produkte gewissermaßen mit einer neuen sinnlichen und bedeutungsvollen Aura.

TREND: NEUE HEIMAT

Darum geht es: Wir leben die Globalisierung, wir akzeptieren den immer schnelleren technischen und wirtschaftlichen Wandel. Doch gerade diejenigen, die in dieser schnellen globalen Gesellschaft angekommen sind, sehnen sich nach der Vertrautheit der heimatlichen Region. Mit zunehmender Globalisierung wächst unser Wunsch nach Rückzug in heimatliche Gefilde.

So nutzen wir diesen Trend:

• Stärken wir aktiv regionale Wirtschafts- und Warenkreisläufe! Werden wir zu tatkräftigen Förderern der Regionalität!

• Wir haben die Deutungshoheit darüber, was Regionalität ist. Erklären wir unseren MitarbeiterInnen, KundInnen und Partner, wie wir Produkte aus der Region verwenden, MitarbeiterInnen aus der Region beschäftigen, unsere Waren in dieser Region vermarkten.

TREND: DIE NEUEN STÄDTER

Darum geht es: Immer mehr Menschen leben in den Städten. Die Medien- und Wissensgesellschaft führt zu einer weiteren Verdichtung der Städte. Immer mehr Menschen versprechen sich vom städtischen Leben bessere Voraussetzungen für kulturelles und materielles Wohlergehen. Die Meinungsmacher und Kreativen sind in den Metropolen zu Hause.

So nutzen wir diesen Trend:

• Nachbarschaftsläden, die mit frischen Lebensmitteln und Conveniencegerichten auf die modernen Doppelverdiener- oder Single-Kleinhaushalte ausgerichtet sind.

• Standortplanung: Hier müssen konkrete Entwicklungsdaten (GfK u. a.) genutzt werden, denn in München boomt die Kaufkraft auch in der Innenstadt, in vielen anderen Großstädten vor allem in den »Speckgürteln« der Städte.

TREND: NEUE GLEICHBERECHTIGUNG

Darum geht es: Der Kampf der Geschlechter wird in den nächsten Jahren weniger hart. Denn die althergebrachten Geschlechterrollen verlieren an Kontur. Männer nehmen als »Super-Daddys« Erziehungsurlaub, Frauen kämpfen als »Tiger-Ladys« um Führungspositionen.

So nutzen wir diesen Trend:

• Im künftig härter werdenden Wettbewerb um die besten MitarbeiterInnen bieten wir den modernen Vätern die Chance auf Babyjahre und den Karrierefrauen neue Aufstiegsmöglichkeiten.

• In der Produktplanung und im Marketing (hier besonders in den Werbebotschaften und -motiven) sollte sich das neue Geschlechterverständnis und Familienbild widerspiegeln: »Familie ist, wo man, ohne fragen zu müssen, den Kühlschrank öffnet.«

176

TREND: BUNTES LEBEN

Darum geht es: Es gibt keinen Masterplan mehr für das eigene Leben. Wohnen und Arbeiten, Familie und Partnerschaft – immer öfter gibt es Neustarts in allen Bereichen. Diese Lebensstil-Revolution wird mehrere Berufe und unterschiedliche Lebensmodelle für jeden Einzelnen ermöglichen und begünstigen.

So nutzen wir diesen Trend:

• In der Mitarbeiterförderung und im Wettbewerb um die besten MitarbeiterInnen zeigen wir die vielfältigen Möglichkeiten, die unser Unternehmen zum besonders attraktiven Arbeitgeber machen.

• Wir ermöglichen MitarbeiterInnen eine Zweit- oder Drittausbildung, schaffen Teilzeitmodelle, ermöglichen Frauen den Wiedereinstieg in ein zweites Berufsleben oder älteren Arbeitskräften den in ein drittes Berufsleben in einem Lebensalter, das heute noch abschätzig als Rentenalter bezeichnet wird.

TREND: OFFENE INNOVATIONEN

Darum geht es: Der Prozess der ständigen Verbesserung und die Suche nach Innovationen im Unternehmen bezieht alle MitarbeiterInnen sowie KundInnen und Partner mit ein und wird nach außen kommuniziert. Wenn so die Intelligenz dezentral ist, dann ermöglicht das besser den Durchbruch zum Neuen und bisher Ungedachten. Denn: In aller Regel entscheidet eine Gemeinschaft intelligenter und effizienter als der/die klügste Einzelne innerhalb dieser Gemeinschaft allein.

So nutzen wir diesen Trend:

• Kundenbeiräte befruchten das Unternehmen mit Wissen und Wünschen.

• Wir müssen Belohnungen und Anreize für Verbesserungsvorschläge, ein Ideen-Management, schaffen: »Was kann an diesen Arbeitsplatz verbessert werden?«

• KundenInnen, Partner und Zulieferer werden aktiv in die Planung der eigenen unternehmerischen Aktivitäten einbezogen und nehmen daran aktiv teil.

TREND: WERTE-MANAGEMENT

Darum geht es: Unternehmen müssen nicht nur Rendite erwirtschaften, sondern auch gesellschaftlich korrekt und umweltverträglich wirtschaften. »Ethical Correctness« verlangt von den Unternehmen eine stärkere Orientierung am Gemeinwohl. Konsumenten, die mit »gutem Gewissen« genießen wollen, kaufen keine Produkte, die als sozial nicht akzeptabel gelten, für die man sich schämt.

So nutzen wir diesen Trend:

• Den gesellschaftlichen Wunsch nach dem »ethisch guten Unternehmen« erfüllen wir, in dem wir das Gute in unserem Unternehmen stärker kommunizieren.

• Treten wir den Beweis an, dass es den Menschen mit unserem Unternehmen gut geht: Denen, die bei uns arbeiten, wie denen, die unsere Produkte kaufen. Und dass es der Umwelt mit unserem Unternehmen gut gcht, da wir uns Umweltschutz und Tierschutzmaßnahmen auf die Fahne geschrieben haben.

TREND: NEUES MITEINANDER DER WETTBEWERBER

Darum geht es: Kooperation und Wettbewerb wird zu einer Einheit. Gemeint ist damit: Vorsprung wird erreicht durch branchenübergreifende Kooperation. Zwei Unternehmen geben ihre besten Kräfte in eine gemeinsame Sache und schaffen damit einen Mehrwert für den Kunden.

So nutzen wir diesen Trend:

• Prüfen: Welche bisherigen Wettbewerber könnten auch Partner sein?

• Prüfen: Machen wir wirklich das, was wir am besten können?

• Nichts ist unmöglich: Fleischerfachgeschäfte kooperieren mit Apotheken, auf den Waagenbildschirmen an der Supermarkttheke läuft bezahlte Automobilwerbung, ein Fleischverarbeiter entwickelt neue Convenienceangebote gemeinsam mit einem Fitnessunternehmen.

TREND: ÜBER KREUZ DENKEN

Darum geht es: Echte Innovationen entstehen selten, wenn man sich nur mit der eigenen Branche beschäftigt. Entscheidend ist die Befruchtung durch Impulse von außen. Die immer mobilere und sich immer schneller verändernde Gesellschaft verlangt von den Unternehmen den »Blick über den Tellerrand«.

So nutzen wir diesen Trend:

- Prüfen, etwa welche Eigenschaften, die Lifestyle-Medikamente aus der Apotheke oder Nahrungsergänzungsmittel aus dem Fitnesscenter haben. Könnten diese auch in unseren Lebensmitteln wirken? Denken wir das bisher Ungedachte: L-Carnitine zur Fettverbrennung in einem Kochschinken oder Johanniskraut zur Nervenstärkung in der Leberwurst.

- Wie richten unsere Kunden ihre Wohnräume ein, um sich möglichst wohlzufühlen? In welchen Einrichtungshäusern kaufen unsere Kunden? Welche Anregungen können wir daraus für die Ladengestaltung gewinnen?

TREND: GESUNDHEIT WIRD ZUM STYLE

Darum geht es: Die Selbstverantwortung des Einzelnen prägt das Gesundheitswesen – Vorsorge für körperliche und geistige Fitness rückt in den Mittelpunkt. Der privatwirtschaftliche Gesundheitsmarkt wird zwischen 2000 und 2010 um rund die Hälfte wachsen.

So nutzen wir diesen Trend:

- Neue Produkte entwickeln helfen, die präventiv gegen Volkskrankheiten wie Übergewicht, Diabetes u. a. wirken. Nach gesundheitsfördernden Milcherzeugnissen (Actimel u. a.) ist die Zeit reif für Fleischerzeugnisse, die uns gesund, fit und schön bleiben lassen.

- Gerade die Bedientheken sind hervorragend geeignet, Gesundheitsvorsorge mit Genuss und Beratung zu verbinden: Wir entwickeln Fitnessgerichte und bewerben sie dann auch als solche, leisten Ernährungsberatung an der Bedientheke, transportieren fitness- und ernährungsbezogene Angaben auf allen Kommunikationswegen zum Kunden.

- So wie heute jede Hautcreme damit wirbt, dass sie von »Dermatologen entwickelt« wurde, könnten die Conveniencegerichte der Zukunft mit dem Hinweis werben: »Unter ernährungswissenschaftlicher Aufsicht von unseren hauseigenen Kulinaristikern entwickelt«.

- Gesundheit und Fitness werden für viele Lebensmittelverarbeiter und -anbieter zum zentralen Marketingthema. Nach der Ernährungsberatung kommt die Gesundheitsberatung, dann die Schönheitsberatung. Vorstellbar: Partnerschaften wie Fleischerfachgeschäft/Heilpraktiker, Fleischerfachgeschäft/Apotheke oder Fleischerfachgeschäft/Fitnesscenter.

- Bücher über gesundes Leben und richtige Ernährung ins Zusatzsortiment oder in die Ruhe- und Leseecke des Geschäfts.

FAZIT – DARAUF KOMMT ES AN

 Wir erkennen die Antwort in unserer täglichen Arbeit und im aufmerksamen Wahrnehmen des Zeitgeschehens: Wie wollen die Menschen heute leben wohnen, einkaufen, kochen und essen? Wie haben sich die Modelle verändert, nach denen unsere verschiedenen KundInnen ihr Leben führen? Wie können wir dem an der Bedientheke besser entsprechen?

Die »Trends hinter den Trends«

ERKENNEN
UND
NUTZEN

180

SCHRITT

38.

Warenkunde
und Trends

Wir erkennen häufig aktuelle Trends: Die Menschen mögen jetzt dieses Essen, diese Kleider, diese Farben; sie bevorzugen jetzt diese Urlaubsorte oder diese Fortbewegungsmittel. Wir erkennen dabei meist die Trends an der Oberfläche. Trendforschung im »Do-it-Yourself« bedeutet aber, hinter diese Trends zu schauen, die »Trends hinter den Trends« zu erkennen. Wenn wir uns weniger mit den oberflächlichen als vielmehr mit den tiefgründigen Trendfragen beschäftigen, entwickeln wir das sichere Talent der Trendvorhersage. Denn dann erkennen wir: Dieser Trend hat eine Wurzel, die langfristig immer neue ähnliche Trends hervorbringen wird. Entsprechend stellen wir uns dann darauf ein. Betrachten wir drei dieser langfristig und übergreifend wirkenden Entwicklungen und erkennen ihre Bedeutung als Trendhintergrund und für unsere Arbeit an der Bedientheke.

»TREND HINTER DEM TREND« NR. 1: BEVÖLKERUNGSENTWICKLUNG. WIR WERDEN ÄLTER UND BUNTER.

Der Hintergrund: Die Erwerbsbevölkerung altert und schrumpft. In Deutschland werden vor allem die jungen Menschen im ausbildungsrelevanten Alter bereits in den ersten Jahrzehnten des 21. Jahrhunderts deutlich weniger. Diese Entwicklung wird gerne als »demografischer Wandel« umschrieben.

Fakten dazu:

• Noch im Jahr 2005 waren 61 Prozent aller Menschen in Deutschland im Erwerbsalter (20 bis 65 Jahre alt). Im Jahr 2050 werden es nur noch etwa 50 Prozent sein, rund ein Drittel aller Menschen werden dann 65 Jahre und älter sein.

• Alleine zwischen 2007 und 2012 reduzierte sich die Zahl der Jugendlichen im ausbildungsrelevanten Alter (16 bis 20 Jahre) von etwa 4 auf nur noch 3 Millionen.

Die Auswirkungen auf unsere Arbeit: Wir erleben die Veränderungen in beiden Märkten, die für uns wesentlich sind:

• Auf dem Käufermarkt; dort werden unsere Kunden weniger und immer älter. Der Bevölkerungsrückgang ist in Deutschland regional sehr unterschiedlich. In manchen Regionen werden die Menschen in den ersten 20 Jahren dieses Jahrhunderts um mehr als 10 Prozent weniger, in den Boomregionen, wie dem Großraum Frankfurt, Stuttgart, München oder auch der Bodenseeregion oder dem westlichen Niedersachen steigt die Bevölkerungszahl um teilweise mehr als 10 Prozent.

• Auf dem Arbeitsmarkt; dort fehlen uns vor allem die Nachwuchskräfte. Der Wettbewerb um die Lehrlinge nimmt zu. Das führt unter anderem dazu, dass Löhne steigen, Führungsqualitäten wichtiger werden, Unternehmen um MitarbeiterInnen werben wie früher nur um KundInnen.

Die Chancen, die für uns daraus entstehen:

• Neue Produkte, neue Angebotsformen: Fertiggerichte (als Glaskonserve oder als offenes Angebot in der Theke); kleinere Abpackungen, geringere Einzelmengen (z. B. bei vorverpackter Ware)

• Neue Verkaufsargumente und Services: Gesundheit, Fitness, Schönheit werden (nicht nur für ältere Menschen) wichtiger, Ernährung muss da förderlich sein; Lieferservice, die Gourmet-Alternative zu »Essen auf Rädern«

• Wettbewerb um Lehrlinge aufnehmen, Ausbildung attraktiver gestalten. Zum Beispiel durch:
  ☞ Höhere Lehrlingsgehälter
  ☞ Erlebnisreiche innerbetriebliche Weiterbildung
  ☞ Moderne Personalführung

• Ältere MitarbeiterInnen länger im Unternehmen halten. Zum Beispiel durch:

☞ Weiterbildungsangebote auch für die Gruppe »55+«; neue Aufgabenzuteilung, damit ältere MitarbeiterInnen ihre Potenziale (die liegen in den Erfahrungen, nicht mehr in der körperlichen Leistung) lange für das Unternehmen einsetzen können.

»TREND HINTER DEM TREND« NR. 2: WELTBEVÖLKERUNG UND ÖKOLOGIE

Der Hintergrund: Wir haben nur diesen einen Planeten. Aber in vielen Teilen der Erde haben wir einen Verbrauch an Ressourcen, als hätten wir einen zweiten Planeten zum Plündern und einen dritten als Müllkippe. Der Verbrauch der Industriestaaten an Bodenschätzen wie Öl, Gas oder Metalle oder auch an Wasser, Luft und Boden ging bisher nur gut, weil es viele arme Regionen gibt, die weniger verbrauchen. Die immer mehr werdenden Menschen und die globalen Verschiebungen des Reichtums verschärfen die weltweite ökologische Krise.

182

Die Fakten dazu:

• 1950 zählte die Weltbevölkerung 2,5 Milliarden Menschen, 1974 waren es vier, 1991 bereits 6 und 2025 sollen es 8 Milliarden Menschen sein.

• Die landwirtschaftliche Nutzfläche, die für einen Erdbewohner zur Verfügung steht, hat sich in den letzten 40 Jahren halbiert.

• Der weltweite Verbrauch an Erdöl hat sich zwischen 1970 und 2010 verdoppelt (auf 90 Millionen Barrel täglich).

• Zwischen 2010 und 2035 wird sich die Zahl der PKW und LKW verdoppeln (auf dann 1,7 Milliarden Fahrzeuge).

• Europa, die USA, Kanada und Australien sind die Großmächte von gestern – die neuen Mächte heißen China, Indien, Russland, Brasilien und Südafrika.

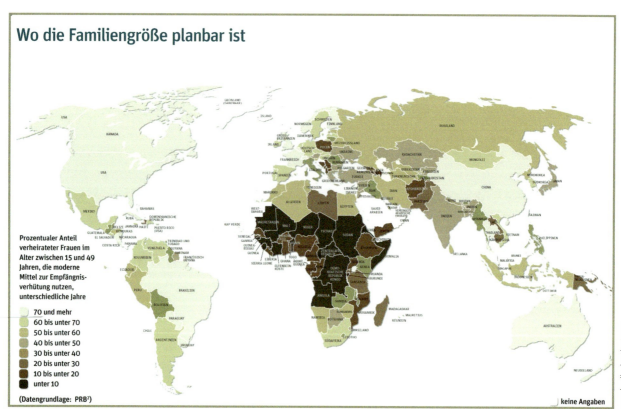

Wo die Familiengröße planbar ist

Prozentualer Anteil verheirateter Frauen im Alter zwischen 15 und 49 Jahren, die moderne Mittel zur Empfängnisverhütung nutzen, unterschiedliche Jahre

- 70 und mehr
- 60 bis unter 70
- 50 bis unter 60
- 40 bis unter 50
- 30 bis unter 40
- 20 bis unter 30
- 10 bis unter 20
- unter 10

(Datengrundlage: PRB³)

keine Angaben

Die Auswirkungen auf unsere Arbeit:

1. Fleisch wird teuer. Mehr Menschen und auch mehr wohlhabende Menschen bedeuten auch mehr Fleischesser. Gleichzeitig wird der landwirtschaftliche Boden aber nicht mehr. Damit ist ein langfristiger Anstieg der Preise für Boden, Futtermittel sowie für Fleisch, Milch und Getreideerzeugnisse wahrscheinlich.

2. Energie wird teuer. Der Anteil der Energiekosten wird immer weiter steigen. Energiesparen wird sich immer mehr lohnen. Wir werden – aus Vernunft oder der Not heraus – lernen, mit Energie (Heizen, Kühlen, Beleuchten, Transportieren) sparsamer umzugehen. Der heute noch vorherrschende Lehrsatz: »Wenn Fleisch billig sein soll, muss es lange gefahren werden«, wird künftig nicht mehr stimmen – das Geld der Industrie wird »an den Rädern kleben bleiben«.

3. Landwirtschaft wird weltweit noch intensiver. Damit die doppelte Menge Menschen von der gleichen Menge landwirtschaftlichen Bodens satt werden können, wird sich die Landwirtschaft weltweit noch intensivieren. Die Qualität der Lebensmittel wird davon aber nicht besser, die gesundheitlichen Risiken werden eher steigen.

4. Auf Tier- und Naturschutz sowie gesunde Ernährung ausgerichtete Programme werden immer wichtiger. Das gilt aber nur dort, wo die Kaufkraft für diese hochwertigen Lebensmittel gegeben ist.

Die Chancen, die für uns daraus entstehen:

1. Profil im Bereich »Natur« schärfen. Bäuerliche Auslaufhaltung für Schweine, Weidehaltung für Rinder, Lämmer, die auf Salzwiesen grasen dürfen, und Milch aus »anbindefreier Haltung«. Das alles kennen wir schon. Und das alles wird künftig noch wichtiger werden. Jeder Anbieter von Lebensmitteln muss abwägen: Wie viel »Natur« wollen sich meine Kunden leisten. Dieses Marktsegment wird in den Wohlstandsgesellschaften weltweit wachsen.

2. »Natur« wird zum vorrangigen Verkaufsargument. »Gestern« (noch vor etwa 10 Jahren) haben wir im Verkauf zuerst die Produktvorteile erklärt und dann zum Schluss hinzugefügt »und im Übrigen ist das auch sehr umweltfreundlich«. Heute sind die Umweltvorteile gleich wichtig wie die sonstigen Produktvorteile. Diese Priorisierung der Ökologie müssen wir betrieblich in allen Bereichen umsetzen (Management, Produktion, Einkauf, Verkauf, Marketing).

3. Weiterbildung im Bereich natürliche Lebensmittel – gesunde Ernährung. Wir brauchen nicht nur die Produkte in den Theken, sondern auch das Wissen dazu. Von den Zusammenhängen bei Futtermittelanbau und Tierhaltung bis hin zu den globalen Veränderungen, die sich auf die Lebensmittelwirtschaft auswirken. Jede Bedienkraft muss künftig viel mehr Ahnung davon haben.

4. Energiesparend bauen und planen. Investitionen in Energiesparen rechnen sich immer mehr, und sie bringen einen Imagevorteil. Also machen: Elektroautos als Lieferfahrzeuge, Energiesparleuchten im Ladenraum, Wärmedämmung für Kühlräume, Solarpaneele auf dem Dach und eine Ladestation für E-Mobile auf dem Kundenparkplatz.

»TREND HINTER DEM TREND« NR. 3: GLEICHBERECHTIGUNG DER GESCHLECHTER, ALLES WIRD WEIBLICHER

Der Hintergrund: In der zweiten Hälfte des 20. Jahrhunderts waren die Männer die Helden und die Verdiener. Das Industriezeitalter zeichnete die klassische Erwerbsbiografie vor. Das »Ehegattensplitting« im Einkommensteuerrecht oder unterschiedliche Gehälter für Männer und Frauen bei gleicher Arbeit waren und sind Kennzeichen für diese zu Ende gehende Epoche. In der Wissensgesellschaft, die auf das Industriezeitalter folgt, holen die Frauen auf: in den Bildungsabschlüssen und im Einkommen und mit wachsender Macht auf die Entscheidungen in Familie, Gesellschaft und Beruf. Das neue Geschlechterverhältnis hat bereits viele Rollenmuster zwischen Mann und Frau abgelöst. Unternehmen mit vielen weiblichen Führungskräften gelten als die besseren. Als weiblich geltende Verhaltensweisen, Lösungsvorschläge und Wertvorstellungen sind in Wirtschaft, Politik und Kultur immer mehr gefragt. Bereits 2007 bewertete eine McKinsey-Studie, dass Unternehmen mit Frauen in Führungspositionen bis zu 35 Prozent mehr Umsatz machen als solche mit einem niedrigen Anteil an Chefinnen.

Die Auswirkungen auf unsere Arbeit: Neue Lebensstile bringen neue Kundentypen. Da sind Karrierefrauen mit ausreichend Geld, aber wenig Zeit. Die gut verdienenden und unabhängigen Frauen stellen eine stärker werdende weibliche Shopping-Elite dar. Da sind die »neuen Väter«, die zumindest für eine begrenzte Zeit voll und ganz im »Super-Daddy« aufgehen und erst später wieder in den Beruf zurückkehren wollen. 1981 sagten 67 Prozent der jungen Väter in Deutschland, dass »Kinder haben« zum »Sinn des Lebens« zähle – 2003 waren es bereits 78 Prozent. In den Unternehmen aller Branchen schließlich ist es für Männer normal, eine Chefin zu haben, und es ist für Frauen in diesen Führungspositionen normal, Männer zu führen.

Die Chancen, die für uns daraus entstehen.

• Convenience-Angebote. »Wie selbst gekocht, aber fix und fertig vorbereitet und auch noch gesund« – das ist das Idealprofil der Lebensmittelangebote für die vielbeschäftigte Frau, die auch noch einen Haushalt führt.

• Öffnungszeiten überprüfen. Können die stark beschäftigten und gut verdienenden Frauen dann bei uns einkaufen, wenn sie Zeit haben?

• Internet. Führungskräfte (nicht nur weibliche) sind viel online. Verbessern wir unser Erscheinungsbild online, sodass unser Angebot auch auf dem Smartphone gut aussieht und leicht ausgewählt und bestellt werden kann.

• Diversity-Management in der Personalführung (siehe Kapitel 4 in diesem Buch)

FAZIT – DARAUF KOMMT ES AN

Unsere Aufmerksamkeit als Trendscouts gilt nicht dem Oberflächlichen, sondern dem Hintergründigen. Wir denken über die großen Veränderungen unserer Zeit nach und ziehen daraus Schlüsse, wie sich das auf das Einkaufen von Lebensmitteln auswirken wird. Aus diesen großen Veränderungen speisen sich die vielen Trends.

TRENDS

aus anderen Branchen auf unser Geschäft beziehen

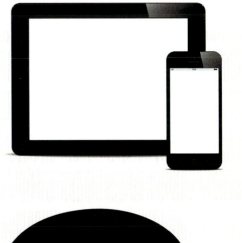

Warenkunde und Trends

SCHRITT

39

185

Auf der Suche nach den Trends, die unser Geschäft, unsere Theke und unsere persönliche Entwicklung befördern, sind wir immer aufgefordert, »über den eigenen Tellerrand« hinaus zu blicken. Oft können von den erfolgreich umgesetzten Trends in ganz anderen Branchen wertvolle Ideen gewonnen werden. Fünf Beispiele sollten auffordern, einen solchen Trendtransfer als ständige Aufgabe zu verstehen: Immer aufpassen »Wo tut sich etwas Neues?«, und dann prüfen »wie kann ich in meinem Bereich daraus Erfolg schaffen?«. Einige Beispieltrends:

TREND: TWEED

Sherlock Holmes trug Kleidung aus Tweed und auch Prinz Charles wird oft im Tweed-Sakko fotografiert. Gestern war Tweed schrecklich altmodisch. Heute boomen die englischen Tweed-Webereien. Reiche Chinesen fliegen nach London und lassen sich Tweedanzüge schneidern, und die Textilketten auf dem Kontinent nehmen den Tweed-Trend gerne auf. Männer (und auch immer mehr Frauen) demonstrieren mit dem kratzigen Stoff: Traditionsbewusstsein, Sinn für langlebige Werte, Bevorzugung für das Echte und Unverfälschte, Verbundenheit mit der Natur. Tweed ist zum Statement gegen die Schnelllebigkeit der Dinge in der Wegwerfgesellschaft geworden.

Wir lernen aus dem Tweed-Trend: Die Werte, die diesen Trend ausmachen, sind wesentlich für Lebensmittel. Wir lernen, diese Werte in der Sortimentsplanung, dem Marketing und dem Kundengespräch zu integrieren:

- *Traditionelle Rezepturen erklären*
- *Traditionelle Produkte wiederauferstehen lassen*
- *Gestalterische Zitate in der Einrichtung an die »gute alte Zeit«*
- *Fotos aus der Firmentradition zeigen*
- *Neue Fotos von den MitarbeiterInnen im Nostalgie-Look*
- *Gegenstände aus dem Bereich Handwerks-, Handels- oder Zunftgeschichte im Ladenraum*
- *Kurzlebige und »künstliche« Materialien (Kunst-stoffe) durch langlebige und natürliche Materialien (Stein, Holz) ersetzen.*

TREND: **SMARTPHONE**

Weltweit wurden im Jahr 2013 mehr als eine Milliarde Smartphones verkauft. Das Computer-Handy ist das Sinnbild für die Digitalisierung unserer Gesellschaft – und die hat in den letzten 20 Jahren erst ihren Anfang genommen. Es geht nicht darum, ob uns das gefällt oder nicht, ob wir persönlich unser Smartphone lieben oder es am liebsten ertränken würden. Es geht nur darum, einen gegebenen Trend bestmöglich auf unsere Arbeit und unser Geschäft zu übertragen.

Wir lernen aus dem Smartphone-Trend: Wer via Smart-phone nicht bequem erreichbar ist, wer also keine App hat, der ist insgesamt schlecht erreichbar. Und jeder Mensch, der im Handel arbeitet, weiß seit jeher: Wir müssen alles tun, um die Erreichbarkeit für unsere Kunden zu verbessern. Weitere Aspekte sind:

- *Multichannel-Verkauf: Integration von Web, Mobile, Social Media und stationärem Geschäft – das ist die Riesenaufgabe, die immer neue Aspekte annimmt: Stationäre Geschäfte müssen auch im Netz aktiv sein, und Online-Händler brauchen auch ein stationäres Standbein!*
- *Couponing (elektronische Zusendung von Coupons) direkt auf den Handybildschirm*
- *Zusendung von Angeboten an alle Smartphones, die für den Empfang im Rahmen von geografischen Ortungsdiensten freigeschaltet sind*
- *Kundenclub über die sozialen Netzwerke starten*
- *Online-Gaming-App für Fleischereien z. B. »Fleischerei-Ville« ähnlich dem beliebten Spiel »Farmville«*
- *Praxistipp: Fachmesse Euroshop und EuroCIS in Düsseldorf – auf keiner anderen Fachmesse erleben Sie den rasanten Fortschritt der Digitalisierung so deutlich!*

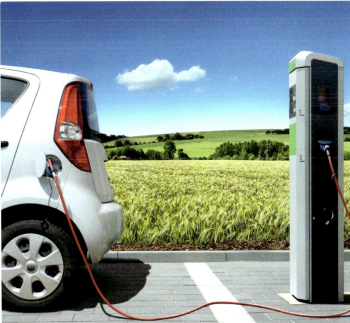

TREND: **ELEKTROAUTO**

Alle großen Automobilhersteller arbeiten an Projekten für Elektro- oder Hybridautos. Sie wissen: Das Zeitalter der fossilen Energieträger geht im 21. Jahrhundert langsam zu Ende. Elektroautos sind in einigen Kategorien unschlagbar; das betrifft zuallererst das Sozialprestige. Denn der Käufer eines solchen Fahrzeuges heftet sich gewissermaßen ein Plakette ans Revers: »Ich bin umweltfreundlich, modern, nachhaltig ...« Das Elektroauto wird über seine Produktvorteile (niedrige Kosten pro km, niedrige oder keine KFZ-Steuern, Gratisparkplätze und Gratisstrom durch öffentliche Förderung) hinaus zum Sinnbild für die Moderne.

Wir lernen aus dem Elektroauto-Trend: Die ganz schnelle Maßnahme ist natürlich, dass wir selbst unsere Waren mit einem E-Mobil ausliefern, das eine auffällige Fahrzeugbeschriftung hat. Weiterhin können wir für die E-Mobile unserer KundInnen eine Ladestation vor dem Geschäft einrichten. Darüber hinaus setzen wir diesen Trend mittelbar um:

- *Wir alle lernen mehr über Energie (das Thema des 21. Jahrhunderts!) und über den verantwortlichen Umgang mit Energie.*
- *Wir demonstrieren energiesparende Zukunftstechnologien in unserem Laden und an unserer Theke.*
- *Wir geben MitarbeiterInnen, die statt mit dem eigenen Auto per Fahrrad oder öffentlichen Verkehrsmitteln zur Arbeit kommen, eine Vergünstigung.*
- *Wir setzen ausschließlich sehr gut wiederverwertbare oder biologisch abbaubare Verpackungen ein.*
- *Wir loben einen Umweltpreis unter unseren Lieferanten und/oder unseren KundInnen aus.*
- *Wir erklären in unserer Werbung stärker die Umweltvorteile unserer Produkte, Herstellungsweisen und Geschäfte.*

TREND: **ANTI-FALTENCREMES**

Die Menschen in Deutschland geben pro Jahr in Drogeriemärkten, Apotheken und Fachgeschäften über 1 Milliarde Euro für Gesichtspflegemittel aus. Das wichtigste Versprechen der Produkte: Anti-Falten! Schönheit und jugendliches Aussehen heißt das Ziel, für das immer neue Wirkstoffe immer neue Wunder bewirken sollen. Dieses Marktsegment zeigt eine enorme Dynamik und eine besonders hohe Innovationsfreude – es gibt immer wieder etwas Neues.

Wir lernen aus dem Trend »Anti-Faltencremes«: Die wichtigste und übergeordnete Botschaft heißt: Wir müssen immer wieder mit Neuheiten und Verbesserungen an unsere KundInnen herantreten, denn es darf diesen nie langweilig werden. Es gilt: Jedes Produkt lässt sich in irgendeinem Detail immer noch verbessern. Wir müssen es auch tun!

Weiterhin können wir lernen, mit dem Thema »Schönheit« an der Bedientheke besser zu argumentieren:

- *Von Natur aus fettarme oder durch die Herstellung fettreduzierte Lebensmittel helfen beim Abnehmen.*
- *Das Thema Schönheit in die Produktentwicklung integrieren. Das heißt, wir entwickeln »Functional Food«-Lebensmittel mit einer bestimmten Wirkung auf den Körper und zwar solche, mit einer Schönheitskomponente. So etwas gibt es schon, beispielsweise eine Marmelade aus Frankreich (Norelift), die Falten reduzieren soll, wenn man sie isst!*
- *Eine eiweißreiche Kost mit viel magerem Fleisch schafft die Voraussetzung dafür, dass unser Körper ausreichend Eiweiß hat, um starke Muskeln, straffe Haut oder feste Fingernägel aufzubauen (Eiweiß ist der Baustoff des Körpers).*
- *Tipp: Vergleichen Sie die Eiweißwerte von magerem Fleisch mit den »muskelaufbauenden« Nahrungsergänzungsmitteln aus dem Fitnessstudio.*

188

TREND: **ERLEBNISREISEN**

Mit der »Transsibirischen Eisenbahn« von Moskau nach Peking, zwei Wochen in Brasilien zusammen mit den Gauchos die Rinder hüten oder doch die Deutschland-Rundreise zu den »UNESCO-Weltkulturerbestätten«? Die Urlaubsträume von heute sind immer mehr Erlebnisreisen, die uns lebenslange Erinnerungen und neue Bilder in den Köpfen geben. Manche Erlebnisreisen sind kulinarisch ausgerichtet: Da geht es etwa um die Trüffel im Piemont oder die Rieslingweine aus dem Rheingau. Genau an dieser Stelle findet der Trend »Erlebnisreisen« seine Entsprechung in den Angeboten, die wir unseren Kunden machen – wir kombinieren das kulinarische Erlebnis mit dem Event und nutzen das zur Kundenbindung. Doch auch hier ist die Basis wieder das Wissen aller MitarbeiterInnen im Verkauf. Denn bevor unsere KundInnen ein fachliches oder kulinarisches Erlebnis genießen, müssen die VerkäuferInnen es kennen.

Wir lernen aus dem Trend »Erlebnisreisen«:

- *Degustationsabend. Wir kombinieren dazu außergewöhnliche Themen, etwa »Rotwein, roher Schinken und Zartbitter-Schokolade« und laden zu Vortrag und Verkostung.*
- *Bauernhofbesuch. Wir zeigen, wie gut es die Rinder und Schweine haben, die wir später essen. Dazu gibt es ein Event, beispielsweise dürfen Freiwillige sich im Ziegenmelken versuchen.*
- *Feinkostreise. Wir zeigen unseren KundInnen unsere Welt, also die des feinen Essens, und gehen gemeinsam auf Reisen. Vielleicht besuchen wir den »Salone del Gusto«, die große Messe der ursprünglichen Lebensmittel der Slow-Food Bewegung. Denn: Wir fahren mit unseren KundInnen nur dorthin, wo keine Konkurrenten sind!*

FAZIT – DARAUF KOMMT ES AN

Nicht die Nabelschau, sondern der weite Blick über den eigenen Tellerrand hinaus führt zu neuem Wissen über die Bedürfnisse der KundInnen von morgen. Viele wichtige Trends finden zeitlich verzögert ihren Niederschlag in anderen Branchen.

AUF DER SUCHE

nach Trends, die zu uns passen

40. SCHRITT

Warenkunde und Trends

189

Erfolgreiche VerkäuferInnen leben von den vielen Ideen, mit denen sie KundInnen immer wieder begeistern. Gute VerkäuferInnen sind also immer auch Trendscouts. In diesem Abschnitt des Buches trainieren wir unser Talent, zum Trendscout zu werden.

LEBENSSTILE WAHRNEHMEN

Früher konnten Menschen zuverlässig nach sozialen Schichten, nach Berufsgruppen oder ihrem Bildungsabschluss unterteilt werden. Heute zählen mehr die selbst entworfenen Lebensstile, die teilweise nur für eine bestimmte Lebensphase gültig sind. Erkennen Sie diese Typen, beobachten Sie diese Leute und ordnen Sie ihnen Trends zu, die für Ihre Arbeit und Ihre berufliche und geschäftliche Entwicklung nützlich sind. Beispiele:

SMARTPHONE-KIDS. Sie sind schon mit dem Handy groß geworden und können ihren Eltern und Großeltern prima erklären, wie man sich eine App herunterlädt. Wer diese Kids erreichen will, muss sie über ihr liebstes Spielzeug zunächst digital erreichen.

GENERATION PRAKTIKUM. Sie switchen zwischen Praktikum, Weiterbildung, befristetem Arbeitsvertrag, Projektarbeit und Freiberufler-Tätigkeit – irgendwie sitzen sie immer zwischen den Stühlen. Diese Übergangsphase dauert bei manchen ein halbes Leben lang. Das sind die Leute, die auch nach 24 Uhr noch Lebensmittel einkaufen und dafür entweder einen Automaten oder das Internet brauchen.

PIZZA-ELTERN. Mama und Papa sind so groß geworden: Es gab Big Mac und Doppel-Whopper, dazwischen auch mal Kaffee von Starbucks. Jetzt haben sie eigene Kinder und führen den gewohnten Lebensstil – meist in der Großstadt – fort. Sie brauchen beim Lebensmittel-Einkauf die Convenience-Angebote, die gut schmecken aber keine Arbeit machen.

VIB FAMILIY. VIB = Very Important Baby. Es sind die etwas älteren Mütter, die dann doch noch ein Kind wollten und dann zusammen mit dem Erzeuger des Kleinen dieses Baby als das weltwichtigste Ereignis mit absoluter Priorität sehen. Diesen Eltern können Sie alles verkaufen, was gut und teuer ist, Hauptsache, es dient dem Baby.

TIGER LADYS. Die Macherinnen – im Job, in der Familie, im Haushalt. Sie sind selbstbewusst, risikobereit und karrierebewusst. Sie wollen alles: Karriere, Kinder, Familie, Lover. Und sie wissen, wie sie es bekommen! Diese fordernden KundInnen sind gut für jede Bedientheke, denn mit ihren Ansprüchen trainieren Sie uns für unsere eigene erfolgreiche Zukunft.

SILVER AGER. Sie sind eigentlich Senioren, aber so sehen sie nicht aus und so benehmen sie sich auch nicht. Sie bilden die Mitmachgesellschaft in der Altersklasse 65+. Sie gehen selbstbewusst ihre Projekte an, denn sie wissen, dass sie viele wertvolle Erfahrungen haben (die in Unternehmen oft mehr wert sind als die geringere körperliche Leistungskraft ausmacht).

STYLES WAHRNEHMEN!

Styles, über die wir uns identifizieren, bedeuten uns viel, sie prägen unsere Persönlichkeit. Modemarken dienen dieser Demonstration des eigenen Ichs ebenso wie die Wahl der Einkaufsstätte für Lebensmittel. Die Kernfrage ist: Wer kann mit diesem Styles auf »du und du« gehen. Beispiele:

NO LABEL. Die teuren Markenklamotten, die Ladys mit den immer gleichen Markenhandtaschen, der sinnlose Überfluss, der Massenkonsum und »Geiz ist geil« – das alles war gestern. Hinter »No Label« steckt der Wunsch der Menschen nach Einfachheit, Purismus und der Reduzierung auf das wirklich Wesentliche. Dieses

wirklich Wesentliche darf dann schon auch etwas Geld kosten, denn »No Label« muss man sich auch leisten können. »No Label«-Typen kaufen gern in den kleinen Fachgeschäften oder dort, wo sie eine eher private Atmosphäre finden.

»ONLY FOR ME«. Bei »My Müsli« können Sie ihr ganz persönliches Müsli aus über 80 verschiedenen Biozutaten herstellen lassen. Das geht online ebenso mit Parfum oder anderen Konsumgütern. »My« meint die individuelle Gestaltung des Produkts durch die KundInnen. So wird das Bedürfnis befriedigt, sich von anderen zu unterscheiden und einzigartig zu sein. Im Lebensmittelbereich hat u.a. »Subway« mit seinen vielen Wahlmöglichkeiten zu Sandwiches diesen Style aufgenommen.

NEUER LUXUS. Früher einmal war Luxus vordergründiger, auf den ersten Blick als solcher erkennbar und wirkte oft neureich. Der neue Luxus löst sich vom Statusdenken, bleibt aber beim Exklusiven, Edlen, Besonderen und Seltenen. Es kommen zu den hochwertigen Materialien aber Werte wie Lebensqualität, Wohlbefinden oder Gesundheit hinzu.

GRÜNER CHIC. Das ist, wenn Öko zum hochwertigen Lifestyle wird. Natürlich müssen die Produkte ökologisch und politisch korrekt sein, fair gehandelt werden und dürfen das Klima oder die nachfolgenden Generationen nicht belasten. Aber chic muss es schon auch sein. Wir wollen als die neuen Ökos nicht leiden, sondern das Leben genießen.

ANDERE BRANCHEN BEOBACHTEN

Ab sofort werden Sie beim Zeitunglesen und beim Surfen im Internet, beim Einkaufsbummel und auf der Urlaubsreise sorgfältiger beobachten: Was tut sich da in ganz anderen Bereichen, was für meine Geschäft, meinen Beruf, meine Karriere irgendwie nützlich sein kann und irgendwie übersetzt und dann umgesetzt werden könnte? Weiterhin betrachten Sie andere Branchen und fragen: Wie machen die Erfolg aus neuen Trends? Da wir Geld verdienen wollen, achten wir besonders darauf, wo die anderen Branchen ihr Geld verdienen.

SICH SELBST INSPIRIEREN

Auch die erfahrensten Trendscouts bleiben manchmal in ihren Gehirnwindungen stecken.
Hier sind einige Fragen, die dann weiter helfen:

- *Welches Produkt würde Kindern Spaß machen?*
- *Wie kann das vorhandene Produkt umweltfreundlicher werden?*
- *Wie kann das Produkt einfach optisch besser aussehen?*
- *Was müsste das Produkt können, um in das Guinessbuch der Rekorde zu kommen?*
- *Wie müsste das Produkt sein, um sich als Geburtstagsgeschenk zu eignen?*
- *Stellen Sie sich vor, Sie sind der Manager des größten Unternehmens in Ihrer Branche:*
  Was würden Sie dann erfinden oder entwickeln?
- *Welches Produkt ließe sich auch im Internet gut verkaufen?*
- *Welches Produkt hat Sie selbst zuletzt wirklich begeistert?*
- *Was müsste Ihr Produkt können, um auf die Titelseite der Tageszeitungen zu kommen?*
- *Wie machen wir aus diesem Produkt ein Weihnachts-Special?*

BEISPIELE:

Andere Branche: MEDIEN

Was machen die gut? Die funktionieren wirtschaftlich meist mit Unterhaltung zwischen der vielen Werbung.
Was könnten wir machen? Einkaufen mit Unterhaltung kombinieren.

Andere Branche: AUTO

Was machen die gut? Haben immer ein preiswertes Einsteigermodell, nehmen dann aber viel Geld für Zusatzausstattung.
Was könnten wir machen? Verschiedene Preisranges innerhalb einer Produktgruppe. Zum Beispiel konventionelles Geflügel und Geflügel aus besonders artgerechter Haltung getrennt nebeneinander.

Andere Branche: FINANZEN

Was machen die gut? Die machen gar nichts umsonst, nehmen für alles Gebühren.
Was könnten wir machen? Überprüfen, für welche Zusatzleistungen wir eine angemessene Gebühr/ einen kleinen Aufpreis nehmen könnten (besondere Verpackung, Lieferung u. a.)

Andere Branche: KOSMETIK

Was machen die gut? Damit ein hoher Preis gerechtfertigt ist, werden die Waren sehr aufwändig verpackt.

Was könnten wir machen? Hochwertige Verpackungen für hochwertige Waren. Zum Beispiel. Holzkistchen für vorgeschnittenen und verpackten luftgetrockneten Schinken.

191

Andere Branche: SCHOKOLADE

Was machen die gut? Die machen ständig neue Sorten, zu Jahreszeiten passend, mit neuen Zutaten.
Was könnten wir machen? Genau das nachmachen! Der Produkt- und Sortimentsentwicklung einen Schubs geben. Das Schlimmste für eine Theke ist Langweile!

Andere Branche: DESIGNMÖBEL

Was machen die gut? Die präsentieren ihre Produkte in wunderschön gestalteten Schauräumen.
Was könnten wir machen? In Teamarbeit Ideen sammeln: So schaut ein Schauraum für unsere Lebensmittel aus.

FAZIT – DARAUF KOMMT ES AN

Kundentypisierungen sind Schubladen – und Schubladen passen nicht immer exakt. Aber für die Schnelligkeit, die uns der Bedienverkauf auch abverlangt, sind sie eine hilfreiche Stütze. Mit Typisierungen von Kunden können wir deren Bedürfnisse nach Produkten oder einer bestimmten Art der Beratung und Ansprache eher erkennen.

Gute
VerkäuferInnen
brauchen
gute Führung

193

Mitarbeiter-führung

LEADERSHIP

in acht wichtigen Etappen

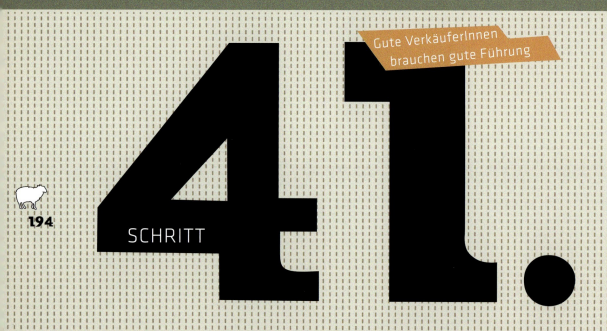
SCHRITT **41.**

Gute VerkäuferInnen brauchen gute Führung

Verantwortung

Ziel

Führen, das heißt: fördern, fordern und einen Sinn vermitteln. Wir alle als Verkäuferinnen müssen gefördert und gefordert werden und brauchen einen Sinn in unserer Arbeit, der über das Geldverdienen hinausgeht. Und wir alle müssen in der Lage sein, andere zu fördern, zu fordern und ihnen diesen Sinn der Arbeit zu erklären. Wir brechen das große Thema Leadership in diesem Abschnitt zu acht großen Schritten herunter und qualifizieren uns mit diesen Gedanken zur Führungskraft.

NIMM DEINE ROLLE AN!

Das heißt: Jeder soll merken, dass ich die Führung habe, dass ich Verantwortung trage und dass ich das auch will.

DAS VERLANGT VON MIR:

- Konkret sagen und durch Handeln demonstrieren, dass ich führe.
- Direkte Ansagen zu den MitarbeiterInnen, die ich führe. Ich spreche dabei deutlich, suche den Blickkontakt, und auch meine Körperhaltung ist dabei die einer Führungskraft.
- Wenn ich einer Gruppe von MitarbeiterInnen gegenüber stehe, zu der ich spreche, positioniere ich die Gruppe so, dass ich alle im Blick habe.

KONTROLLFRAGEN:

- Will ich wirklich Führungskraft sein?
- Freue ich mich darauf, Verantwortung zu tragen und zu führen?
- Bin ich stark genug für schwierige Situationen?
- Kann ich die Interessen des Unternehmens bei den Mitarbeitern durchsetzen? Auch dann, wenn diese Unternehmensinteressen gelegentlich gegen meine eigenen Überzeugungen gehen?

PRAXISBEISPIEL:

Die Führungskraft im Bedienverkauf ist gegenüber der Unternehmensleitung beispielsweise dafür verantwortlich, dass die Sollzahlen für »Umsatz pro VerkäuferInnenstunde« erreicht werden. Das verlangt, die Stundenzahlen zu reduzieren und zu flexiblem Einsatz der Arbeitszeit aufzufordern. Das widerspricht manchmal

dem Wunsch, beliebt zu sein. Die Führungskraft muss beides vereinbaren: die Orientierung am Menschen (den MitarbeiterInnen) und die Erreichung der wirtschaftlichen Unternehmensziele.

SAG, WORUM ES GEHT!

Das heißt: Als Führungskraft habe ich meist mehr Informationen als die Gruppe, die ich führe. Als gute Führungskraft muss ich informieren. Ich muss sagen, wie das Ziel heißt – das ich unter Umständen »von oben« vorgegeben bekommen habe. Dazu muss ich auch sagen, wie wir dieses Ziel erreichen. Wenn ich ausnahmsweise einmal keinen Plan habe, muss ich zumindest erklären, wie das Verfahren zur Problemlösung aussehen könnte.

DAS VERLANGT VON MIR:

- Die Formulierung von Zielen an die MitarbeiterInnen muss ich konkret, messbar, anspruchsvoll, realistisch und mit Termin für die Zielereichung vornehmen.
- Ich muss in Sachen Zielmangament persönlich als Vorbild vorangehen – die anderen sollen merken: »Ich habe Ziele und erreiche diese auch.«

KONTROLLFRAGEN:

- Ziele werden immer noch höher gesteckt sein – halte ich das aus?
- Nicht alle meine MitarbeiterInnen, die ich führe, werden stark genug sein, immer höhere Ziele zu erreichen. Kann ich diesen dann zusätzliche Kraft und Motivation geben?

Das Umsatzziel für die Filiale wird jedes Jahr noch einige Prozentpunkte höher angesetzt. Die Hürde, über die wir springen müssen, um die Prämie zu verdienen, wird immer noch ein wenig höher angesetzt. Ich muss als Führungskraft erklären, dass dieser Zwang zum immer weiteren wirtschaftlichen Wachstum für jeden Einzelnen auch persönlich gut ist – und zwar unabhängig von der Prämie. Ich darf als Führungskraft nie sagen: »Und jetzt ist es mal genug!«

SAMMLE IDEEN!

Das heißt: Als Führungskraft schaffe ich in meiner Gruppe eine offene Atmosphäre. Ich muss nicht alle Ideen selbst haben. Die Vielzahl und die Verschiedenartigkeit der MitarbeiterInnen, die ich führe, helfen mir zu vielen und verschiedenen Lösungen. Ich zeige, dass jede Idee willkommen ist, dass es keine »dummen« Vorschläge gibt, und lasse keine Abwertungen von Personen in meiner Gruppe zu.

DAS VERLANGT VON MIR:

- Ich fördere die Bereitschaft zum Mitmachen und Mitdenken.
- Ich delegiere Verantwortung frühzeitig und stärke die Bereitschaft zur Verantwortungsübernahme meiner MitarbeiterInnen.
- Ich wertschätze jeden Vorschlag, auch dann, wenn mir dieser Vorschlag zunächst ungewöhnlich erscheint.

PRAXISBEISPIEL:

Zur Neukundengewinnung und Kundenbindung starte ich in meinem Filialteam einen Ideenwettbewerb. Viele verschiedene VerkäuferInnen machen ganz verschiedene Vorschläge. Zur Bewertung der Vorschläge nehme ich mir zwei weitere VerkäuferInnen an meine Seite. Dann beschreibe ich vor dem Team, welche Ideen umgesetzt werden. Dafür bekommen die Mitarbeiter, die diese Ideen vorgeschlagen haben, eine Belohnung oder eine Anerkennung ausgesprochen.

BEREITE DIE ENTSCHEIDUNG VOR!

Das heißt: Eine Führungskraft muss entscheiden. Und zwar auch viele unangenehme Dinge. Zur Vorbereitung einer Entscheidung prüfe ich sorgfältig. Eine bewährte Prüfung ist z. B. die SWOT-Analyse, also die Unterscheidung in Stärken und Schwächen, Chancen und Risiken in dieser Sache. Zu meiner favorisierten Entscheidung habe ich noch eine Alternative bereit.

DAS VERLANGT VON MIR:

- Ich versuche mit meiner Entscheidung, den Interessen oder Vorgaben des Unternehmens zu entsprechen und dabei nach Möglichkeit auch die meiner MitarbeiterInnen zu beachten.
- Bevor ich etwas umsetze, habe ich die wahrscheinlichen Auswirkungen sorgfältig bewertet.

PRAXISBEISPIEL:

Als Filialleiter habe ich zu entscheiden, ob unsere Filiale auch ein Bio-Sortiment führen soll. Ich prüfe: Passt das zu unseren Stärken? Passt das zu unseren Kunden? Haben die MitarbeiterInnen Identifikation und Kenntnisse dazu? Was machen unsere Wettbewerber? Mit dieser Analyse treffe ich selbst eine Vorentscheidung. Damit trete ich dann vor »meine« VerkäuferInnen und schildere, warum ich welche Entscheidung treffen möchte. Dabei suche ich die möglichst geschlossene Zustimmung meiner Gruppe. Ich weiß: Wenn die Gruppe etwas nicht will, wird sie mir beweisen, dass es

nicht funktioniert. Wenn die Gruppe etwas will, wird sie mir helfen, den Erfolg der Sache zu belegen.

ENTSCHEIDE!

Das heißt: Irgendwann muss meine Entscheidung fallen und umgesetzt werden. Möglichst alle sollen hinter dieser Entscheidung stehen. Aber viele Entscheidungen haben auch Gegner und solche, die dadurch etwas verlieren. Gerade Maßnahmen, die zum Kostensparen beitragen, schmerzen häufig an irgendeiner Stelle.

DAS VERLANGT VON MIR:

- Erklären, dass die Entscheidung übergeordnet gut für alle ist, auch wenn sie im Moment einzelnen weh tut.
- Konsequent bei der Linie bleiben und auch bei einer schwierigen Situation die Interessen des Unternehmens vertreten (dazu sind Führungskräfte da).

PRAXISBEISPIEL:

Ich muss zur Personalkostenreduzierung eine MitarbeiterIn aus meiner Gruppe entlassen. Ich habe die Entscheidung, wer entlassen wird, verantwortungsvoll vorbereitet. Viele werden mich für »hart« oder »unmenschlich« halten, wenn ich das bekanntgebe. Ich werde die »wahre Geschichte« erzählen, und die ist: Ich tue das ungern. Es gibt niemanden, den ich gerne entlasse. Aber ich weiß, dass diese Entscheidung für das ganze Unternehmen gut ist, und ich erkläre genau, warum«.

MACH DEINEN FAHRPLAN!

Das heißt: Meine MitarbeiterInnen brauchen die leicht verständlich große Linie, auf der wir unsere Ziele erreichen wollen. Ich gebe die Parole aus, nach der wir »kämpfen«. Bevor Details der Aufgabenverteilung u. a.

bekannt gemacht werden, müssen alle die Richtung kennen.

DAS VERLANGT VON MIR:

- Spätestens jetzt muss ich als Führungskraft zu 100 Prozent von der Richtigkeit meines Plans überzeugt sein (sonst ist es aus mit der Führungskraft).
- Die Kunst des Vereinfachens. Wir geben die Linie vor. Wir müssen sagen, wie es geht. Nicht so lange erklären, warum es auch *nicht* gehen könnte.

PRAXISBEISPIEL:

Unser Unternehmen hat klare Renditeziele. Ich erkläre als Führungskraft, wie wir diese Renditeziele an unserer Bedientheke erreichen: 1. Wir steigern durch Zusatzempfehlungen den Durchschnittsumsatz pro KundIn. 2. Wir steigern mit der neuen Kundenkarte die Einkaufshäufigkeit der KundInnen. 3. Wir reduzieren durch Einführung einer Nachtabdeckung für die Kühltheke die Arbeitsstunden für das tägliche Ein- und Ausräumen. So erreichen wir das Ziel. Dabei müssen alle mithelfen.

VERTEILE DIE ROLLEN!

Das heißt: Die Führungskraft muss festlegen, wer welche Rolle und Verantwortlichkeiten hat. Zur tollen Idee für das große Ziel braucht es auch eine sorgfältige Ablaufplanung und Aufgabenverteilung. Wenn ich das selbst nicht so gut kann, muss ich einen »Planer« dafür in meiner Gruppe finden.

DAS VERLANGT VON MIR:

- Auf der Basis von fachlicher Kompetenz und persönlichem Vertrauen Aufgaben und Verantwortlichkeiten verteilen.

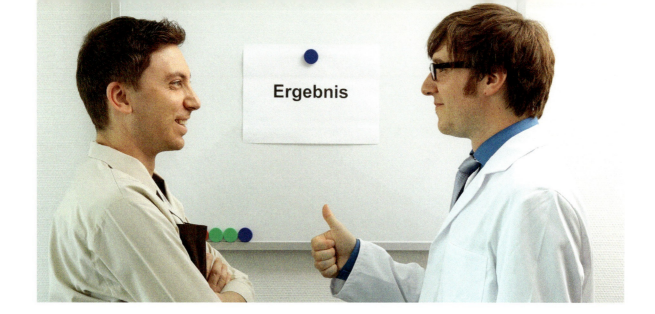

- Dabei fordere ich Ergebnisse ein, nicht die bloße Arbeitszeit: »Michael, du garantierst bitte dafür, dass ...«, »Petra, du kümmerst dich eigenverantwortlich um ...«
- Alle entsprechend Ihrer Stärken einsetzen.
- Jeden so fordern, dass er das Ziel bei Einsatz seiner Kräfte gerade erreichen kann.
- Die Zielerreichung mit einer Belohnung oder Anerkennung verbinden.

PRAXISBEISPIEL:

Nach einer aus Kostengründen notwendigen Entlassung ist das Team der Bedienkräfte sehr klein. Es wird noch wichtiger, dass alle VerkäuferInnen genau dort eingesetzt sind, wo sie ihre Stärken am effizientesten ausspielen können. Die nun wenigeren Bedienkräfte müssen über ihre Eigeninitiative ausgleichen, dass jetzt eine Bedienkraft fehlt und es nicht zu langen Wartezeiten oder anderen Servicemängeln an unserer Theke kommt.

KONTROLLIERE!

Das heißt: Das Ziel ist erreicht. Bevor das nächste Ziel formuliert wird, halten wir kurz inne und prüfen: Wie war der Weg zur Zielerreichung? Welche Fehler sollten wir das nächste Mal nicht mehr wiederholen? Was war gut und sollte auch bei künftigen Projekten so gemacht werden? Wer hat seine Aufgabe besonders gut erfüllt? Wer zeigte Defizite?

DAS VERLANGT VON MIR:

- Alleine und mit der Gruppe die gegebene Leistung reflektieren und Verbesserungsansätze festlegen.
- Kritik an der Sache und Lob zu den Beteiligten geben!
- Dazu motivieren, dass ähnliche oder vielleicht noch etwas schwierigere Aufgaben auf uns zukommen.

PRAXISBEISPIEL:

Wir haben an unserer Bedientheke das vorgegebene Renditeziel erreicht. Allerdings nicht das Kostenziel. Ich erkläre »meinen« VerkäuferInnen die Prioritäten: »Wir konnten durch sehr gute Umsatzsteigerung ausgleichen, dass wir im Kostensparen nicht so gut sind. Entscheidend ist die Rendite. Aber wir müssen aufpassen: Unser Modell geht nur gut, wenn wir dauerhaft den Umsatz weiter steigern. Ansonsten müssen wir doch noch das Kostensparen lernen.«

FAZIT – DARAUF KOMMT ES AN

Sie wissen: Die Karriere als Führungskraft ist das, was zu mir passt. Sie wollen das machen. Und Sie wissen: Es ist auch gut für die KollegInnen und für das Unternehmen, wenn ich das mache. Versuchen Sie stets, noch ein kleines Stück mehr den Bedürfnissen der Menschen zu entsprechen – und noch ein Stück besser die gestellten Aufgaben zu erfüllen.

FAMILIE, GESUNDHEIT, EIGENTUM, FREUNDE

Die eigenen Werte erkennen

SCHRITT 42.

Gute VerkäuferInnen brauchen gute Führung

Was motiviert uns zu 100 Prozent Leistung? Was ist uns wichtig, sodass wir sagen: »Dafür lohnt es sich, zu arbeiten«? Es ist gut, die persönlichen Antworten auf diese Frage zu kennen. Und für alle Führungskräfte ist es ganz wesentlich, die Antriebsfedern der MitarbeiterInnen zu kennen.

In mehreren Personalmonitorings und in über 200 Mitarbeiterseminaren, die der Autor durchgeführt hat, wurde immer wieder bestätigt, dass die wichtigsten dieser Antriebsfedern zur Leistung »Familie« und »Gesundheit« heißen. Weiterhin wichtig sind die Arbeit als solche, »Eigentum« und »Freunde«.

ARBEIT, LEISTUNG UND FAMILIE

»Familie« umschreibt im Sinne einer solchen Befragung über die klassische Variante »Vater, Mutter, Kind« hinaus all die vielfältigen Lebensmodelle der Menschen. Über 70 Prozent der befragten MitarbeiterInnen sagten: »Familie ist mir sehr wichtig.« Damit steht dieser Wert an Platz 1 der wichtigsten Werte, für die es lohnt, zu arbeiten. In erheblichem Maße leistungsfördernd ist es, wenn MitarbeiterInnen für sich bejahen können: »Da ist jemand, den ich liebe« und »Da ist jemand, der liebt mich«.

Die enorme Bedeutung, die Familie für Arbeit und Leistung hat, erkennt man am besten in den klassischen Familienunternehmen, wo die persönliche Partnerbeziehung auch eine geschäftliche Beziehung darstellt – oft arbeiten sogar mehrere Generationen im Familienunternehmen mit. Die funktionierende »Familie« ist in diesen Unternehmen ein enormer wirtschaftlicher Vorteil. In Krisenzeiten überleben Familienbetriebe gerade deswegen, weil die Familienmitglieder zu einer Selbstausbeutung bereit sind, die auch schlimme unternehmerische Krisen überstehen lassen. Allerdings sind es auch die typischen Familienkrisen, die möglicherweise zu Unternehmenskrisen werden. Diese Krisen ergeben sich dann, wenn etwa eine Ehe oder Partnerschaft auseinandergeht oder ein Familienmitglied erkrankt, zum Pflegefall wird oder stirbt.

Weil gerade die FamilienunternehmerInnen um die große Bedeutung von »Familie« wissen, nehmen sie oft viel Anteil am Familienleben der MitarbeiterInnen. Die enge familiäre Beziehung, die dabei zwischen ChefInnen und MitarbeiterInnen entsteht, fördert die gegenseitige Einsatz- und Hilfsbereitschaft. Angehende Führungskräfte sollten lernen, diese familiäre Beziehung anzustreben. Wenn Sie als Führungskraft gelegentlich

darüber klagen sollten, dass Sie immer mehr zum »Sozialarbeiter« für Ihre MitarbeiterInnen werden, dann nehmen Sie diesen Umstand als glücklich an – denn dann machen Sie es offensichtlich genau richtig.

Viele Lebensläufe sind heute nicht mehr so linear wie früher – es gibt über die Lebenszeit hinweg oft einen zweiten oder mehrere Berufe und auch oft einen zweiten oder mehrere Partner – die häufigste Lebensform ist wohl inzwischen die der seriellen Treue, also der Treue zu verschiedenen Personen hintereinander. An vielen Lebensläufen zeigt sich, dass es Phasen gibt, in denen der zeitweise Mangel an Liebes- und Familiengefühl nach einer »Ersatzbefriedigung« suchen lässt. Dann können die Arbeit als solche oder auch die KollegInnen diese Antriebsfeder für Leistung darstellen. Und daher müssen Führungskräfte diese Zusammenhänge reflektieren.

In größeren Industriebetrieben werden manchmal Kräfte aus dem Bereich Personalentwicklung oder auch externe Dienstleister beauftragt, um MitarbeiterInnen in schwierigen familiären oder gesundheitlichen Situationen zu betreuen. Das unternehmerische Ziel ist, die Leistungsfähigkeit der MitarbeiterInnen zu erhalten. In kleineren Unternehmen ist dies Aufgabe der ChefInnen oder Führungskräfte.

Aus der hohen Bedeutung von »Familie« für die Leistungsfähigkeit und -bereitschaft unserer MitarbeiterInnen lernen wir als Führungskraft:
- Wenn viel Leistung abverlangt wird, auch erklären: »Wir machen das für unsere Familien«.
- Eine familiäre Beziehung zu den MitarbeiterInnen finden und eine solche zwischen den MitarbeiterInnen fördern.
- In Krisenzeiten den MitarbeiterInnen familiären Halt und Unterstützung geben.

Bedenken Sie: Sie machen das nicht, um »Papa« oder »Mama« für Ihre MitarbeiterInnen zu werden, sondern Sie machen das auch aus unternehmerischer Klugheit. Denn würden Sie wegen fehlender Anteilnahme es zulassen, dass MitarbeiterInnen in einer Krisensituation in »ein Loch« fallen, dann würde oft

das Unternehmen durch Ausfalltage wegen Krankheit u. a. belastet. Die seit vielen Jahren steigende Zahl der Krankschreibungen wegen psychischer Leiden belegt die Notwendigkeit, mehr »Familie« in den Unternehmen zu leben.

ARBEIT, LEISTUNG UND GESUNDHEIT

»Gesundheit« wurde in den durchgeführten Personalmonitorings mit 63 Prozent an der zweiten Stelle genannt. Das heißt: Wir wollen und müssen so leben und arbeiten, dass wir unsere Gesundheit erhalten. Die Arbeit steht im Dienst unserer Gesundheit. Daraus entstehen unmittelbare Aufgaben:

• Überlegen wir uns alle Verbesserungsvorschläge für gesunde Arbeitsplätze.
• Arbeit muss der Gesunderhaltung dienen – dann entstehen zusätzliche Gründe, zur Arbeit zu gehen und dort Leistung zu bringen.

Gesundheit ist im Unternehmen einerseits ein menschlicher Wert und anderseits in Form von Krankenversicherungsbeiträgen und von Fehltagen wegen Krankheit ein Kostenfaktor. Einige Daten dazu:

• Die vier häufigsten Krankheitsarten bei Arbeitsunfähigkeit in Deutschland sind laut der DAK: Muskel- und Knochenerkrankungen (22 Prozent), Atmungssystem (16 Prozent), Verletzungen (15 Prozent), Psyche (10 Prozent).
• Die psychischen Erkrankungen hatten in den letzten Jahren die deutlichsten Zunahmen.
• Die psychischen Störungen waren noch 1993 zu 15 Prozent Grund für eine Frühverrentung, 15 Jahre später wurden bereits ein Drittel aller Frühverrentungen mit psychischen Problemen begründet.
• 20 Prozent der Bevölkerung in Europa ist durch psychische Probleme belastet (WHO).
• Bis 2020 prognostiziert die EU, dass Depression die zweithäufigste Erkrankung sein wird.
• Der Einzelhandel hat mit einer durchschnittlichen Dauer der Arbeitsunfähigkeit von 13,5 Tagen den zweithöchsten Wert von 10 ausgewählten Branchen (BKK Gesundheitsreport).
• Im Durchschnitt beträgt der Krankenstand im Handel 4,2 Prozent und im verarbeitenden Gewerbe 5,0 Prozent aller MitarbeiterInnen.

Die zentralen Gedanken für Führungskräfte im Verkauf zum Verhältnis von Arbeit, Leistung und Gesundheit heißen:

• Jede Belastungsform durch die Arbeit (körperlich oder seelisch; positiv oder negativ) führt zu einer Reaktion des Körpers. Bei Überbeanspruchung durch hohe Intensität oder durch unzureichende Erholung besteht die Gefahr einer Schädigung.

• Ziel der Gestaltung der physischen Arbeit ist deshalb die Schaffung eines optimalen Verhältnisses zwischen Arbeitsbelastung und individueller Belastbarkeit. Langdauernde Überforderungen, Unterforderungen und einseitige Belastungen sind zu vermeiden.

• Die Grenze der physischen Belastbarkeit ist individuell stark unterschiedlich und hängt von mehreren Einflussfaktoren wie Konstitution, Gesundheit, Alter, Geschlecht und Arbeitstechnik ab.

• Die Möglichkeiten der Vorbeugung gegen Krankheiten und Arbeitsausfalltage im Unternehmen heißen: 1. Risikoschutz (z. B. Kälteschutzkleidung im Gefrierraum) und 2. Früherkennung (durch z. B. Rückkehrergesprache durch die Führungskräfte nach Krankheit).

Die zentrale Aufgabenstellung heißt also: Wie gestalte ich im Unternehmen oder in meiner Filiale ein Gesundheitsmanagement, das durch Vorbeugung Ausfalltage wegen Krankheit reduziert?

Möglichkeiten der betrieblichen Gesundheitsförderung an der Bedientheke

• Arbeitsbedingte körperliche Belastungen reduzieren, z.B. beheizte Thekenkante (die kalte »Thekenabrollkante« an der Bedienerseite führt bei weiblichen Bedienkräften immer wieder zu Unterleibserkrankungen).

• Betriebsverpflegung, gesunde Ernährung für die MitarbeiterInnen (die dann auch überzeugt gesunde Ernährung verkaufen können).

• Psychosoziale Belastungen (Stress, Ärger) reduzieren. In Mitarbeiterseminaren die individuellen Kompetenzen zur Stressbewältigung reduzieren.

• Gesundheitsgerechte Mitarbeiterführung – jeder macht das, wozu er gesundheitlich/körperlich auch in der Lage ist.

• Gesundheitsgerechte Personalentwicklung – Bedienkräfte in der Altersklasse 55+ haben weniger körperliche Leistungsfähigkeit, aber mehr Erfahrung. Sie können also z.B. im Bereich Ausbildung noch lange arbeiten.

• Gesundheitsgerechte Arbeitszeiten. Zum Beispiel: Menschen mit Rückenschmerzen können zwar lange arbeiten, nur nicht lange in einer Position. Wird das berücksichtigt, werden Krankheit und Arbeitsunfähigkeitstage vermieden.

• Suchtmittelkonsum beobachten und helfen. Bedienkräfte, die an Alkohol, Medikamente oder andere Drogen gewöhnt oder bereits davon abhängig sind, brauchen von KollegInnen und Führungskräften Hilfe. Wegschauen vergrößert das Problem!

• Rauchfrei im Betrieb. Zum Beispiel Prämie einführen für alle Raucher, die erfolgreich damit aufhören.

• Null Promille am Arbeitsplatz. Es gibt für niemanden Alkohol während der Arbeitszeiten.

Bedenken Sie: Laut »Ärztezeitung« (4.3.2010) könnten etwa 30 bis 40 Prozent der Arbeitsunfähigkeitstage vermieden werden, wenn in den Unternehmen ein effektives Gesundheitsmanagement betrieben würde. Also: Das Fitnessstudio für die MitarbeiterInnen, das Gratisobst in der Betriebsverpflegung und andere Maßnahmen rechnen sich!

ARBEIT MOTIVIERT ZUR LEISTUNG

Der aus Sicht eines Unternehmens schönste Motivationsgrund zur Arbeit ist die Arbeit als solche! Und diese Situation ist gar nicht so selten: Bei den zitierten Personalmonitorings antworteten 21 Prozent der Befragten, Arbeit gehöre in ihrem Leben zu den Dingen, die sehr wichtig sind. Diesen MitarbeiterInnen muss der Sinn der Arbeit (über das Geldverdienen hinaus) nicht mehr erklärt werden.

TIPP: Erkennen Sie diese Gruppe in Ihrem Unternehmen und Ihrem Team und machen Sie diese MitarbeiterInnen dann zu Multiplikatoren.

EIGENTUMSBILDUNG UND FREUNDE ALS TRIEBFEDER ZUR LEISTUNG

Die weiteren, jedoch in der Bedeutung eher nachgeordneten Triebfedern zur Leistung bei der Arbeit heißen Eigentum und Freunde. Für jeweils weniger als 10 Prozent der Befragten waren die Eigentumsbildung (der Wunsch nach z. B. dem eigenen Haus) oder die Pflege des Freundeskreises wichtige Antriebe der eigenen Leistungsbereitschaft. Da sich bei den meisten MitarbeiterInnen der private Freundeskreis aus Menschen in einer ähnlichen sozialen und beruflichen Position bildet, ist es entsprechend wichtig, den eigenen beruflichen Status zu erhalten und zu verbessern – auch um vor den Freunden zu bestehen.

FAZIT – DARAUF KOMMT ES AN

Wir lernen, unsere MitarbeiterInnen genau über die Themen zu motivieren, die ihnen wirklich etwas bedeuten. Das ist keine Überredungskunst, keine Manipulation. Vielmehr helfen Sie über Bezugnahme auf zentrale Lebensinhalte wie »Familie« oder »Gesundheit«, die Arbeit mit neuem Sinn aufzuladen.

SCHRITT

43.

I ♥ MY JOB

Gute VerkäuferInnen brauchen gute Führung

MOTIVATIONS-GRÜNDE

und -defizite im Verkaufsteam erkennen

100 Prozent Leistung ist ein theoretischer Wert, der in der Praxis nie dauerhaft erreicht werden kann. Ähnlich der Höchstgeschwindigkeit eines Autos, wird dieser Wert öfter einmal ausgereizt, kann aber nicht dauerhaft praktiziert werden. Wenn wir dauerhaft zwischen 60 und 80 Prozent der Leistung geben, die wir maximal geben können, dann ist das als Normalwert anzusehen.

Die Erreichbarkeit der theoretischen 100 Prozent Leistung hat zwei Chancen: 1. Angst, 2. Freude. Wir können natürlich 100 Prozent Leistung aus Angst geben, wenn etwas Schlimmes droht. Das funktioniert, wenn der Vorgesetzte etwa sagen würde: »Von euch beiden muss einer entlassen werden. Ich werde euch drei Monate beobachten und dann den mit der geringeren Leistung entlassen.« Vielleicht funktioniert das im Einzelfall, und es schafft eine isolierte Höchstleistung des Einzelnen. Aber auf das ganze Unternehmen gesehen, wird das Prinzip »100 Prozent Leistung aus Angst« auch wirtschaftlich nicht funktionieren. Wirtschaftlich klug und zudem menschenfreundlich ist das Bestreben, 100 Prozent Leistung durch Freude an und mit der Arbeit zu erreichen.

DIE BESTEN MASSNAHMEN ZUR MITARBEITERMOTIVATION AN DER BEDIENTHEKE

Sie können diese Maßnahmen als Führungskraft zur praktischen Handlungsempfehlung nutzen oder zur eigenen Motivation einsetzen.

1. Wirtschaftliche Anreize geben

· Die Botschaft des Unternehmens an die VerkäuferInnen heißt: »Helft mit, dass wir einen Euro mehr verdienen. Die Hälfte dieses Euro geht zurück an euch.«

· Überprüfen: Das Gehalt muss von jedem als »gerecht« empfunden werden.

· Für die Erreichung von Zielen (z. B. Sollzahlen zur Steigerung des Umsatzes, Reduzierung des Wareneinsatzes, Reduzierung der Retouren u. a.) Prämien ausloben. Immer wieder informieren, wie gut wir auf dem Weg zur Zielerreichung sind.

· Bitte bedenken: Wirtschaftliche Anreize alleine reichen für 100 Prozent Leistung nie aus. Leistungsfreude kann durch Geld nur sehr begrenzt gefördert werden. Wenn das »gerechte Gehalt« erreicht ist, sinkt die Motivationswirkung von noch mehr Geld deutlich.

2. Den Sinn unserer Arbeit erklären

- Immer wieder deutlich machen: Ihr seid wichtig. Ihr erfüllt eine wichtige Aufgabe. Ihr sammelt an der Theke das ganze Geld für unser Unternehmen.
- Immer wieder bestätigen: Ihr seid die besten VerkäuferInnen, die es gibt, die es gibt und wir werden uns weiterhin fachlich und persönlich jeden Tag weiterentwickeln. Das Unternehmen hilft dabei!
- Immer wieder fordern: Unsere Kunden werden ständig noch schwieriger und anspruchsvoller. Das ist gut für uns. Niemand kann besser mit anspruchsvollen Kunden umgehen als wir. Das macht uns einzigartig und erfolgreich.

3. Die Aufgabe definieren

- Führungskräfte müssen erklären und vormachen, worauf es ankommt.
- Erklären, wohin »die Reise geht«, z. B. Strategien zu Produkten, Sortiment, Warenpräsentation, Ladengestaltung, Kundengewinnung u. a.

4. Informieren und Ziele erklären

- Führen braucht Information über Zahlen: Umsatz, Wareneinsatz, Personalkosten, Retouren, Filialbelastung, Filialentlastung… das alles kann man verständlich und motivierend erklären. Fördern Sie das betriebswirtschaftliche Verständnis der VerkäuferInnen.

- Ziele vorgeben: Sollzahlen zu Umsatz pro VerkäuferInnenstunde sind für alle Bedienkräfte besonders leicht verständlich und persönlich überprüfbar.

5. Selbst essen, was wir verkaufen

- Großzügiger Mitarbeiterrabatt sichert die Motivation, dass die Bedienkräfte die Lebensmittel für ihren eigenen Haushalt auch bei uns kaufen. Denn: Die KundInnen dürfen die Bedienkräfte nicht beim Wettbewerber einkaufen sehen!
- Moralischer Appell seitens ChefIn: »Ich bezahle euch mit dem Geld, das wir von unseren Kunden erhalten. Ihr würdet diese Kunden auf den Arm nehmen, wenn ihr dieses Geld dann zu unseren Wettbewerbern tragen würdet. Daher erwarte ich, dass alle für ihren privaten Bedarf auch hier einkaufen.«

6. Leistung muss sich lohnen

- Prinzip: Gleiches Geld für gleiche Arbeit.
- Arbeit und Leistung müssen gerecht verteilt werden. Jeder muss leisten, was er leisten kann, und dafür gerecht entlohnt werden. Niemand darf sich mit geringer Leistung »durchschummeln«
- Ein transparentes Gehaltsgefüge, bei dem alle wissen, wer für welche Leistungen hier wie entlohnt wird, ist das sicherste Modell gegen die gefühlte Ungerechtigkeit.

7. Ziele des Unternehmens zu Zielen der VerkäuferInnen machen

- Was das Unternehmen plant, muss gut sein für jede einzelne Verkäuferin – und dieser persönliche Nutzen durch die Strategie des Unternehmens muss erklärt werden. Beispiel: Das Sortiment wird um einen Bio-Bereich erweitert. Die Botschaft an die VerkäuferInnen: Wir werden damit noch anspruchsvollere, klügere und kaufkraftstärkere Kunden anlocken. Die Bedientheke wird aufgewertet. Die Bedienkräfte werden aufgewertet. Unsere Weiterbildung wird entsprechend erweitert. Die Arbeitsplätze werden sicherer.
- Die Erreichung der vorgegebenen Ziele gemeinsam feiern (kurz danach werden die neuen, noch etwas höheren Ziele erklärt und motivierend vorgegeben).

8. Führungskräfte müssen Orientierung geben

- Wer führen will, muss einen Plan haben, muss erkennen lassen: »Ich weiß, wo es langgeht, folgt mir und es wird gut sein.«
- Orientierung wird gegeben, wenn Führungskräfte die langfristigen Trends im Blick haben (siehe Kapitel 7 in diesem Buch) und diese den VerkäuferInnen erklären.
- Alle VerkäuferInnen müssen wissen: Unserer ChefIn wird immer irgendetwas einfallen. Solange wir eine solche ChefIn haben, ist dieser Arbeitsplatz sicher.

9. Vorbild täglich leben

- Nie als Führungskraft sich drücken, wenn es mal schwierig wird. Einspringen, wo es brennt. Hinlangen, wo es erforderlich ist.
- Mit der eigenen Leistung vorbildlich überzeugen (Arbeitszeit, Arbeitsleistung).
- Mit dem eigenen Erfolg souverän umgehen, niemals überheblich werden.

10. Dankbarkeit zeigen

- Für Führungskräfte ist es wichtig, zu wissen: Wir haben allen Grund, für diese VerkäuferInnen dankbar zu sein – bessere sind auf dem Arbeitsmarkt nicht verfügbar.
- Für alle MitarbeiterInnen ist es wichtig, zu wissen: Wir haben allen Grund, für diese Arbeitsplätze dankbar zu sein – das ist für uns die beste aller verfügbaren Alternativen.

11. Respekt bekunden

- Je weiter jemand auf der Karriereleiter nach oben steigt, desto wichtiger wird es, den Respekt vor der Arbeit als solcher zu bewahren und mit den HilfsarbeiterInnen genauso auf »du und du« gehen zu können, wie mit anderen Karrieremenschen.
- Respekt bekunden geht z. B. so: Guten-Morgen-Gruß mit Namen an die MitarbeiterInnen, persönliche Geburtstagsglückwünsche, jährlich ein Einzelgespräch mit der Führungskraft.

12. Lob und Anerkennung geben

- Beseitigen Sie das Hauptdefizit zu Motivation in fast allen Unternehmen: Es wird zu wenig gelobt.
- Finden Sie Ihre ganz persönliche Art und Weise, zu loben (in der Sie sich wohl fühlen, die zu Ihrem sonstigen Auftreten passt). Lob darf nie als »strategisch erlernt« wirken, sondern muss natürlich wirken.

FAZIT – DARAUF KOMMT ES AN

Bauen Sie für sich selbst und für Ihre MitarbeiterInnen das Motivationshaus: mit einem stabilen Fundament aus Geld und mit vielen nicht-materiellen Motivationsbausteinen. Dann haben Sie eine gute Chance auf »100 Prozent Leistung aus Freude heraus«.

MitarbeiterInnen

MOTIVIEREN,

wenn das Geld knapp ist

Gute VerkäuferInnen
brauchen gute Führung

44.

SCHRITT

Geld ist das Fundament für unsere Motivation zur Arbeit. Wo dieses Fundament gegeben ist, ist es recht leicht, dann auch ein sicheres »Motivationshaus« darauf zu bauen. Denn die wirtschaftlich gesunden Unternehmen haben auch das Geld für Prämienmodelle und Weiterbildung, für Weihnachtsfeiern und Betriebsausflüge. Und die wirtschaftlich gesunden und zudem klugen Unternehmen nutzen das Geld auch für die Maßnahmen zur Mitarbeiterentwicklung und Mitarbeiterbindung.

Bedenken Sie bitte zur Gehaltszufriedenheit: Das Unternehmen zahlt immer. Entweder für ein Gehalt, das Unzufriedenheit stiftet. Dann zahlt das Unternehmen zusätzlich, weil sich die Unzufriedenheit irgendein Ventil sucht (im schlimmsten Fall Mitarbeiterdiebstahl). Oder das Unternehmen zahlt für ein Gehalt, das die Mitarbeiter als gerecht empfinden. Dieses als »gerecht« empfundene Gehalt besteht aus Geld und aus der Information darüber, dass es »gerecht« ist: für die erbrachte Leistung, im Vergleich zu den anderen Mitarbeitern, hinsichtlich des Tarifvertrags, im Hinblick auf die mit dieser Leistung erbrachte Wertschöpfung u. a. Da in den Unternehmen Geld nur begrenzt vorhanden ist, sollte an der Information nicht »gespart« werden.

Es ist wie beim Hausbau: Dort gibt es manchmal Häuser ohne Keller, aber niemals ohne Fundament! Wer kein Material für das Fundament hat, kann keine Steine so aufeinandersetzen, dass sie halten. Bis zur Grenze, zu

der MitarbeiterInnen ein »gerechtes Gehalt« erkennen, ist für die Motivation nichts wichtiger, als dass dieses Gehalt als Fundament für die Zufriedenheit rechtzeitig auf dem Konto ist. Alles andere kommt später.

LÖHNE PÜNKTLICH ÜBERWEISEN

Es zeigt sich immer wieder und es ist nur zu verständlich: Wenn Unternehmen wirtschaftlich schwächeln, führt das oft dazu, dass der Zeitpunkt für die Überweisung der Löhne immer wieder um einen Tag nach hinten verschoben wird. Dann setzt sich eine Negativspirale in Gang, die immer wieder die gleichen Kennzeichen hat:

- Mitarbeiter gehen in die Isolation, freiwillige Mehrarbeit wird eingeschränkt, Pünktlichkeit und Zuverlässigkeit lassen nach (»Ich werde ja auch nicht pünktlich und zuverlässig bezahlt«).
- Die Unzufriedenheit schafft sich irgendein Ventil: Servicequalität lässt nach, unsachgerechter Umgang mit Maschinen und Einrichtungen.
- Spekulation setzt ein: Niemand weiß etwas Konkretes, aber jeder spekuliert über Konkurs und Zahlungsunfähigkeit, Entlassungen und Gehaltskürzungen. Diese Spekulationen sind nicht steuerbar, sie »schießen wild ins Kraut«.
- Fehltage wegen Krankheit nehmen zu.
- Die leistungsstarken Mitarbeiter bewerben sich inzwischen andernorts.
- Die leistungsschwächeren Mitarbeiter werden noch schwächer.

Eine solche – leider viel zu oft zu beobachtende – Negativentwicklung kann vor allem durch eine Maßnahme gestoppt werden: Die offene und vollständige Information. In dieser Situation müssen die ChefInnen »die Hosen runterlassen« – sodass die Mitarbeiterinnen sehen können, was los ist. Das Problem dabei ist oft, dass die ChefInnen gehemmt sind, Informationen an die Mitarbeiter zu geben. Sie haben es oft in »guten Zeiten« nicht gelernt, transparent zu informieren, und können es dann in Krisenzeiten noch viel weniger. Häufig übernimmt ein externer Berater diese Informationsaufgabe.

DIE WAHRHEIT IST DIE BESTE GESCHICHTE

Wenn ein Unternehmen in Krisenzeiten die Motivation und die Mitarbeiterbindung erhalten will, muss es frühzeitig informieren. Wer in einer solchen Situation nicht auf Information setzt, fördert die Spekulation. Die Devise muss heißen: Die Wahrheit ist immer die beste Geschichte.

• Was ist passiert? Welche Folgen hatten welche Ereignisse?
• Was bedeutet das für die Mitarbeiter?
• Wie sieht der Plan aus, um aus den Schwierigkeiten herauszukommen?
• Wer muss dazu welchen Beitrag leisten?
• Wenn es gut geht: Welche Belohnung gibt es dann?

Der Schwerpunkt einer solchen Mitarbeiterinformation kann ein Angebot an die Mitarbeiter sein, wie wir gemeinsam aus den Schwierigkeiten wieder herauskommen.

DER FAIRE DEAL

Das Unternehmen ist in wirtschaftliche Schieflage geraten. Jetzt sollen die MitarbeiterInnen und die ChefInnen gemeinsam helfen, es wieder aufzurichten. Der »faire Deal« dazu kann diese Bausteine enthalten:

• Die Mitarbeiter verzichten freiwillig auf bestimmte Ansprüche, die das Unternehmen eigentlich erfüllen müsste, aber nicht erfüllen kann. Dass das tatsächlich so ist, muss glaubhaft dargestellt werden. Solche Verzichte können betreffen:
• Zusatzleistungen wie Weihnachtsgeld, Urlaubsgeld. Bedenken Sie: Auch wenn das Unternehmen arbeitsvertraglich zu bestimmten Leistungen nicht verpflichtet ist, sollte es frühzeitig erklären, dass und warum bestimmte Zahlungen in diesem Jahr nicht wie gewohnt geleistet werden können.
• Urlaubstage. Ein freiwilliger kollektiver Verzicht auf zwei Jahre mit je fünf oder sieben Urlaubstagen pro MitarbeiterIn ist z. B. ein schon öfter realisierter Verzicht, der eine starke entlastende Wirkung hat.
• Gehalt. Gehaltsverzichte von 10 oder 20 Prozent wurden in Krisensituationen schon öfter vereinbart. Die

Devise heißt dann: 80 Prozent vom Unternehmen sind besser als 67 Prozent von der Arbeitsagentur.
• Mit dem zeitlich begrenzten Verzicht und der Erklärung der unternehmerischen Maßnahmen zur Verbesserung wird auch festgelegt, welche Prämie für die Mitarbeiter fällig wird, wenn nach Ablauf einer bestimmten Frist die Schwierigkeiten beseitigt sind. Denn: Wer zuerst auf etwas verzichtet, will, wenn es gut geht, danach eine Belohnung. Das erst macht den fairen Deal für die Mitarbeiter zu einem attraktiven Angebot. Ohne diese lockende Prämie wäre es für viele attraktiver, sich nach besseren Arbeitsplätzen umzusehen.

TIPP: Ein freiwilliger Gehaltsverzicht wird von den MitarbeiterInnen nur als »Nettoverzicht« wahrgenommen – die Entlastungswirkung ist aber meist mehr als das Doppelte. Erklären Sie diese Zusammenhänge ganz offen.

BETEILIGUNG SCHAFFEN

Wenn ein Unternehmen in Krisenzeiten erst einmal gelernt hat, einen solchen »fairen Deal« zu unterbreiten, liegen Beteiligungsmodelle nicht mehr weit entfernt. Die wirtschaftliche Beteiligung der Mitarbeiter am Unternehmen löst die vormalige Grenze zwischen dem unternehmerischen Wirtschaften einerseits und der Lohnarbeit andererseits auf. Mit Beteiligungsmodellen werden alle zu Unternehmern – sie unterscheiden sich dann noch in selbstständige Unternehmer und angestellte Unternehmer. Die zentralen Fragestellungen bei der Einführung von Beteiligungsmodellen heißen:

• Wie kann die Distanz zwischen Unternehmen und MitarbeiterInnen verringert werden?
• Wie verdeutlicht man beiden Seiten, dass sie nur gemeinsam ihre Interessen durchsetzen können?
• Wie schafft man eine ausgeglichene Atmosphäre zwischen den beiden Interessen?

Durch die Belohnung erreichter Ziele und die direkte, spürbare Beteiligung am Erfolg des Unternehmens schafft das Unternehmen eine veränderte Grundlage für:

- das Verhältnis zwischen sich und seinen Angestellten
- das Verhältnis der Angestellten untereinander
- das Verhältnis der Angestellten zu ihrer Arbeit.

Dem Angestellten eröffnen sich dadurch neue mögliche Ziele.

Die drei populärsten Modelle der Mitarbeiterbeteiligung sind:

1. Die Zielvereinbarung. Eine Zielvereinbarung ist der einfachste und sicherste Weg, die nützlichen Effekte einer Mitarbeiterbeteiligung zu erreichen, ohne die Distanz zwischen Unternehmer und Angestellten zu sehr zu verringern. Hierbei gilt: Eine Verabredung wird entsprechend belohnt. Nach Erreichen des verabredeten Ziels kann die Vereinbarung verlängert oder beendet werden.

VORTEILE: flexibel, überschaubar, unkompliziert, zeitlich begrenzt, auch für kleine Betriebe geeignet

NACHTEILE: schwächerer Effekt, starke Konkurrenz, Missbrauchspotenzial

2. Die Gewinnbeteiligung. Die nächste Stufe stellt die Gewinnbeteiligung dar. Hierbei werden einzelne MitarbeiterInnen, Filialen, Hierarchieebenen usw. am Gewinn des Unternehmens beteiligt, vorzugsweise in Form einer jährlichen Prämie.

Die Distanz wird durch eine Gewinnbeteiligung stärker verringert, dafür ist der Bindungs- und Motivationseffekt ebenfalls stärker.

VORTEILE: starke Motivation, starke Bindung, wirtschaftliches Denken, auch für mittlere Betriebe geeignet

NACHTEILE: erst ab höherem Niveau ratsam, möglicherweise zu geringe

3. Die unternehmerische Beteiligung. Die echte unternehmerische Beteiligung ist die stärkste Form der Mitarbeiterbeteiligung und dementsprechend mit extremen Vor- wie Nachteilen versehen. Die

Einladung, Partner im Unternehmen zu werden, kann ebenso viele Probleme lösen wie schaffen.

Ein enorm wichtiger Punkt bei dieser Stufe ist die Überlegung, ob die Rechtsform eine solche Beteiligung zulässt. Außerdem gilt es, zu beachten, dass ein solcher Schritt nur schwer umkehrbar ist.

VORTEILE: höchste Bindung, höchste Motivation, Nachfolgepotenzial, erhöhte Bonität, Verteilung der Haftung

NACHTEILE: minimale Distanz, Einsicht in Geschäftsunterlagen, schwer umkehrbar

FAZIT – DARAUF KOMMT ES AN

Motivation braucht auch Geld. Wenn das verfügbare Geld in Krisenzeiten knapp ist, gelten zwei Regeln: 1. Wer kein Geld hat, muss freundlich sein. 2. Wer jetzt nichts geben kann, kann für später ein Versprechen eingehen.

VerkäuferInnen brauchen Information:
REGELMÄSSIGE
Gespräche planen

SCHRITT

45.

Gute VerkäuferInnen brauchen gute Führung

Regelmäßige Gespräche zwischen ChefInnen und VerkäuferInnen sind der sicherste Schutz gegen Missverständnisse. Wenn wenig kommuniziert wird, ist hingegen die Wahrscheinlichkeit für Missverständnisse am größten. Dies sind die wichtigsten Gespräche, die wir regelmäßig geplant durchführen sollten.

Bedenken Sie: Diese Gespräche müssen geplant werden. In vielen kleineren Unternehmen glauben die ChefInnen: »Ich bin ja jeden Tag immer für jeden da.« Aber das ist nur das Selbstbild der ChefInnen. Die MitarbeiterInnen im Unternehmen sagen dazu oft: »Meine Chefin wirkt auf mich immer so, dass ich sie am besten mit meinen Anliegen gar nicht anspreche.« Also: Gespräche planen, zufällig finden sie einfach nicht statt!

DIE ERFOLGREICHEN GESPRÄCHSMODELLE CHEFIN – MITARBEITERIN IN DER PRAXIS

Das Mitarbeitereinzelgespräch
- Einmal jährlich
- Dauer: Zirka 20 Minuten
- Im Besprechungsraum
- ChefIn und MitarbeiterIn im gleichberechtigten Gegenuber (ChefIn »thront« nicht)
- Entspannt, mit einer Tasse Kaffee o. ä.
- Ergebnisse werden festgehalten und als Notiz abgelegt.

Muster-Ablaufplan für die Führungskraft
- Offene Fragen nach Befinden, Gesundheit (siehe Fragetechniken in Kapitel 8)
- Rückblick auf die Entwicklung des Arbeitsverhältnisses, ggf. kritische Punkte abfragen (Arbeitsunfähigkeitstage, Arbeitsklima in der Abteilung u. a.)
- Offene Fragen zur Zufriedenheit (Gehalt,

Zusammenarbeit in der Abteilung)
- Wünsche nach Weiterbildung abfragen
- Information geben – was ist künftig im Unternehmen und in der Abteilung geplant
- Ziel für die Mitarbeit in den nächsten 12 Monaten vereinbaren
- Nach Fragen seitens der MitarbeiterIn fragen
- Angebot, jederzeit zu einem weiteren Gespräch zur Verfügung zu stehen

Das Team- oder Filialgespräch
- Monatlich
- Dauer: Zirka 1,5 Stunden
- Möglichst in der Filiale oder der Abteilung

Muster-Ablaufplan für die Führungskraft
- Zu allem, was relevant ist, leicht verständliche Information geben: Entwicklung zu Umsatz, Kosten, Wareneinsatz, Personalstunden, Retouren, Arbeitsunfähigkeitstagen u. a.
- Bestehende Zielvereinbarungen und/oder ausgelobte Prämien für die Filiale bekräftigen, ggf. informieren, wie nahe die Zielerreichung schon ist
- Investitionsplan erläutern
- Marktveränderungen erklären
- Preiserhöhungen ankündigen
- Überprüfen, dass die Zusatznutzen allen bekannt sind und erklärt werden können
- Fragen aus dem Team beantworten
- Dank für die erbrachte Leistung und Treue

Die Jahresinformation an alle
- Einmal jährlich in schöner Atmosphäre, z.B. im Rahmen einer Jahresfeier, Weihnachtsfeier u. a.

Muster-Ablaufplan für die Führungskraft
- Vortrag zur Branchen- und Unternehmensentwicklung
- Dank für besondere Leistungen mit großer Geste (Blumensträuße u. a.). Dabei können in Filialbetrieben z. B. prämiert werden:
  → Filiale mit dem höchsten Umsatz
  → Filiale mit dem höchsten Umsatzzuwachs
  → Filiale mit dem höchsten Zuwachs »Durchschnittseinkauf pro KundIn«
  → Filiale mit dem höchsten Zuwachs an Kunden
  → Filiale mit dem höchsten »Umsatz pro Stunde VerkäuferIn«
  → Filiale mit den geringsten Retouren
  → Filiale mit der besten Filialbewertung
  → Mitarbeiterehrungen (für langjährige Betriebszugehörigkeit)
- Ausblick auf die weitere Unternehmensentwicklung
- Ankündigung von Veränderungen
- Erklärungen zur weiteren Strategie

Das Kranken-Rückkehrergespräch
- Findet immer statt, wenn eine MitarbeiterIn aus dem Krankenstand zurückkehrt (auch, wenn es nur ein einzelner Tag Arbeitsunfähigkeit war).
- Ergebnisse werden dokumentiert und abgelegt.

Muster-Ablaufplan für die Führungskraft
- Art der Erkrankung (»Wenn ich das fragen darf« … denn es geht den Arbeitgeber streng genommen nichts an)
- Grund für die Erkrankung (»Ich frage danach, weil wir durch Arbeitssicherheitsmaßnahmen und Vorbeugung Krankheiten vermeiden wollen.«)
- »Was können wir tun, damit sich eine ähnliche Erkrankung künftig nicht wiederholt?«
- »Gibt es in der Abteilung /der Filiale Möglichkeiten, vorbeugend den Gesundheitsschutz zu verbessern?«

Bedenken Sie: Das Krankenrückkehrergespräch hat zwei Aufgaben. 1. Soll es helfen, Maßnahmen zur Gesunderhaltung der MitarbeiterInnen zu finden. 2. Soll es disziplinieren, nicht »krank zu machen«. Denn die MitarbeiterInnen wissen: »Auch nach nur einem Tag Krankheit muss ich dieses Rückkehrergespräch über mich ergehen lassen.«

213

FAZIT – DARAUF KOMMT ES AN
Nicht alle Gespräche zwischen Führungskräften und VerkäuferInnen finden zufällig statt – viele müssen geplant werden. Neben dieser festen Ordnung sollten Sie immer auch die Gelegenheiten schaffen, ganz ungezwungen Fragen an MitarbeiterInnen zu stellen. Geschäftsreisen oder Messebesuche sind solche Anlässe.

Gute Verkäufer machen mehr Umsatz

SCHRITT **46**

Mitarbeiter-führung

VerkäuferInnen unterstützen alle wichtigen betrieblichen
VERBESSERUNGEN

Wenn MitarbeiterInnen den Perspektivenwechsel machen und sich vorstellen »das ist mein eigenes Unternehmen« und »dieses Unternehmen heißt dann so wie ich«, dann wissen sie aus dieser Perspektive heraus oft schnell, wie die neuen Kunden heißen, die sie jetzt für ihr eigenes Unternehmen gewinnen würden. Mit dieser Übung in Mitarbeiterseminaren wird immer wieder belegt: Die Bereitschaft, sich für das Unternehmen einzusetzen, steigt mit dem Maß an Identifikation und Beteiligung.

Es ist eine zentrale Führungsaufgabe, die vorhandenen Potenziale (die das Unternehmen auch auf der Gehaltsliste stehen hat!) auch für alle Verbesserungsprozesse zu nutzen. Diese Verbesserungsprozesse betreffen die Kundenakquise, die Mitarbeitergewinnung, die Produktentwicklung und die Verbesserung des Erscheinungsbildes. Es gilt: MitarbeiterInnen wissen sehr viel darüber, was wie verbessert werden könnte, aber sie sagen es nicht, wenn man nicht gezielt danach fragt und die Antworten anerkennt. Dieser Abschnitt des Buches ist eine Aufforderung zu einer Verbesserungskultur im Unternehmen – jeder soll sagen, was in seinem Bereich besser gemacht werden kann.

Die Voraussetzung für eine solche Innovationskultur ist das freie Denken im Unternehmen. Dieses kann gefördert werden durch:

- Mut, um das bisher noch nicht Gedachte im eigenen Kopf entstehen zu lassen.
- Personale Verantwortung als kreative Triebfeder jedes »gesunden Egoisten«.
- Ein angstfreies Miteinander, in dem auch Fehler gemacht werden dürfen.
- Die Aussicht auf persönlichen Vorteil, Belohnung, Lob und Anerkennung.

Verbesserungsvorschläge werden hingegen »im Keim« erstickt, wenn:

- Angst besteht, etwas Falsches zu sagen.
- Mitarbeiter meinen, dass man »oben« von denen »unten« doch nichts wissen will.
- Gesprächsmöglichkeiten fehlen (siehe dazu auch Kapitel 8).
- Verbesserungsvorschläge nicht eingefordert werden (sie stellen keine Bringschuld der MitarbeiterInnen dar).

Der wichtigste Bereich, in dem VerkäuferInnen direkt zu Verbesserungen beitragen können, ist die Gewinnung von Kunden. Die Messbarkeit solcher Maßnahmen wird mit einem Kundenkartensystem (oder generell der Erfassung von Kundendaten) erleichtert.

BEISPIELHAFTE AKTIONEN FÜR DAS BETRIEBLICHE »VERBESSERUNGSWESEN«

Neukundengewinnungswettbewerb

Dabei werden unter den VerkäuferInnen Preise ausgelobt. Wer durch sein persönliches Engagement am meisten Neukunden gewinnt, erhält einen attraktiven Preis.

- Die Neukunden können dabei während der Arbeitzeit an der Theke oder im privaten Umfeld und in der Freizeit gewonnen werden.
- Der Preis, der ausgelobt wird, sollte dem außerordentlich hohen Nutzen angemessen sein, den ein Unternehmen durch Neukundengewinnung hat.

TIPP: Vergleichen Sie die Prämien, die z.B. Versandanbieter ihren Kunden im Rahmen von »Kunden werben Kunden«-Aktionen gewähren.

Zu den enormen Chancen einer solchen Aktion ein Rechenbeispiel:

10 Verkäuferinnen werben je 5 neue Stammkunden.
Diese neuen Stammkunden kaufen an 40 Wochen im Jahr für durchschnittlich 20 EUR an der Theke ein.

Das ergibt einen zusätzlichen Jahresumsatz von
10 x 5 x 40 x 20 = 40.000 EUR.

Wir wissen aus der Betriebswirtschaft: Bei steigendem Umsatz erhöht sich der Gewinn überproportional!

Erhöhung des Durchschnittsumsatzes pro Kunde

Zu den wichtigen Kennzahlen an der Bedientheke, auf die VerkäuferInnen einen sehr hohen Einfluss haben, gehört der Durchschnittsumsatz pro Kunde. Denn:

- 75 Prozent aller Kaufentscheidungen fallen im Geschäft! Es liegt also an den Verkäuferinnen, zusätzliche Kaufentscheidungen »hervorzulocken«.
- 80 Prozent aller Kunden sind für Zusatzempfehlungen ansprechbar. Aus drei Zusatzempfehlungen wird im Durchschnitt ein Zusatzverkauf (mehr dazu im Abschnitt 48).
- Freundlichkeit und Lächeln sowie aufmerksamer und höflicher Service erhöhen die Verweildauer und die Kaufbereitschaft der KundInnen messbar.

Auch hier sollte die Auslobung einer Prämie die Basis sein. Diese Prämie wird dann im Rahmen einer schönen »Dankeschön-Veranstaltung« an die erfolgreichen VerkäuferInnen überreicht.

Senkung des Wareneinsatzes

Der Wareneinsatz einer Bedientheke ist von vielen Faktoren abhängig, bei denen die Arbeit der VerkäuferInnen wesentlich ist. Wareneinsatz wird beispielsweise beeinflusst von:

- Wareneingangskontrolle
- Höhe des Warenbestands / Bestellungen der Filiale in der Zentrale
- Schnelligkeit des Warenumschlags
- Temperaturen beim Lagern und Kühlen (Fleisch z. B. verliert viel Wasser, wenn es zu warm ist)
- Erhitzen (jedes Grad zu viel beim Garen erhöht den Gewichtsverlust)
- Rezepturen (z. B. bei der Zubereitung von Imbissen oder der Herstellung von Feinkostsalaten)
- Verderb, der durch umsichtige Planung und vorausschauendes Verkaufen vermeidbar gewesen wäre
- Warenausgangskontrolle/Fehlverkäufe, z. B. wenn eine falsche PLU-Taste gedrückt wurde
- Mitarbeiterdiebstahl
- Kundendiebstahl

TIPP: Die Quote für den Wareneinsatz an der Bedientheke ist leicht messbar. Das Erreichen einer neuen Sollzahl kann großzügig belohnt werden. Denn jedes Prozent weniger Wareneinsatz ist bei sonst gleichbleibenden Daten ein Prozent mehr Ertrag!

Mitarbeitergewinnung

Wir werben um MitarbeiterInnen, wie um KundInnen! Der Mangel an Nachwuchs und leistungsbereiten Fachkräften wird durch den demografischen Wandel (wir werden weniger und immer älter) noch verstärkt. Der Mitarbeitergewinnung kommt dabei erhebliche Bedeutung zu. Motivierte VerkäuferInnen sind die idealen Partner für die Mitarbeiterakquise. Wir locken dazu einerseits mit einer Dankeschön-Prämie. Wir stärken aber auch die Position der MitarbeiterInnen, die sich im Bereich Mitarbeiterwerbung verdient gemacht haben. Denn: Wer MitarbeiterInnen werben kann, qualifiziert sich zur Führungskraft.

TIPP: Wer MitarbeiterInnen geworben hat, wird nach der Einstellung dieser MitarbeiterIn zum »Paten«, der für die gute Einarbeitung der oder des Neuen verantwortlich ist.

Produktentwicklung

Wichtige Grundsätze zur Produktentwicklung heißen:

- Auch das beste Produkt braucht ständige Weiterentwicklung und Verbesserungen, um diese Führungsrolle immer wieder zu dokumentieren.
- Auch besonders renommierte Hersteller müssen die neuen Trends beobachten und sie erfüllen oder eine Alternative dazu darstellen.
- Es darf unseren Stammkunden (die immer bei uns kaufen) nie langweilig werden. Deshalb brauchen wir immer wieder Neuigkeiten.
- Der Geschmack der Menschen unterliegt Moden, die wir erfüllen (z. B. mehr luftgetrockneter Schinken, weniger geräucherter).
- Produktentwicklung und -verbesserung kann auch die Abpackung, Verpackung, Etikettierung oder Bewerbung betreffen.

Die große Chance, hierzu VerkäuferInnen einzubinden, liegt auf der Hand. Denn, wer kann sicherer zu Verbesserungen beitragen als diejenigen, die unsere Produkte täglich an den Endkunden verkaufen?

217

FAZIT – DARAUF KOMMT ES AN

Starten Sie jetzt Ihr »betriebliches Verbesserungswesen«! Nutzen Sie dazu das Wissen Ihrer VerkäuferInnen. Schaffen Sie eine offene Gesprächskultur. Jeder darf alles sagen, auch mal etwas Falsches. Und dann: Fragen Sie Ihre VerkäuferInnen nach Verbesserungen! Danken Sie, wenn Antworten kommen. Prämieren Sie die Antworten, die auch umgesetzt wurden.

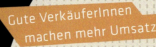
Gute VerkäuferInnen machen mehr Umsatz

218

Für die Bedientheke mit Fleisch, Wurst und anderen feinen Lebensmitteln gilt hinsichtlich der Einkaufshäufigkeit der KundInnen diese Ordnung:

- Ein Drittel aller Kunden sind **Seltenkunden**. Diese kaufen ein bis viermal jährlich an dieser Theke ein. Aus Fachgeschäften, die ein überdurchschnittlich hohes Niveau zu Sortiment und Beratung bieten, ist bekannt, dass diese Seltenkunden meist in der Woche vor Weihnachten, vor Silvester und vor Ostern einkaufen.

- Ein Drittel aller Kunden sind **Gelegenheitskunden**. Diese kaufen fünf bis 24 Mal jährlich in diesem Geschäft ein. Gelegenheitskunden sind häufig dadurch motiviert, dass sie einmal auf dem Weg zur Arbeit, ein anderes Mal wohnortnah und am Wochenende vielleicht innerhalb eines Einkaufszentrums ihre Lebensmittel einkaufen.

- Ein Drittel aller Kunden sind **Stammkunden**. Das sind Kunden, die 25 Mal und öfter pro Jahr in diesem Geschäft einkaufen. Wesentlich für die Bewertung dieser Stammkunden ist, dass diese bis zu 82 Prozent des Gesamtumsatzes der Bedientheke ausmachen.

Mit dieser Gliederung der Kunden ist die gewünschte Änderung offensichtlich: Seltenkunden sollen zu Gelegenheitskunden werden und Gelegenheitskunden sollen zu Stammkunden werden. Die besten Maßnahmen dazu brauchen vor allen eines: die engagierte Mithilfe der VerkäuferInnen.

SELTENKUNDEN WERDEN ZU GELEGENHEITSKUNDEN – DIE BESTEN MASSNAHMEN

1. Dankeschön-Aktion zum Jahresanfang

Januar und Februar sind an den meisten Bedientheken eher schwache Monate. In den letzten beiden Wochen des Dezembers jedoch waren auch die Seltenkunden wieder da. Alle Bedienkräfte wissen: »Da kommen viele, die wir sonst das ganze Jahr nicht sehen.« Genau das ändern wir mit der »Dankeschön-Aktion zum Jahresanfang«:

Mit einer Rabattkarte zum Abstempeln oder im Rahmen einer elektronischen Kundenkarte geben Sie einen besonderen Vorteil für die Einkäufe in diesem Zeitraum. Wir motivieren die Kunden so zu einer höheren Einkaufshäufigkeit. Möglichkeiten der Ausgestaltung:

- »Doppelte Treuepunkte zum Jahresanfang. Aber am Aschermittwoch ist alles vorbei«
- »Für 28 Stempel, die Sie bis spätestens 28.02. sammeln, erhalten Sie einen 5-Euro-Einkaufsgutschein«

PS: Einen Stempel gibt es für je 5 Euro angefangene Einkaufssumme, im Rahmen der Nachkalkulation ergibt sich meist, dass für durchschnittlich 7 EUR ein Stempel gewährt würde. In diesem Fall würden wir also eine durchschnittliche Einkaufssumme von 196 EUR mit 5 EUR, also etwa 2,5 Prozent prämieren.

DER WEG
von SeltenkundInnen zu StammkundInnen

TIPP: Die Rabattkarte persönlich überreichen und ausloben, etwa mit »Da lohnt sich das Mitmachen wirklich«.

2. Wochenangebote oder Angebot zur »Wurst des Monats Januar« mit einpacken

Wenn die Seltenkunden in den starken Wochen vor Weihnachten und Silvester an der Kasse stehen, geben wir Ihnen »Unsere Angebote zum Jahresanfang« als Ausdruck mit. Um die vielen Dezemberkunden in den eher geschäftsschwachen Januar hinüberzuretten, empfiehlt es sich auch, eine besondere Produktidee für den Januar zu bewerben: »Unsere Wurst des Monats Januar« oder ähnliches.

Bedenken Sie bitte: Ein Angebotszettel, der auf einem Stapel zum Mitnehmen liegt, ist nichts wert. Aber das Angebotsblatt, das von der VerkäuferIn persönlich überreicht wird, vielleicht noch mit einem Hinweis auf ein wirklich besonderes Angebot, wird Aufmerksamkeit und Wertschätzung erfahren.

3. Kundendaten erfassen, Kundenkarten verteilen

Wenn wir über ein elektronisches Kundenbindungssystem (Kundenkarte) verfügen, dann ist die Zeit der vielen Seltenkunden ideal, um diese Kundenkarte zu bewerben. Gerade die Seltenkunden müssen wir motivieren, uns Ihren Antrag auf einen Kundenkarte hier zu lassen. Der Einwand dagegen ist bekannt: »Zu Weihnachten und Silvester haben wir eh schon genug zu tun, da können wir nicht noch Betreuung in Sachen Kundenkarte machen.« Aber: Gerade dann lohnt es

sich. Da lohnen sich dann auch Aushilfskräfte, die diese Maßnahme betreuen. Mit den Kundendaten können wir dann gezielt werben, um die Kunden auch zu den eher geschäftsschwachen Zeiten zu uns in den Laden zu bekommen.

TIPP: Ein gut funktionierendes Instrument zur Verbesserung der Kundenbindung sind auch Coupons, die für den nächsten Einkauf einen bestimmten Vorteil versprechen.

GELEGENHEITSKUNDEN WERDEN ZU STAMMKUNDEN – DIE BESTEN MASSNAHMEN

Die Basis einer stärkeren Kundenbindung mit dem Ziel der Steigerung der Einkaufshäufigkeit ist das elektronische oder stempelbare Kundenkartensystem mit Bonuspunkten, für die es bei der Einlösung Einkaufsgutscheine oder Sachpreise gibt. Eine noch stärkere Intensivierung erreichen wir mit Veranstaltungen, bei denen die KundenInnen untereinander und mit dem Unternehmen zu einer Gemeinschaft werden. Einige Beispiel dazu:

• Degustationen. Sie laden exklusiv Ihre »Kartenkunden« (die InhaberInnen einer Kundenkarte) zu einer Veranstaltung mit Verkostung und kleinem Vortrag über ein kulinarisches Thema ein. Je nach Ausgestaltung darf dafür auch ein Eintrittspreis verlangt werden. Stattfinden sollte das im Ladengeschäft und

nach Geschäftsschluss. Die Themen zu solchen Veranstaltungen sind so reichhaltig wie die Produkte in der Theke. Gerade Kombinationen sind spannend und ergeben gute Themenabende: »Kulinarische Kontraste: Edelsüße Weine und Schimmelkäse« oder »Der Italienabend: Barbera, Barolo und Parma« oder »Südtiroler Hüttenabend: Speck und Schlutzkrapfen, Vernatsch und Lagrein«.

- Kulturelle Veranstaltungen. Zwei Varianten sind dazu bekannt:
  → Veranstaltungsserien in eigener Organisation. Dabei tritt der eigentliche geschäftliche Zweck des Ladengeschäfts in den Hintergrund, und es treten SängerInnen, TänzerInnen und andere Kulturschaffende auf. Oder es findet einfach Party mit Musik und guter Stimmung statt. Die Verpflegung der Gäste übernimmt dabei natürlich das Team der Bedientheke.
  → Ladenraum Dritten als Veranstaltungsraum nach Geschäftsschluss anbieten. Ausschlaggebend dafür ist folgender Gedanke: Viele Menschen würden wir – nur des Einkaufs wegen – lediglich schwer ins Geschäft locken. Wenn der Ladenraum aber zu einem soziokulturellem Zentrum wird, haben viel mehr Menschen Kontakt zu uns und zu unseren Produkten.

BEISPIEL: In Rothenburg o. d. T. finden die wichtigen kulturellen Veranstaltungen nicht etwa in einem städtischen Theater, sondern in einem Autohaus statt, das seinen Showroom speziell so gebaut hat, dass Kulturveranstaltungen mit bis zu 450 Personen stattfinden können.

STAMMKUNDEN WERDEN NOCH MEHR GEBUNDEN – DIE BESTEN MASSNAHMEN

Stammkunden sind die wertvollsten Kunden. Entsprechend bemühen wir uns hier, aus einem Stammkunden einen Familienkunden zu machen. Idealerweise können wir die Stammkunden über unser Kundendatensystem erfassen und haben die Anschriften. Das Ziel unserer Mühe: Die Austrittsbarriere für diesen Kunden muss immer höher werden. Er soll sich als Familienkunde als Teil einer liebevollen Gemeinschaft fühlen. Maßnahmen dazu:

- Einladung als Mitglied zum Kundenclub. Der Kundenclub unterstützt das Unternehmen bei der Produktentwicklung oder der Sortimentsplanung. Der Kundenclub kann eine wechselnde Zusammensetzung aus dem Kreis der Stammkunden haben. Um die intime Beziehung zu diesen Stammkunden zu unterstreichen, trifft sich der Kundenclub z. B. im Besprechungs- oder Seminarraum des Unternehmens. Die ganze Organisation zielt darauf ab: »Ihr gehört zu uns.«
- Geburtstagsgrüße. Handschriftliche Geburtstagskarte, zu runden Geburtstagen ein Geburtstagsgeschenk, ab dem 80. Geburtstag mit persönlichem Besuch verbunden.

Darauf kommt es an bei Kundenbindungsmaßnahmen

Kundenbindung ist zur wichtigsten Marketingaufgabe geworden. Der Grundgedanke dabei ist, Kunden dafür zu belohnen, dass sie öfter und mehr in einem Geschäft kaufen.

Inzwischen ist der Markt mit Anbietern von elektronischen Kundenkarten stark gefüllt. Es wird schwieriger, die KundInnen zu überzeugen, warum gerade diese Kundenkarte noch im Geldbeutel Platz finden muss. Ganz deutlich wird dabei: Der Kunde orientiert sich am eigenen Nutzen, am Vorteil. Es gilt daher, umsichtig zu planen, wenn man eine elektronische Kundenkarte einführen will. Es gilt aber die Pflicht, eine schon bestehende elektronische Kundenkarte weiterzuentwickeln. Hierzu gibt es verschiedene Möglichkeiten:

- Neue Prämien. Wenn Sie immer wieder neue Prämien einführen, mit der »Prämie des Monats« locken oder auch durch die Staffelung von Bonuspunkten zum Weitersammeln anreizen, bringen Sie Bewegung in Ihr Kundenbindungssystem.

- Coupons für Kartenkunden. Belohnen Sie Ihre KartenkundInnen! Schenken Sie den KartenkundInnen Probiergutscheine zur Produktneueinführung oder eine bestimmte Anzahl von Bonuspunkten zum Geburtstag oder zu Weihnachten.

- Bonuspunkte-Sonderaktionen. »Im Jubiläumsmonat Oktober doppelte Punkte« oder »Auf alle Rohschinken-Spezialitäten doppelte Punkte« – so können Sie Ihre Kartenkunden zu genau den Mehreinkäufen locken, die Sie sich wünschen.

- Bonuspunkte und Statuspunkte. Das ist die Königsklasse der elektronischen Kundenbindungssysteme. Mit den Bonuspunkten sammelt die KundIn Punkte und erhält dafür bestimmte Prämien. Mit zusätzlichen Statuspunkten (die es meist im Verhältnis 1:1 zu den Bonuspunkten gibt) kann der Kunde einen besonderen Status erreichen, mit dem dann bestimmte Privilegien (z. B. kostenloser Kaffee beim Einkauf, kostenlose Nachhause-Lieferung, kostenlose Sonderverpackungen u. a.) verbunden sein können.

»Kundenbindung« sollte aber nicht auf die elektronisch lesbaren Karten beschränkt werden. Gerade für Familienunternehmen gilt: Individualität ist Trumpf. Einige Tipps, die sich in der Praxis erfolgreicher Fleischerfachgeschäfte bewährt haben:

- Zugaben bei bestimmten Einkäufen. Bewerben Sie beispielsweise »Bei jedem Fleischeinkauf von mehr als 750 Gramm erhalten Sie 1 Packung Eiernudeln gratis« oder »Beim Einkauf von sechs und mehr Grillsteaks erhalten Sie 150 Gramm hausgemachte Grillsoße gratis«.

- Verlosungsaktionen. Was im Dezember mit der Weihnachtsgansverlosung funktioniert, das passt natürlich auch zum Osterschinken.

- Vorteilstüten. Wir bedrucken Tüten, die beispielsweise dazu auffordern, ein Kilo Grillspezialitäten nach Wahl zu einem besonders günstigen Preis einzukaufen. Die leere Tüte verteilen wir als Werbemittel.

**Die Verkaufsziele bestimmen die Form
und die Organisation des Kundenbindungssystems**

Ziel: »Ich will vor allem neue KundInnen finden.«

Weg: Werbemaßnahmen (Anzeigen, Direkt-Mailings, Verteilaktionen) mit Coupons, die im Geschäft einzulösen sind und einen bestimmten Vorteil geben. »Kunden werben Kunden«-Aktion, auf Basis eines bestehenden Kundenbindungssystems (elektronisch oder gedruckt)

Ziel: »Ich will vor allem einen höheren Durchschnittsumsatz pro KundIn.«

Weg: Kundenkarte (elektronisch oder gedruckt). Bonuspunkte/Rabatt gibt es erst ab einem bestimmten Mindesteinkauf (z. B. Für 10 EUR Einkaufssumme gibt es einen Bonuspunkt/einen Stempel in die Karte o. ä.).

Ziel: »Ich will vor allem eine höhere Einkaufshäufigkeit meiner bestehenden KundInnen.«

Weg: Kundenkarte (elektronisch oder gedruckt). Bonuspunkte/Rabatt gibt es linear zur Einkaufssumme, und zusätzlich gibt es für jeden Einkauf (unabhängig von der Höhe) eine bestimmte Anzahl Bonuspunkte.

Ziel: »Ich will kundengerecht/zielgruppengenau anbieten und beraten.«

Weg: Kundenkarten (elektronisch). Das Kaufverhalten wird erfasst und ausgewertet. Darauf aufbauend werden Verkaufsgespräche/Direktmailings gestaltet.

FAZIT – DARAUF KOMMT ES AN

Wir sind als KonsumentInnen überwiegend egoistisch – wir wollen unseren Vorteil. Dieser Vorteil kann materiell sein oder etwas, was uns Spaß macht, Bestätigung gibt, gute Laune bereitet. Kundenbindung ist ein Spiel, bei dem der Kunde das Gefühl hat, immer zu gewinnen.

Gute VerkäuferInnen machen mehr Umsatz

Aus Zusatzempfehlungen

ZUSATZ-UMSÄTZE MACHEN

223

Zusatzempfehlungen haben bei vielen VerkäuferInnen ein schlechtes Ansehen. Das liegt daran, dass das hervorragend wirksame Instrument von manchen Marktpartnern missbraucht wird, um Produkte in den Markt hineinzudrücken. Die KundenInnen müssen sich dagegen geradezu wehren. Solche Negativbeispiele sind:

• Tankstellen. Oft wird jedem Kunden – auch wenn er signalisiert, dass er nicht unnötig angesprochen werden möchte und etwa in Eile ist – ein besonderes Kaffee- oder Süßigkeitenangebot offeriert.

• Burger-Restaurants. Das dreisteste Modell der Zusatzempfehlung wird bei den Anbietern von »Big Macs« oder »Whoppern« praktiziert. Dann stellt die freundliche Bedienkraft noch die Frage: »Möchten Sie Ihren Burger als Menü oder als Maxi-Spar-Menü?« Es bleibt dem Kunden nur noch mit List die Chance, zu sagen: Nein, ich habe nur einen Burger bestellt, gar kein Menü!

Alle VerkäuferInnen wissen: Das wollen wir nicht machen. Wir wollen keine Verkäufe drücken müssen. Zum Selbstverständnis aller VerkäuferInnen gehört das Beraten und das Bedienen, aber nicht das »Drücken«.

Deshalb setzt diese Empfehlung zu Zusatzempfehlungen auch nicht beim Produkt, sondern beim Kunden an. Das Ziel ist, dass uns die KundInnen dankbar dafür sind, dass wir mitdenken und etwas besonders Passendes empfehlen.

PASSENDE ZUSATZEMPFEHLUNGEN GEBEN

Wir machen das in erster Linie für unsere KundInnen, die sollen von unseren Empfehlungen den Hauptvorteil haben. Dass dabei ein Mehrumsatz entsteht, ist uns natürlich hoch willkommen.

Phase 1: Ansprechbare KundInnen erkennen

Ein Viertel bis ein Fünftel aller Kunden ist für Zusatzempfehlungen nicht ansprechbar. Die Signale, dass Zusatzempfehlungen entweder nicht erwünscht oder von vorneherein aussichtslos sind, sind häufig rein körpersprachlicher Art. Beispiel dafür:

- »Keine Zeit«: Erkennbare Eile, Schweißtropfen auf der Stirn, schnelles und abgehacktes Sprechen beim Bestellen, Ungeduld, »es kann dieser KundIn gar nicht schnell genug gehen«.

- »Kauft im Auftrag«: Kunden, die bei der Bestellung von einem mitgebrachten Zettel ablesen oder gar sagen: »Das soll ich mitbringen ...«, haben wenig Entscheidungsspielraum und wollen meist nur ihren Auftrag so gut wie möglich erfüllen.

TIPP: Wenn Sie sich unsicher sind, ob diese KundIn für Zusatzempfehlungen ansprechbar ist, dann gehen Sie auf die sichere Seite, und das ist immer die der Höflichkeit: »Wenn Sie erlauben, dass ich Ihnen noch etwas ganz Besonderes zeige ...« (und wenn kein »Nein« kommt, haben Sie das zu empfehlende Produkt schon in der Hand.

Phase 2: Kundennutzen erkennen

Mehrere Kapitel dieses Buches trainieren die Wahrnehmung der KundenInnen, also das sensible und aufmerksame Erfassen aller Kundeneigenschaften und -wünsche. Gerade wenn wir das verinnerlicht haben,

können wir auch für uns erkennen: Welcher Kunde hat an welchen Empfehlungen Interesse. Wir suchen genau diese Produkte aus. Damit die KundInnen die Triebfeder unseres Handels erkennen, sagen wir es auch öfter. Bei der Art der Kundenansprache berücksichtigen wir die Situation, unsere Position und die Qualität der Beziehung zu diesem Kunden. Beispiele:

- »Da habe ich noch etwas, was vielleicht ganz genau zu Ihren Geschmacksvorlieben passt ...«
- »Wenn Sie unseren luftgetrockneten Schinken mögen, dann werden Sie unsere Coppa lieben ... ich zeige sie Ihnen mal.«
- »Ich weiß doch, was Ihnen schmeckt. Schauen Sie mal hier ...«

TIPP: Der ideale Zeitpunkt für eine Zusatzempfehlung ist, wenn der Kunde schon gesagt hat: »Danke, das war dann alles«. Die Auswahl der Zusatzempfehlung treffen Sie, in dem Sie alle Eigenschaften der KundIn wahrnehmen – Sie wissen vielleicht um Familienstand, Ernährungsbedürfnisse, Genussvorlieben, Kaufkraft u. a. Entsprechend können Sie die passgenaue Zusatzempfehlung für jede KundIn geben.

Phase 3: Zeigen und erklären

In dem Moment, in dem wir das zu empfehlende Produkt zeigen, erklären wir es und loben es aus. Zutaten, Herkunft, Geschmack, Geruch ... wir erklären zuerst das, wovon wir selbst am meisten begeistert sind.

TIPP: Zur Verbesserung des sprachlichen Ausdrucksvermögens schauen Sie bitte Kapitel 2 und 8.

Phase 4: Probieren lassen

Wenn wir den Kunden mit den Zeigen und Erklären noch nicht zu einer Bestellung überzeugen konnten, lassen wir ihn probieren: »Darf ich Ihnen eine kleine Scheibe als Kostprobe geben?« Dann lassen Sie den Kunden in Ruhe verkosten – oft will er in Ruhe und überlegt riechen und schmecken. Ihre Aufmerksamkeit bleibt dabei beim Kunden. Es reicht dann Ihr fragender Blick, um eine Bewertung einzufordern. Wenn es eine positive, zustimmende Bewertung war, ist das das Signal, jetzt auch die Bestellung »abzuholen«.

TIPP: Drängen Sie keine Kostprobe auf. Zwangsverkostungen sind nicht beliebt.

Phase 5: Bestellung »abholen«

Jetzt wird aus der Zusatzempfehlung der Zusatzverkauf: Darf ich Ihnen davon etwas abschneiden? Wie viel hätten Sie gerne?

Phase 6: Weitere Zusatzempfehlung

Vielleicht sagt Ihre KundIn nach der Zusatzempfehlung: »So, jetzt ist es aber wirklich genug.« Dann bedanken Sie sich und schließen den Einkauf ab. Wenn die Kundin sich aber weiterhin offen zeigt – beispielsweise mit dem Hinweis: »Das war ja wirklich ein toller Schinken, den Sie mir da zum Probieren gegeben haben« – dann werden Sie mit einer weiteren Kostprobe wieder einsteigen!

Rechenbeispiel

In einer Filiale mit sieben Verkäuferinnen werden ab jetzt nach dem oben beschriebenen Modell Zusatzempfehlungen gegeben:

Sieben VerkäuferInnen haben je täglich im Durchschnitt 120 Kunden.

Drei Viertel dieser Kunden sind für Zusatzempfehlungen ansprechbar.

Ein Drittel der angesprochenen Kunden kaufen das empfohlene Produkt und machen damit einen Umsatz von im Durchschnitt 2,20 EUR.

7 Verkäuferinnen x 30 Kunden x 2,20 EUR x 300 Öffnungstage pro Jahr = 138.600 EUR!

WEITERE ANLÄSSE FÜR ZUSATZEMPFEHLUNGEN

Neben der kundenfreundlichsten und elegantesten Form der Zusatzempfehlung, die an den Wünschen und Vorlieben des Kunden orientiert ist (siehe voranstehenden Text), gibt es eine Reihe weiterer Chancen zur Zusatzempfehlung und zum Zusatzverkauf:

- **Ausgehend von den bereits gekauften Produkten:** Sie sehen, was diese KundIn schon gekauft hat. Und Sie erkennen: Was fehlt da noch? Was passt da noch dazu?

TIPP: Speichern Sie in Ihren Gehirnwindungen das Empfehlungsprogramm der Online-Buchhändler nach der Devise: »Wer diesen Schinken kauft, der kauft auch gerne ...«

- **Ausgehend von den Erfordernissen eines vorausschauenden Abverkaufs:** Vielleicht wissen Sie das ja: Der Dienstagmorgen ist bei allen Filialisten der Tag mit den meisten Retouren. Der Grund dafür: Am Samstag hat niemand an das »vorausschauende Verkaufen« gedacht. Am Montag lag dann noch in der Theke, was noch in Ordnung, aber doch besser am Wochenende geschmeckt hätte. Am Dienstagmorgen ist es dann eine Retoure, welche die Bilanz unserer Filiale verschlechtert.

Deshalb: Empfehlen Sie rechtzeitig – also noch lange bevor »es weg muss« – und reduzieren so die unschönen Warenretouren.

TIPP: Dazu bespricht sich das Filialteam und legt gemeinsam fest: »Den gegrillten Braten verkaufen wir heute. Dazu empfehlen wir und lassen probieren. Denn der schmeckt heute noch klasse, aber nicht mehr übermorgen.«

FAZIT – DARAUF KOMMT ES AN

Alle wissen es und alle glauben es: Durchschnittlich jede dritte Zusatzempfehlung wird zum Zusatzumsatz. Das Problem ist das Wörtchen »durchschnittlich« – denn manchmal dauert es länger. Und dann müssen wir durchhalten. Und noch eine Absage »einstecken«. Die nächste Empfehlung wird wieder ein Erfolg.

49.

Gute VerkäuferInnen machen mehr Umsatz

226

KOSTPROBEN

Wer probiert, hat schon halb gekauft

Coca Cola wurde vor über 110 Jahren über Kostproben in den Markt gebracht. Kein Mensch hätte vorher jemals daran gedacht, eine braune Brause trinken zu wollen! Kostproben können enorm vielfältig und erfolgreich als Instrument zur Förderung des Verkaufs eingesetzt werden. Das Geheimnis des Erfolgs von Kostproben ist einfach und liegt in unserer Zivilisation und unseren allgemein gültigen gesellschaftlichen Umgangsformen begründet. Und da gilt einfach: Wer probiert hat, hat schon halb gekauft! So sicher, wie der Erfolg, so vielfältig sind die Einsatzmöglichkeiten von Kostproben.

Individuelle Kostproben an der Theke
- Die Kostprobe ist auf die einzelne KundIn abgestimmt.
- Die Auswahl der Kostprobe zeigt die besondere Aufmerksamkeit, die wir den KundInnen entgegenbringen.

Standardisierte Kostproben an der Theke
- In Form eines Kostprobentellers (mit Holzstickern zur Selbstbedienung für den Kunden). Dazu gehört ein Infoschild, auf dem das Produkt beschrieben ist. Das Angebot des Kostprobentellers sollte täglich wechseln, sodass auch täglich einkaufende KundInnen einen immer neuen Anreiz finden.
- Zur Produktneueinführung. Dann werden allen ansprechbaren KundInnen die neu einzuführenden Produkte gezeigt und zur Verkostung angeboten.

TIPP: Der Kostprobenteller ist eine gute Sache, aber hinsichtlich der Wirkung ist er von allen hier vorgestellten Kostprobenaktionen der mit der geringsten Wirkung. Aktionen, bei denen Kostproben aktiv durch die Bedienkräfte angeboten werden, wirken nachhaltiger.

Kostproben an Aktionsständen im Laden
- In Verbindung zu Verkaufsförderungsaktionen
- Zu Jubiläen, Stadtfesten und ähnlichen Anlässen

Kostproben bei Infoständen
- Vor dem Ladengeschäft. Passanten werden zu einem Thema angesprochen, es wird Informationsmaterial verteilt und dazu werden Probierhäppchen angeboten.

- Bei Veranstaltungen, Messen oder im Rahmen von Aktionen, die vom Unternehmen gesponsert wurden

Kostproben bei Hausbesuchen
- Dabei machen VerkäuferInnen mit Kostproben und Infomaterial Hausbesuche – ähnlich den Politikern im Wahlkampf.
- Es werden mit der persönlichen Ansprache Kostproben überreicht. Weiterhin eine Infobroschüre und ein Coupon für eine Vergünstigung (z. B. 10 Prozent Rabatt) beim nächsten Einkauf.

TIPP: Diese Werbeaktion ist mehrfach erfolgreich getestet. Sie kostet nur am Anfang die Überwindung, an fremden Türen zu klingeln. Aber auch dieses Training – das Ablegen dieser Scheu – schafft eine weitere verkäuferische Qualifikation.

Kostenprobengutschein in der Werbung
- Dabei wird in eine Werbeanzeige ein Gutschein integriert, der im Geschäft gegen z. B. eine 30-Gramm-Kostprobe des beworbenen Artikels eingelöst werden kann.
- So werden auch zusätzlich Kunden in den Laden gelockt, die nicht alle nur den Gutschein einlösen.

227

KOSTPROBEN + PERSÖNLICHE ANSPRACHE = ERFOLG
Aktionen mit Kostproben sind bei Bedienkräften meist dann am beliebtesten, wenn die Probierhäppchen passiv angeboten werden. Dann steht da einfach ein Kostprobenteller, von dem sich die Kunden bedienen können. So ein Kostprobenteller könnte aber auch an einer SB-Theke stehen. Das Vertriebssystem Bedientheke punktet erst mit seinen Vorteilen, wenn Kostproben mit der persönlichen Ansprache der VerkäuferInnen verbunden sind.

BEI KOSTPROBEN DIE VOLLE AUSWAHL ZEIGEN
Käsewürfel und Wurstscheiben oder auch Brotstückchen mit Streichwurst – das sind die standardmäßigen Klassiker der Kostproben an der Bedientheke. Nutzen Sie die weiteren Möglichkeiten:

- Kontaktgrill an der Fleischtheke zur Verkostung von frisch gegrillten Steakspezialitäten
- Kochplatte am Aktionsstand, an dem wir den leckeren Geschmack unserer hausgemachten Fertiggerichte verkosten lassen.

TIPP: Die Kunden sollen verkosten und dann kaufen, nicht von den Kostproben satt werden. Wenn aber ein Kunde eine zweite Kostprobe haben will, zeigen wir uns großzügig.

DIE BEDIENTHEKE WIRBT AM EFFEKTIVSTEN MIT IHRER WARE

Die ganz Sparsamen werden bei den Vorschlägen zu Verkostungsaktionen einwenden: »Das kostet aber viel Ware.« Ja. Aber bei einem Kosten-Nutzen-Vergleich mit anderen Werbemaßnahmen (Anzeigenwerbung, Postwurfsendung, Plakate u. a.) schneiden die Verkostungen stets sehr gut ab. So wie grundsätzlich eine Regel aufgestellt werden kann: Die Bedientheke wirbt am effektivsten mit Ihrer Ware und mit den Bedienkräften.

FAZIT – DARAUF KOMMT ES AN

Es geht darum, die KundInnen etwas »anzufüttern«, ihnen Lust zu machen. Dazu sind Kostproben ideal geeignet. Wenn die Auswahl der Kostprobe dann noch Aufmerksamkeit zeigt und ein Lächeln die Verkostung begleitet, ist der Zusatzverkauf fast sicher.

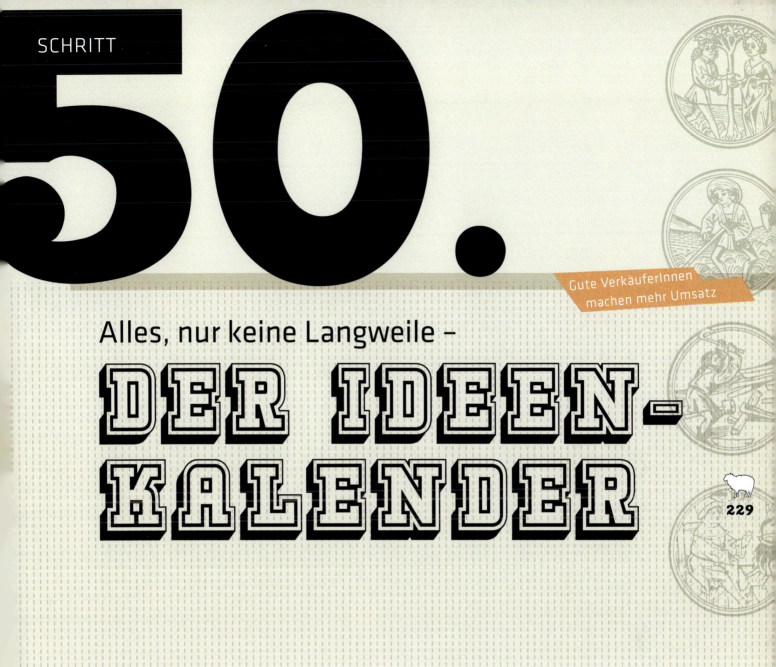

Gute VerkäuferInnen machen mehr Umsatz

Alles, nur keine Langweile –

DER IDEEN-KALENDER

229

Themenwochen und Verkaufsförderungsaktionen, Jubiläen und Preisausschreiben, Spargel- und Erdbeersaison, Karneval und Kirchweih, Weihnachten und Ostern – es gibt an der Bedientheke ständig neue Aktionen, damit es den KundInnen nie langweilig wird. Und gleichzeitig müssen wir jeden Tag neu überlegen, wie wir den wirtschaftlichen Ertrag sichern, sodass die Sollzahlen erreicht werden. Und Spaß machen soll es auch! Anregungen für das erfolgreiche Arbeitsjahr an der Bedientheke gibt dieser Ideenkalender für die 52 Kalenderwochen.

1. Kalenderwoche

- Die freundlichen Gesten zu allen MitarbeiterInnen zum Jahresanfang nicht vergessen: Händeschütteln, lächeln und ein gutes neues Jahr wünschen.
- Am ersten Arbeitstag die anwesenden Verkäuferinnen an die Ziele (Sollzahlen) erinnern, die wir in diesem Jahr erreichen wollen. Danach vorgeben, worauf es in dieser Woche und an diesem Tag ankommt.
- Vorausschauend verkaufen – am 2. Januar liegt noch einiges in der Theke, was wir zu Silvester angeboten hatten. Jetzt heißt es: Zusatzempfehlungen geben.

• Nach den Silvesterpartys ist für viele Menschen wieder mehr »gesunde Ernährung« und Gewichtsreduktion angesagt – helfen Sie dabei mit Ihren Empfehlungen.

2. Kalenderwoche

• Jetzt beginnen sich die Menschen auf den Frühling zu freuen, und in vielen Regionen ist die Hochzeit für Karneval und Fasching – setzen Sie mit Dekoration und Warenpräsentation entsprechende Akzente!

• In dieser üblicherweise etwas schwächeren Verkaufswoche haben wir Zeit zum Planen der Verkaufsförderungsaktionen, Verkostungsaktionen u. a.

• Innerbetriebliche Weiterbildungsmaßnahmen durchführen. Beispielsweise: VerkäuferInnen lernen live in der Küche und in der Produktion, wie unsere Vorteile heißen.

• Aktionsangebote in der unteren Preisrange – viele haben zum Jahreswechsel zu viel Geld ausgegeben und sind jetzt knapp bei Kasse.

3. Kalenderwoche

• Es ist kalt draußen und Sie heizen Ihren KundInnen mit der »Suppen- und Eintopfwoche« ein. Dazu gibt's einen Aktionsstand vor dem Ladengeschäft mit Kostproben für die Passanten. Die Suppen und Eintöpfe gibt es als Gerichte zum Verzehr im Laden, als warme versiegelte Gerichte »to go« und als Glaskonserven.

• Abends haben Sie Zeit zum Lesen: Nehmen Sie sich

für diese Woche ein Buch nach Wahl zum Thema »Kommunikation« vor (oder arbeiten Sie das Kapitel 8 in diesem Buch noch einmal durch).

• Winterzeit ist Fortbildungszeit: Wo möchten Sie gerne besser werden? Suchen Sie nach Seminarangeboten und melden sich an!

4. Kalenderwoche

• Die »Fit und schön« heißt das Thema an Ihrer Theke, und die vielen mageren Produkte stehen im Mittelpunkt, sind als »Fitnessprodukte« besonders gekennzeichnet und mit Nährwertangaben versehen. An der Kasse gibt's für jeden Kunden einen kleinen Gratisapfel.

• Überprüfen Sie die Urlaubsplanung für alle VerkäuferInnen: In 10 Wochen ist Ostern, dann müssen alle arbeiten. Aber jetzt können Urlaubstage genommen und Überstunden abgebaut werden.

• Zum Ende des eher geschäftsschwachen Monats Januar noch einmal »auf die Tube« drücken und gemeinsam versuchen, mit Zusatzempfehlungen 10 Prozent mehr Umsatz als in der Vorjahreswoche erreichen. Wenn's geklappt hat, gibt's eine Dankeschön-Einladung in die Pizzeria.

5. Kalenderwoche

• Bald ist Rosenmontag. Planen Sie Ihre Aktion zu Karneval und Fasching. Die Bausteine dazu: Sonderangebote,

Preisausschreiben, Berufskleidung, Aktionsverkäufe mit Weißwürsten oder Krapfen/Berlinern.

- Steht der betriebliche Fortbildungsplan mit Seminaren, fachlichen Erlebnissen und Besuchen auf dem Bauernhof, einer Käserei oder einem »Feinkosttempel«?
- Monatsgespräch im Geschäft oder in der Filiale planen: Wie war der Januar hinsichtlich Umsatz- und Kundenzahlen, wie ist der Umsatz pro VerkäuferInnenstunde? Wie heißen die Maßnahmen, dass wir im Februar besser werden?
- Appell an alle VerkäuferInnen zum 1. Februar: Dieser Monat hat weniger Tage, wir haben aber die gleichen Personalkosten wie in einem Monat mit 31 Tagen. Lasst uns zusammenhelfen, die Lücke mit Kundengewinnung und Zusatzempfehlungen zu schließen.

6. Kalenderwoche

- Jetzt schon an die Spargelsaison denken: Wie heißen die neuen tollen Schinkenangebote, die wir dann in unserer Theke haben werden? Welche neuen kulinarischen Spargelideen entwickelt unsere Küche?
- Verkaufsförderungsaktion »Frühlingsfrische Kräuter«: Da gibt's »Saltimbocca« mit Salbeiblatt, belegte Schinkenbrötchen mit frischem Basilikum. Und der ganze Laden duftet nach den vielen Lavendel-Töpfchen, die Sie zur Deko aufgestellt haben.
- Als Führungskraft kontrollieren Sie in dieser Woche die Körpersprache der VerkäuferInnen und machen sich unauffällig Notizen dazu. Bei der nächsten Teambesprechung zeigen Sie die Defizite und erklären (ggf. mit einem Referenten dazu) die Verbesserungsvorschläge.
- Nutzen Sie den Valentinstag für einen Blumengruß an VerkäuferInnen und KundInnen.

7. Kalenderwoche

- Wir trainieren unsere Fähigkeiten, den Geschmack der eigenen Produkte abwechslungsreich zu beschreiben. Es muss den KundInnen dabei das Wasser im Mund zusammenlaufen. Dieses Training macht im Team besonders viel Freude und fördert den Wettbewerb.
- »Ehrlich regional – hausgemachtes Kochvergnügen aus unserer Heimat« – so heißt die Aktionswoche, die jetzt passt. Kramen Sie Großmutters alte Rezepte dazu aus. Die regionale Küche liegt im Trend und Sie

betonen die Verbundenheit mit der heimischen Landwirtschaft in Ihrer Theke.

- Trendworkshop mit allen VerkäuferInnen. In lockerer und spielerischer Form finden wir heraus, wie die Trends heißen, die zu uns passen. Welche Trends gelten in anderen Branchen? Und wie übertragen wir diese Trends auf uns?

8. Kalenderwoche

- »Hackfleisch, neu entdeckt« – das ist die Verkaufsförderungsaktion, zu der Sie auch einen Aktionsstand mit Verkostungen im Eingangsbereich aufstellen – alternativ gibt's die Kostproben an der Theke. Unsere KundInnen sind dankbar für Anregungen zur schnellen, leckeren und einfachen Küche.
- Das Ein-Stunden-Seminar mit allen Bedienkräften nach Ladenschluss zur Fragetechnik: So können wir abwechslungsreicher als bisher begrüßen und nach der Bestellung fragen! Wir schreiben die Vielfalt der möglichen Fragen auf.
- Machen Sie mal wieder einen Storecheck bei den Wettbewerbern. Was machen die gut? Was machen

sie vielleicht sogar besser als wir? Was können wir übernehmen? Wie sind die Preise, wer ist günstiger? Danach die KollegInnen informieren.

9. Kalenderwoche

- Die Tage werden wieder länger, der Winter geht: Die Frühlingswurst als Aktionsprodukt, das jetzt angeboten und verkostet wird, prägt Ihren Einstieg in das Frühlingsgeschäft.
- Höflichkeits-Seminar für alle Bedienkräfte. Wo können wir noch besser werden? Wie schauen die kleinen höflichen Gesten aus, die wir noch mehr lernen und trainieren müssen?
- Verpackungsservice prüfen: Werden von allen Bedienkräften alle Waren funktional korrekt und optisch schön verpackt? Haben wir das richtige Verpackungsmaterial und setzen wir es richtig ein? Wie schauen die Produkte bei den KundInnen zu Hause im Kühlschrank aus?

10. Kalenderwoche

- Pasta-Wochen. Ihre Theke zeigt die unendliche Vielfalt der Nudelgerichte. Der Clou: Sie stellen live und direkt an der Theke frische Pasta her. Und dann zeigt sich unsere Küche von der ganz kreativen Seite. Verkostungen gehören dazu!
- Wenn wir im Januar und Februar unsere Sollzahlen erreicht haben, gibt es wieder einmal einen Grund, gemeinsam zu feiern. Das macht Spaß und stärkt den Zusammenhalt der VerkäuferInnen. Die Party haben wir uns verdient!
- Wie heißt der Wettbewerber, der in unserer Branche den ganz großen Namen hat? Da fahren wir mal gemeinsam hin und schauen, was wir als Anregungen mitnehmen können.

11. Kalenderwoche

- Haben wir alle Vorbereitungen für das Ostergeschäft getroffen. Es muss zu jedem Ostern etwas Neues für die Kunden geben. Wie heißen unsere Osterneuigkeiten und besonderen Empfehlungen?
- »Zauberworte des guten Benehmens« – wir trainieren in 30 Minuten nach Feierabend, wie wir öfter, besser, wirkungsvoller und schöner »Danke«, »Bitte« und »Entschuldigung« sagen. Alle werden erkennen: Diese drei Worte machen den Verkauf kultivierter!

- Wir führen einen Preisvergleich mit unseren Wettbewerbern durch, machen Testeinkäufe und bewerten. Wir müssen dabei erkennen: Wo sind wir am besten. Das müssen wir im Verkauf vermitteln!

12. Kalenderwoche

- Aus Griechenland kommt jetzt schon der erste Spargel! Und es gibt die ersten Erdbeeren, die auch schon nach Erdbeeren schmecken. Über Ihre Schlemmereien zur »Spargel-Erdbeer-Frühlingswoche« werden sich alle freuen.
- Führungskräfte-Workshop: Rechtzeitig vor dem Ostergeschäft treffen sich die Führungskräfte der Bedientheke zum Gedankenaustausch: Wie können wir besser motivieren? Was muss anders werden?
- Bei den Bedienkräften überprüfen: Hat jeder die wichtige Überzeugung »Wir sind wirklich preiswert!«? Der erfolgreiche Verkauf braucht diese Überzeugung!

13. Kalenderwoche

- Der einsetzende Frühling verlangt nach frischen Farben: Wir überprüfen unser Erscheinungsbild in Schaufenstern, Eingangsbereich, Ladenraum und Theke. Welche Deko brauchen wir?
- Aus Zusatzempfehlungen Zusatzverkäufe machen! An dieses Thema müssen alle Bedienkräfte immer wieder erinnert werden. Der Einwand wird heißen:

»Das machen wir doch schon.« Aber eine gute Führungskraft zeigt dann, wie man es noch besser, regelmäßiger und erfolgreicher machen kann!

- Prüfen Sie: Geben Sie die Fachzeitschriften, die Sie abonnieren, und die Fachbücher, die das Unternehmen besitzt, auch an die MitarbeiterInnen weiter, die dieses Wissen noch nicht haben?

14. Kalenderwoche

- In den Osterferien haben die Menschen auch mehr Zeit zum Frühstücken: Erweitern Sie die Frühstücksangebote. Lassen Sie neue Frühstücksideen verkosten.
- Zu den Feiertagen suchen die KundInnen nach dem Besonderen. Geben Sie in allen Bereichen der Bedientheke »noch mal etwas oben drauf«.
- In der Woche vor Ostern kommen auch viele »Seltenkunden« an Ihre Theke, die Sie vielleicht erst kurz vor Weihnachten wieder sehen würden. Nutzen Sie die Chance zur Kundenbindung (Kundenkartenantrag, Angebotszettel für die Folgewoche mitgeben).

15. Kalenderwoche

Während Sie das Ostergeschäft erfolgreich abwickeln und die Spargelsaison aufblüht, planen Sie schon das Grillgeschäft. Wie heißt die neue hausgemachte Marinade, die es sonst nirgends zu kaufen gibt? Wie heißen die neuen Steakzuschnitte, die wir über eine neue Schnittführung erreichen? Sie brauchen das Außergewöhnliche. Die Wettbewerber dürfen dafür billig sein.

- Non-Food-Artikel für die Grillsaison. Gerade beim Grillen ist nicht nur das Fleisch, sondern auch die Grillausstattung wichtig. Nach den 1000-Euro-Espressomaschinen sind es die 1000-Euro-Grills, welche die Heimausstattung krönen und einen hohen Geltungsnutzen haben. Wollen Sie in diesem Geschäft mitmischen? Vielleicht mit einem kompetenten Partner – auf der Basis gegenseitiger Empfehlungen und gemeinsamer Kundenveranstaltungen?

16. Kalenderwoche

- Ihre Verkaufsförderungsaktion stellt eine populäre deutsche Urlaubsregion mit ihren kulinarischen Highlights vor. Ob »Schwäbische Alb« oder »Bayerisches Alpenvorland«: Sie suchen sich einen Partnerbetrieb, der Sie mit originalen Produkten beliefert, die kein anderer Anbieter in ihrem Umfeld im Sortiment hat. In der Kundenansprache heißt das dann: »Diese original schwäbischen Maultaschen stellt ein befreundeter Betrieb von der Schwäbischen Alb für uns her.«
- Nach dem Feiertagsgeschäft muss wieder Zeit für Planung und Kontrolle sein: Wie wahrscheinlich wird die Erreichung der Jahressollzahlen? Wie können die Umsatz- und Kundenzahlen noch verbessert werden? Die Kommunikation zu allen VerkäuferInnen und das gemeinsame Arbeiten an den Zielen ist schon »die halbe Miete«.
- Bewerten Sie die in den ersten Monaten des Jahres schon durchgeführten Maßnahmen im Bereich Mitarbeiterweiterbildung: Was hat sich gelohnt? Was muss wiederholt oder intensiviert werden?

17. Kalenderwoche

- »Wir können auch süß«, so heißt Ihre Verkaufsförderungsaktion, mit der Sie die »Desserts auf neue Art« in den Mittelpunkt rücken. Sie werden alleine mit Desserts nicht die großen Umsätze machen. Aber das Thema Dessert beweist, dass Sie eine übergreifende Kompetenz für gutes Essen haben. Und am Aktionsstand steht eine Riesenpfanne, in der Sie Kaiserschmarrn zubereiten und verkosten lassen.
- Ermuntern Sie alle VerkäuferInnen dazu, die vielen guten Chancen für Probieraktionen an der Theke auch umzusetzen. Sie wissen ja: Wer probiert hat, hat schon halb gekauft.

• Prüfen Sie den Veranstaltungskalender in Ihrer Lokalzeitung: Welches wichtige regionale Ereignis ist ein guter Anlass für eine Aktion an unserer Theke?

18. Kalenderwoche

• Bald ist Muttertag: Wie sieht Ihre freundliche Geste an die einkaufenden Mütter aus?

• Jetzt muss alles für die Grillsaison stehen: Grillgeräte und Holzkohle, Fleisch und Marinaden in vielen neuen Varianten. Das Grillgeschäft kann jetzt jeden Tag beginnen – beachten Sie auch den Wetterbericht!

• Wenn ohnehin ein Anlass besteht, etwas gemeinsam mit den Mitarbeitern zu feiern, laden Sie in ein Restaurant mit gehobenem Service ein. Der Nebeneffekt: Die VerkäuferInnen sollten erleben, wie ein gehobener Service das Produkt aufwertet und einen höheren Preis rechtfertigt.

• Überprüfen Sie Ihr eigenes Führungsverhalten und seien Sie mal wieder eine Stunde lang mit sich »in Klausur«: Gehen Sie als Vorbild voran? Loben Sie, wenn etwas wirklich gut gemacht wurde?

19. Kalenderwoche

• Der Monat Mai ist der farbenfrohste Monat in der Natur – und alle Menschen freuen sich darüber. Können Ihr Geschäft und Ihre Theke mit dieser Farbenpracht mithalten? Abwechslung in den Präsentationsplatten, Thekenpreisschildern, Namensschildern, Berufskleidung u. a. kann helfen.

• Die aktuelle Verkaufsförderungsaktion zeigt »Unsere ganz privaten Lieblingsgerichte«. Dazu gibt es ein Werbemittel, das alle VerkäuferInnen porträtiert und die jeweiligen Lieblingsgerichte beschreibt. Natürlich haben wir alle nur Lieblingsgerichte, die es in unserer Theke auch zu kaufen gibt!

• Nehmen Sie sich als Führungskraft mal wieder ausreichend Zeit, um einfach nur zu beobachten. Ziehen Sie sich öfter mal für eine Stunde raus aus dem Stress, selbst produktiv sein zu müssen. Beobachten Sie in Ruhe: Was fehlt den KundInnen? Was fehlt den MitarbeiterInnen? Sie sind als Führungskraft für das Wohlergehen beider Gruppen verantwortlich.

20. Kalenderwoche

• Ihre aktuelle Verkaufsaktion präsentiert »Die leichte Küche Asiens«. Für die Kunden gibt es ein kleines Schälchen hausgemachter »Tom-Ka-Gai«-Suppe (Hühnersuppe mit Kokosnuss und Koriander). Diese Aktion fördert vor allem die Umsätze an der Frischfleischtheke. Wir bieten aber auch die erforderlichen frischen Kräuter, Zitronengrass und Gewürzpasten an.

• Zwischen Ostern und Pfingsten ist ein guter Zeitraum, um die innerbetriebliche Weiterbildung wieder zu stärken. Reservieren Sie einen Tag für ein Seminar »Erfolgreiche Kommunikation im Verkauf«. Da dafür meist nur der Sonntag zur Verfügung steht, planen Sie das Seminar in einem attraktiven Umfeld und verbinden Fortbildung mit Belohnung. Je besser das Seminar und je schöner der Ort ist, desto weniger muss die ganze Seminarzeit als Arbeitszeit gelten.

21. Kalenderwoche

• Der Sommer kommt. Definieren Sie alle Produkte, die zu Ihrem »sommerlich leicht«-Programm gehören. Für diese gibt es jetzt eine neue zentrale Präsentationsfläche in der Theke – wenn die Theke groß genug ist, eine Zweitpräsentation in der Theke. Dazu dann eigene Thekenpreisschilder, die auf das Thema hinweisen. Und natürlich lassen wie die Aktionsprodukte bevorzugt probieren.

- Wann haben Sie zuletzt allen VerkäuferInnen die betrieblichen Zahlen erklärt? Diese Aktion lohnt immer. Erläutern Sie, warum wir diese Sollzahlen zu »VerkäuferInnenumsatz pro Stunde« oder »Durchschnittseinkauf pro Kunde« brauchen. Und am besten locken Sie mit einer Belohnung bei der Erreichung der Sollzahlen.
- Prüfen Sie die Urlaubsplanung für den Sommer. Jeder soll dann Urlaub nehmen dürfen, wenn er ihn möchte – aber die betrieblichen Bedürfnisse müssen im Zweifelsfall vorgehen!

22. Kalenderwoche

- Jede Bedientheke bietet viele Produkte, die man gut zusätzlich SB-verpackt in einer Zweitplatzierung anbieten kann. Das macht wenig Arbeit und schafft Zusatzumsätze.
- Haben Sie alle Werbemedien, über die Sie an der Bedientheke und im Laden verfügen, optimal eingesetzt? Vom Schaufenster bis zum Waagenbildschirm, von der Thekenrückwand bis zum Verpackungsmaterial. Gehen Sie in einer ruhigen Stunde alle Möglichkeiten für Werbekontakte durch: Wo »verschenken« wir etwas oder nutzen das nicht, was wir haben?
- Sich selbst kritisch fragen: Bin ich selbst zu all dem, was ich von meinen VerkäuferInnen fordere, ein Vorbild? Prüfen Sie auch die »Kleinigkeiten«, etwa die häufige Verwendung von »Danke« und »Bitte«, das Loben und Anerkennen.

23. Kalenderwoche

- »Kulinarische Streifzüge durch deutsche Urlaubsregionen«, so heißt Ihre aktuelle Verkaufsförderungsaktion. Urlaub im eigenen Land ist ein Trend, und dazu gehören die kulinarischen Besonderheiten. Zeigen Sie, was es aus Franken und dem Rheingau, von der Ostseeküste und aus dem Schwarzwald alles an Besonderheiten gibt. Kleine Wappen mit Regionalzeichen an den Preisschildern erleichtern den Kunden die Orientierung, welche Spezialität woher kommt.
- Alles Gute muss regelmäßig überprüft werden. Wir bekennen uns zum Prinzip »Diversity« in der Personalführung und wissen um die Vorteile von »gemischten Teams«. Aber die Vielfalt der Menschen bringt zwar viele gute Vorschläge, ist aber manchmal auch unbequem. Deshalb überprüfen, dass sich die verschiedenen MitarbeiterInnen jeweils gegenseitig akzeptieren und wertschätzen (und nicht nur tolerieren).

24. Kalenderwoche

- Die wichtigsten Wochen der Grillsaison könnten schon vorbei sein. Was gibt es am Sortiment, dem Zusatzsortiment, der Präsentation u. a. zu verbessern? Nehmen Sie zum Feedback die VerkäuferInnen von der Fleischtheke mit dazu.
- Wechseln Sie wieder mal die Perspektive. Sehen Sie alles mit den Augen Ihrer KundInnen – vom Kundenparkplatz über den Eingangsbereich, über den Geruch im Laden bis zur Ware in der Theke und der Bedien- und Servicequalität. Wie bewerten Sie das, wenn Sie es aus dieser Perspektive sehen? Und dann bitte noch einmal Perspektive wechseln und alles mit den Augen der MitarbeiterInnen sehen (einschließlich sich selbst mit den Augen der Anderen sehen). Erkennen Sie die Verbesserungsmöglichkeiten?
- Sie planen sicher für den Herbst den Besuch von Fachmessen, die Sie sich jetzt im Kalender eintragen. Nehmen Sie VerkäuferInnen, die Sie fördern möchten, dazu mit. Das schafft auch viele gute Gelegenheiten zu ungezwungenen Gesprächen (da sagen MitarbeiterInnen oft mehr als im Besprechungsraum).

25. Kalenderwoche

- Wie heißt »Ihre Sommerwurst« in diesem Jahr? Was ist das Besondere daran? Wie schmeckt sie? Ist sie auch gut für die gesunde Ernährung? Wenn Sie kein neues Produkt haben, rücken Sie ein dazu geeignetes Produkt in den Mittelpunkt und loben es erfolgreich aus.
- Wiederholen Sie mit Ihren VerkäuferInnen die Zusatznutzen Ihrer Produkte und Ihres Geschäftes. Damit wichtiges Wissen sicher sitzt, muss es einfach immer wieder wiederholt werden. Wie heißen die 10 wichtigsten Gründe, um gerade an Ihrer Theke einzukaufen?

26. Kalenderwoche

- Sommerdüfte und Sommerfarben in den Laden holen. Tomatensalat schmeckt das ganze Jahr nicht so gut wie jetzt, wo die vollreifen Tomaten aus heimischem

Anbau im Angebot sind. Und Fruchtsalate schmecken auch nie besser als im Hochsommer. Besonders duftintensive Früchte, die sympathisch wirken, sind etwa Honig- und Galiamelonen.

- Show und Aktion im Laden: Hausgemachtes Pesto! Jetzt gibt es Basilikum auf dem Markt in dicken Büscheln zu kaufen. Machen Sie daraus im Laden eine große Show und zeigen Sie die Herstellung von Pesto. Davon werden Sie nicht reich, aber Sie hinterlassen den Eindruck einer starken Kompetenz zum guten Essen aus frischen Zutaten. Und in den Geruch, der beim Stampfen des frischen Basilikums entsteht, werden sich KundInnen und MitarbeiterInnen verlieben.

27. Kalenderwoche

- Das erste Halbjahr ist vorüber. Ziehen Sie Bilanz: Wie wahrscheinlich ist die Erreichung der Sollzahlen? Um wie viel muss das zweite Halbjahr dafür noch besser werden? Wurden auch die »weichen« Ziele erreicht: Steigerung der Servicequalität, des Verpackungsniveaus, des Höflichkeitsniveaus?
- Als Führungskraft planen Sie jetzt schon das Herbstgeschäft. Jetzt können Sie dafür noch die besten Ideen sammeln: Sie brauchen Produkte in der Theke, die kein Wettbewerber hat. Und Sie müssen Themen besetzen, die Ihnen niemand wegnehmen kann. Nehmen Sie Ihre VerkäuferInnen mit auf diese gedankliche Zukunftsreise in die nächsten Monate erfolgreichen Thekenverkaufs.

28. Kalenderwoche

- Nach den Ferien ist eine gute Zeit für Veranstaltungen. Bestimmen Sie jetzt Datum und Thema! Am besten, Sie verbinden eine Botschaft (Vortrag, Erklärung) mit einer attraktiven Verkostung. Besonders reizvoll sind Verkostungen, bei denen verschiedene Produkte miteinander korrespondieren. Beispiel: »Bordeaux, Schokolade und Salami – Einladung zu einem kontrastreichen Abend«
- Wie haben sich die Trends um Sie herum verändert? Welche neuen Trends sind im Entstehen? Was sind die »Trends hinter diesen Trends«? Wollen Sie vorne mit dabei sein, diesen Trends zu entsprechen? Oder glauben Sie, es wird besser sein, die Trendalternative

darzustellen? Was passt besser zu Ihnen und was erwarten Ihre Kunden von Ihnen?

29. Kalenderwoche

- »Vom Bauern das Beste« – in Zusammenarbeit mit BäuerInnen präsentieren Sie die guten Lebensmittel, die in unserer Heimat erzeugt werden. Und natürlich zeigen Sie an der Fleisch- und Wursttheke dazu die am besten regionale Herkunft der Schlachttiere. Wenn Sie lebende Tiere direkt beim Bauern einkaufen, dann zeigen Sie das auf schönen Fotos (die »Handschlagszene zwischen Bauer und Fleischer ist ein Sinnbild für fairen Handel zwischen gleichberechtigten Partnern).
- Als Führungskraft trainieren Sie mit Ihren VerkäuferInnen wieder einmal die vielfältigen Möglichkeiten der Verkostungsaktionen. Zeigen Sie vorbildlich, wie im Rahmen von Zusatzempfehlungen das Verkostungsangebot den zusätzlichen Einkauf wahrscheinlicher werden lässt.

30. Kalenderwoche

- »Urlaub zu Hause – wir kochen für Sie«. Im Rahmen Ihrer sommerlichen Verkaufsförderungsaktion stellen Sie den Menüservice im Mittelpunkt. Mit einer »Urlaub zu Hause«-Stempelkarte gibt es nach 10 eingekauften Menüs das 11. Menü gratis.
- VerkäuferInnen-Workshop »Schwierige Kunden«. Alle werden gern mitreden, denn jeder und jede weiß

von schwierigen KundInnen zu erzählen. Ihre Aufgabe als Führungskraft ist, die Chance von schwierigen KundInnen zu betonen. Denn: Nur schwierige Kunden brauchen kompetente VerkäuferInnen – die nicht schwierigen sind meist im Discount.

- Der Blick in den Spiegel: Wirke ich so, wie ich mir vorstelle, dass eine Führungskraft wirken sollte? Was kann ich selbst an meine Sprache, Körpersprache, Benehmen noch positiv verändern?

31. Kalenderwoche

- Jetzt beginnt die Saison des Federweißen: des Traubenmosts, dessen alkoholische Gärung gerade begonnen hat. Wir haben Federweißen aus der Region im Angebot und backen dazu Zwiebelkuchen für einen guten Zweck. Den frischen warmen Zwiebelkuchen verkaufen wir an einem Aktionsstand auch vor dem Ladengeschäft. Das bringt keinen Gewinn, gibt aber ein gutes Image.

- Die anstrengendsten Monate des Jahres an der Bedientheke kommen erst noch. Daher prüfen Sie jetzt: Stimmt Ihr Zeitmanagement? Haben Sie genug Zeit für das wirklich Wichtige oder sind Sie ausgelastet, die ganzen bloß dringenden Dinge zu erledigen? Wenn da ein Problem ist, heißt die Lösung häufig Delegieren. Sie suchen dabei die MitarbeiterInnen, die Ihr fachliches und persönliches Vertrauen haben.

Wenn Sie dann Verantwortung abgeben, haben Sie wieder etwas die Hände frei!

32. Kalenderwoche

- Salate, neu entdeckt. Damit locken Sie jetzt. Genau richtig, wenn im Hochsommer die Lust auf schwere Fleischgerichte weniger stark ist. In sicheren Verpackungen sind die verschiedenen Salate aus Rohkost und Fleisch mit Dressings in getrennten Behältnissen gut nach Hause oder zum Arbeitsplatz zu tragen.
- Sie lassen Testeinkäufe im eigenen Geschäft durchführen. Den Testeinkäufern geben Sie eine Checkliste für Bewertungen und Anregungen für Fragen an der Theke mit. Danach präsentieren Sie die Bewertungen im Rahmen einer Teambesprechung.

33. Kalenderwoche

- Sie stärken das Gemeinschaftsgefühl und den Zusammenhalt der VerkäuferInnen. Dazu besuchen Sie einen Hochseilgarten, Kletterpark oder auch ein Kartbahn. Viele Einrichtungen sind auf Besuche mit dem Ziel »Teambildung« vorbereitet. Das Erlebnis »Wir gehören zusammen, stärken und helfen uns gegenseitig« lohnt sich.
- Aufgabenverteilung überprüfen. Macht hier jeder das, wofür er wirklich qualifiziert ist, und macht hier jeder das, was ihm oder ihr auch Freude bereitet? Welche neuen Aufgabenbereiche können definiert werden und wer kann diese Verantwortung dann übernehmen?

34. Kalenderwoche

- Die Gesundheit der Mitarbeiter erhalten! Der Betrieb schafft Anreize, dass die VerkäuferInnen ins Fitnessstudio gehen: Wer einmal pro Woche hingeht, zahlt nur die Hälfte. Wer zweimal die Woche trainiert, erhält den Mitgliedsbeitrag komplett vom Betrieb bezahlt. Das lohnt sich schnell. Denn Krankheitstage sind teurer als das Fitnessstudio.
- Seminar für Führungskräfte zum Thema Führung. Es wird keiner als Führungskraft geboren, aber fast jeder, der es will, kann dazu gemacht werden. Geben Sie den VerkäuferInnen, die Führungsaufgaben übernehmen wollen, auch die Unterstützung auf dem Weg vom Kollegen zur Führungskraft.

35. Kalenderwoche

- Bald dürfen Sie Ihre »Herbstsalami« oder Ihren »Herbstschinken« des Jahres präsentieren – die Produkte sind natürlich etwas anders als die im Vorjahr. Sie loben die Besonderheiten aus und machen die KundInnen schon mal darauf neugierig, was es da ab September Neues gibt.
- Führungskräfte sind in der Erfüllung ihrer Aufgaben oft einsam. Suchen Sie sich daher einen Kreis von ähnlichen Menschen, mit denen Sie sich offen austauschen können. In allen Branchen gibt es Erfa-Kreise. Das Grundprinzip: Finde KollegInnen, die nicht deine Wettbewerber sind, und tausche mit ihnen Erfahrungen, Rezepte und Sorgen aus.

36. Kalenderwoche

- Lecker, natürlich und gesund. Das sind die Produkte, die Sie jetzt im Mittelpunkt stellen. Sie klären auf über Zutaten und Zusatzstoffe und werben mit der natürlichen Herkunft und dem unverfälschten Geschmack. Der freiwillige Verzicht auf zugelassene Zusatzstoffe oder traditionelle Herstellungsverfahren sind da besondere Pluspunkte.
- Bewerten Sie bewusst die Veränderung Ihres räumlichen Geschäftsumfeldes: Welche Geschäfte haben in letzter Zeit hier neu aufgemacht? Welche haben geschlossen und sind verschwunden? Wie hat sich die Bevölkerung hinsichtlich Alter, Haushaltsgröße und Kaufkraft verändert? Diese Beobachtungen helfen Ihnen bei der langfristigen Planung Ihres geschäftlichen Erfolgs.

37. Kalenderwoche

- »Die großen Rezepte der traditionellen deutschen Bratenküche« haben jetzt an Ihrer Theke einen »großen Bahnhof«. Als Menü zum Warmverzehr und »to go« wie auch als attraktive Glaskonserve lassen sie all das aufleben, was wir mit »Großmutters Küche« verbinden. Von der Rinderzunge in Madeirasoße, über den Kalbsnierenbraten, die Rinderbrust mit Meerrettichsoße oder die klassische Roulade – Ihre Kunden werden sich über dieses Stück gute deutsche Esstradition freuen.
- Kunden werben Kunden. Das ist ein gutes Prinzip. Die Abwandlungen »Mitarbeiter werben Kunden« oder »Mitarbeiter werben Mitarbeiter« funktionieren gleichfalls. Entwickeln Sie daraus mit attraktiven Prämien ein »Kundengewinnungsspiel«. Gerade auf Basis einer bereits bestehenden elektronischen Kundenkarte können Sie hier erfolgsbewährte Vorgehensweisen nutzen, welche von den großen Versandhausunternehmen mit jeder Bestellung vorgemacht werden.

38. Kalenderwoche

- Kulinarische Urlaubserinnerungen aus Italien. Im Imbiss gibt's Lasagne oder auch Vitello Tonnato, die Fleischtheke präsentiert die Kalbshaxenscheiben für »Ossobuco alla milanese« und an der Feinkosttheke stehen hausgemachte Nudelsoßen nach italienischen Rezepten. Italien hat schon unseren Vätern und Müttern geschmeckt, und ein Ende dieser kulinarischen Vorliebe ist nicht abzusehen.
- Nehmen Sie Ihre MitarbeiterInnen dorthin mit, wo die Kultur zum feinen Essen besonders gepflegt wird. Vielleicht ist es die Messe »SlowFood« in Stuttgart oder gleich der »Salone del Gusto« der gleichnamigen Feinschmecker-Organisation in Turin. Gönnen Sie sich selbst die Zeit, bei solchen Anlässen Anregungen aufzunehmen, mit denen Sie sich und die eigene Theke weiterentwickeln können. Und: Nehmen Sie Ihre VerkäuferInnen dahin mit! Lassen Sie sie an Ihren Erlebnissen teilhaben.

39. Kalenderwoche

- Wild aus heimischen Wäldern. Zum Herbstanfang genau das richtige Thema. Dazu gibt's an der Fleischtheke die frisch vorbereiteten Speisen wie »Wild-Maultaschen« oder »Hirschsalami« an der Wursttheke. Sollten Sie keinen Kontakt zu Jägern haben oder ihr Jäger immer daneben schießen: Aus Neuseeland gibt es ganzjährig verfügbar Wild in schönen Zuschnitten. Das Fleisch ist so zart, dass man sogar die »Sünde« vergisst, dass es um die halbe Erdkugel transportiert wird.
- Zusammen mit Ihren VerkäuferInnen trainieren Sie die Einwandbehandlung. Das heißt, Sie legen fest, wie wir auf Einwände der KundInnen, dass unsere Ware doch nicht so außergewöhnlich wäre, reagieren. Sie wissen ja: Einwandbehandlung ist die andere Seite der Nutzenargumentation.

40. Kalenderwoche

- Ganz exklusiv und nur mit persönlicher Einladung für Ihre besten Stammkunden gibt es einen Trüffelabend. Sie haben aus Ihrem Urlaub aus dem Piemont einige Hundert Gramm der schönsten weißen Alba-Trüffel mitgebracht. Der Klassiker ist, die Trüffel auf Bandnudeln zu servieren, die Sie kurz in Butter, Sahne, Parmesan und Knoblauch dünsten (Fettuccine al tartufo bianco). Alle werden von diesem Abend reden! Und es wird deutlich: Sie haben wirklich die ganz große Ahnung vom feinen Essen!

- Warenkunde trainieren. Es ist ein Muss in der innerbetrieblichen Fortbildung: das Lernen der Produkteigenschaften. Alle VerkäuferInnen müssen jederzeit ausloben können, was an unseren Produkten das wirklich Außergewöhnliche ist.

41. Kalenderwoche

- Viva España!, heißt es jetzt an Ihrer Theke. Eines der kulinarisch spannendsten Länder Europas ist bei Ihnen zu Gast. Am Aktionsstand im Laden (ersatzweise am Imbiss) steht eine Riesenpfanne, in der Sie Paella zubereiten. Paella ist ein wunderbares Gericht, denn es kommt vor allem auf die Qualität der Zutaten an. Beflaggen Sie in den spanischen Nationalfarben und bringen Sie die Serranos und die lockere Partystimmung der Spanier an Ihre Theke.

- Jetzt liegen die zehn umsatzstärksten Wochen des Jahres vor Ihnen. Was uns zur Erreichung unserer Sollzahlen jetzt noch fehlt, können wir noch aufholen. Aber die Zahlen und der Plan, wie wir das Soll erreichen, sollte zu allen VerkäuferInnen kommuniziert werden.

42. Kalenderwoche

- Die besten Steaks der Welt. Sie werden dieses große Versprechen erfüllen! Schaffen Sie Auswahl: Unterschiedliche Reifegrade und Herkünfte und verschiedene Steakzuschnitte, wie sie traditionell in Frankreich und den USA zu Hause sind. Zelebrieren Sie »Fleisch in seiner edelsten Form«, indem der Ladenfleischer vor den Augen der KundInnen die Scheiben vom ganzen Roastbeef abschneidet oder ganze Rinderkeulen im Fleischschauraum vom Laden aus erkennbar sind. Sie werden Fleischliebhaber von nah und fern anlocken!

- Wie haben sich Ihre Kunden langfristig verändert? Hinsichtlich Einkaufshäufigkeit, Durchschnittsumsatz oder gekaufter Menge. Und was sagt die Artikelstatistik Ihres Warenwirtschaftssystems: Was verkaufen wir heute mehr und was weniger als noch vor zwei, drei Jahren? Werden diese Trends anhalten? Wie reagieren wir darauf?

43. Kalenderwoche

- Schweizer Wochen: Raclette, Fondue und Fendant. Mit Raclette und Fondue beleben wir einen kulinarischen Trend zum geselligen Essen, bei dem Fleisch eine wichtige Rolle spielt. Ähnlich wie bei den Aktionen rund ums Grillen sind auch hier die Geräte wichtig. Wenn Sie beim Grillen den erfolgreichen Einstieg in Non-Food geschafft haben, dann machen Sie hier weiter.

- »Gekonnte Komplimente machen« mit den VerkäuferInnen trainieren. Das Gesprächsniveau an der Bedientheke darf immer noch ein Stückchen weiter nach oben geschraubt werden. Denn die reinen »Billigkunden« wandern eh zum Discount ab. Bedientheke ist, wo Kultur ist. Und diese Kultur muss in den guten Manieren und den gepflegten Umgangsformen der VerkäuferInnen erkennbar sein. Es gilt: »Alle freuen sich über gutes Benehmen, auch die, die es selbst gar nicht kennen.«

44. Kalenderwoche

- Geflügel-Spezialitäten-Wochen. Viele Fleischtheken haben im Bereich Geflügel viel aufzuholen! Gerade die hochwertigen Freiland-Qualitäten, die schweren ausgemästeten Hähnchen und die Puten, deren Mast keine Tierquälerei darstellt, sind die Produkte, die uns abheben. Wer bei den deutschen Lieferanten nicht zufrieden ist: Die Franzosen sind traditionell die erfahrenen Fachleute im Geflügelbereich.
- Personalbedarf überprüfen: Reichen die eigenen und fest angestellten Mitarbeiter für die bevorstehenden umsatzstarken Wochen des Jahres? Oder müssen wir bis 31.12. befristet Aushilfskräfte einstellen? Eine erfahrene Bedienkraft kann links und rechts je eine weniger erfahrene Aushilfskraft anleiten, unterstützen und kontrollieren.

45. Kalenderwoche

- Österreichische Rindfleischwochen. Das wird die letzte Verkaufsförderungsaktion des Jahres. Denn: Aktionen sind gute Werbung, machen aber auch viel Arbeit. Und Sie brauchen jetzt – von Woche zu Woche mehr – alle Kräfte im Verkauf und nicht mehr so sehr an Verkostungs- und Aktionsständen. Aber das gute gekochte Rindfleisch mit Meerrettichgemüse und Bouillonkartoffeln im Mittelpunkt zu stellen, das passt jetzt.
- Jetzt ist genau der richtige Zeitpunkt für eine Preiserhöhung! Prüfen Sie mal: Sie werden sehen, dass Sie dringend eine Preiserhöhung brauchen. Und in der langsam einsetzenden Weihnachts-Vorfreude nimmt diese kaum jemand wahr. Informieren Sie aber alle MitarbeiterInnen. Die Bedienkräfte müssen auf Preiserhöhungen immer vorbereitet sein.

46. Kalenderwoche

- Bei Ihren regelmäßigen Wochenangeboten bewerben Sie jetzt nicht mehr, was eh zu knapp ist und nur noch zu sehr hohen Preisen eingekauft werden kann. Es gibt also jetzt keine Sonderangebote zu Roastbeef und Rinderfilet, Kalbsschnitzel und Lammlachsen. Sie werden – wie jedes Jahr – bald Mühe haben, diese Edelteile ausreichend verfügbar zu haben.
- Weihnachtsgeflügel bekannt machen. Erklären Sie die besondere, natürliche und tierfreundliche Herkunft Ihres Weihnachtsgeflügels. Das sollte auch so sein, denn die Billiggänse gibt's ja im Discount – dazu braucht Sie der Kunde nicht. Und machen Sie deutlich, dass so hochwertiges Fleisch vorbestellt werden muss. Eine Vorbestellung sollte immer eine Teilzahlung vorsehen (dann wird auch garantiert abgeholt).

47. Kalenderwoche

- Spätestens in dieser Woche ist Ihre Bedientheke auf Weihnachtsniveau. Das heißt, es gibt viele Besonderheiten, die wir nicht das ganze Jahr im Angebot haben. Präsentieren Sie diese entsprechend, vielleicht mit einem Thekenpreisschild, das einen goldfarbenen Fond hat.
- Prüfen Sie, dass Sie gerade für die starken bevorstehenden Wochen ausreichend Verpackungsmaterial haben. Auch hochwertige Einkaufstaschen werden jetzt an der Kasse gerne dazugekauft. Denn: Die Einkäufe werden jetzt schwerer, hochwertiger und teurer!

48. Kalenderwoche

- 1. Advent! Wir sind jetzt im Jahresendspurt! Ab jetzt wird alles zurückgestellt, was nicht mehr direkt dem erfolgreichen Geschäft der letzten Wochen des Jahres nutzt. Alle VerkäuferInnen müssen wissen: Wir brauchen die starken Umsätze der nächsten Wochen, denn ab Januar ist das Geschäft gleich wieder 30 bis 40 Prozent schwächer. Ausruhen können wir uns nach Silvester wieder!
- Gerade Ihre guten VerkäuferInnen werden jetzt Überstunden anhäufen. Informieren Sie, wie Überstunden gehandhabt werden. Motivieren Sie dazu, die starken Wochen durchzuhalten. Denn: Was Sie jetzt gar nicht brauchen, sind Ausfälle wegen Krankheit oder Kündigungen!

49. Kalenderwoche

- 2. Advent. Inzwischen liegen die ersten Weihnachtsbestellungen vor. Motivieren Sie Ihr Verkaufsteam mit Lob und Anerkennungen, freundlichen Gesten und auch mal mit zusätzlichen Einladungen zu Kuchen oder Feierabend-Sekt. Geben Sie die Parole aus: »Wir machen dieses Jahr den umsatzstärksten Dezember, den wir je hatten.«

240

- Das Weihnachtsgeld sollte – sofern es eines gibt – inzwischen ausbezahlt sein. Es soll ja auch motivieren und nicht nur im Nachhinein belohnen.
- Entscheiden Sie: Gibt es Kundengeschenke zu Weihnachten oder spenden wir für einen wohltätigen Zweck – dann sollte die Spende und der Zweck aber auch kommuniziert werden.

50. Kalenderwoche

- 3. Advent. Langsam läuft das Weihnachtsgeschäft heiß. Überprüfen Sie nochmals die Arbeitseinteilung für die Tage vor Heiligabend und die Tage vor Silvester. Reicht das? Schaffen die eingeteilten Mitarbeiter die bevorstehende Arbeit?
- Gerade wenn an der Theke immer öfter auch Kunden anstehen, ist es wichtig, das gute Benehmen zu kontrollieren. Denn Überlastung und Überarbeitung können zu leichter Reizbarkeit führen. Machen Sie selbst als Vorbild vor, wie man auch in schwierigen Situationen und bei »schwierigen Kunden« Haltung und gutes Benehmen bewahrt.

51. Kalenderwoche

- 4. Advent. Das wird jetzt wahrscheinlich die umsatzstärkste Woche des Jahres. Führungskräfte müssen jetzt mit Leistung vorangehen, jeden Tag für alle VerkäuferInnen gute Laune mitbringen und ihr ganzes Motivationstalent einbringen.
- Informieren Sie jeden Abend über die Tageseinnahmen. Machen Sie die VerkäuferInnen »hungrig« darauf, dass sie wirklich »den besten Dezember aller Zeiten« erreichen – und dafür dann auch eine Belohnung verdient haben.

- Schaffen Sie eine zuverlässige Organisation, dass alle Bestellungen rechtzeitig vorbereitet sind und sicher verpackt überreicht werden.

52. Kalenderwoche

- In dieser Woche werden Rinderfilets und andere Edelteilstücke oft knapp. Haben Sie rechtzeitig »gebunkert«?
- Vielen Kunden ist jetzt das Teuerste gerade gut genug. Haben Sie für ausreichend Auswahl an erlesenen Spezialitäten gesorgt?
- Reichen die üblichen Öffnungszeiten in dieser Woche oder brauchen Sie »Sonderöffnungszeiten« mit 30 Minuten mehr Zeit »nach hinten«?
- Wenn am Heiligen Abend und an Silvester alles gut überstanden ist, gibt es für alle Verkäuferin ein großes und persönliches Dankeschön von der Führungskraft oder der Inhaberfamilie.
- Wenn Sie sich als Familienbetrieb sehen, dann sollten Sie das Familiäre gerade mit den Weihnachtsglückwünschen erlebbar machen.

52. Ideenkalender

FÜR DAS KOMMENDE JAHR PLANE ICH FOLGENDE EVENTS/SPEZIALITÄTEN/AKTIONEN.

1. Kalenderwoche

2. Kalenderwoche

3. Kalenderwoche

4. Kalenderwoche

5. Kalenderwoche

6. Kalenderwoche

7. Kalenderwoche

8. Kalenderwoche

9. Kalenderwoche

10. Kalenderwoche

11. Kalenderwoche

12. Kalenderwoche

13. Kalenderwoche

14. Kalenderwoche

15. Kalenderwoche

16. Kalenderwoche

17. Kalenderwoche

18. Kalenderwoche

19. Kalenderwoche

20. Kalenderwoche

21. Kalenderwoche

22. Kalenderwoche

23. Kalenderwoche

24. Kalenderwoche

25. Kalenderwoche

26. Kalenderwoche

27. Kalenderwoche

28. Kalenderwoche

29. Kalenderwoche

30. Kalenderwoche

31. Kalenderwoche

32. Kalenderwoche

33. Kalenderwoche

34. Kalenderwoche

35. Kalenderwoche

36. Kalenderwoche

37. Kalenderwoche

38. Kalenderwoche

39. Kalenderwoche

40. Kalenderwoche

41. Kalenderwoche

42. Kalenderwoche

43. Kalenderwoche

44. Kalenderwoche

45. Kalenderwoche

46. Kalenderwoche

47. Kalenderwoche

48. Kalenderwoche

49. Kalenderwoche

50. Kalenderwoche

51. Kalenderwoche

52. Kalenderwoche

🐑 ÜBER DEN AUTOR

Der Unternehmensberater Fritz Gempel arbeitet seit über 20 Jahren für den Erfolg seiner Kunden. Er hat mit 16 Jahren Fleischer gelernt, die Meisterprüfung abgelegt, war Pressesprecher des Fleischerverbands Bayern, Chefredakteur einer Fachzeitschrift und Marketingleiter eines Beratungsunternehmens.

Heute ist er ein angesehener Berater, Trainer und Referent. Das Besserwerden eines Unternehmens beginnt für ihn beim Besserwerden der MitarbeiterInnen.

»Wenn Gewinn rauskommen soll, brauchen die Leute im Betrieb Spaß, persönlichen Vorteil und Entwicklungschancen«, sagt er und realisiert in den Unternehmen betriebliche Weiterbildungspläne, Zielvereinbarungen und Beteiligungsmodelle.

In diesem Fachbuch hat er seine erfolgreichsten Tipps für die Herausbildung von Verkäuferpersönlichkeiten gebündelt.

DANKSAGUNGEN

Die Arbeit vieler Hände hat zur Entstehung dieses Buches beigetragen. An dieser Stelle möchte ich einigen davon - stellvertretend für viele weitere nicht namentlich Genannte - herzlich danken:

Der Metzgerei Failenschmid aus St. Johann-Gächingen für die Zurverfügungstellung von Ergebnissen aus der innerbetrieblichen Weiterbildung sowie der Bereitschaft zum Fotoshooting in der Markthalle Reutlingen.

Der Gärtnerei Hespeler, der Feinkosterei Drammis und der Fischspezialitäten Markthalle GmbH aus der Markthalle in Reutlingen für die Unterstützung bei Fotoaufnahmen.

Der Feinkosterei Weller aus Stuttgart für die Bereitstellung von Verkäuferkleidung. Dem Fotografen Hartmut Seehuber und seinem Assistenten, die für viele schöne Bilder in diesem Buch verantwortlich sind.

Mein Dank geht an den Deutschen Fachverlag/Matthaes Verlag für eine hochprofessionelle Partnerschaft bei der Vorbereitung dieses Buches; besonders danke ich dabei Frau Bruni Thiemeyer und Herrn Stephan Dürr aus dem Buchverlag sowie Frau Jeanne van Stuyvenberg für Satz und Gestaltung. Ich danke den vielen VerkäuferInnen, die sich freundlicherweise als Model für viele Fotos zur Verfügung gestellt haben, unter anderem Herr Bastian Brüstle, Frau Michaela Egler, Herrn Dennis Ludwig, Herrn Karl-Heinz Pfitzer, Frau Angelika Schwenker und Herrn Janosch Vecernjes.

Mein Dank gilt meinem langjährigen Mitarbeiter, Herrn Thomas Detzel, für zuverlässige Unterstützung.

Und zuletzt gilt mein Dank vor allem meinen KundInnen. In über 20 Jahren Beratungstätigkeit konnte ich viele wertvolle Erfahrungen in renommierten Unternehmen sammeln, die in dieses Buch eingeflossen sind. Es sind Erfahrungen, die zeigen: »So kannst du es machen, so ist es schon öfter gut gegangen.« Und manchmal zeigen diese Erfahrungen auch: »So solltest du es nicht machen, so ist es schon mal schiefgegangen.« Das Gute für Sie ist daran: Die Empfehlungen dieses Buches sind keine bloße Theorie, nichts einfach an der Computertastatur Ausgedachtes, sondern es sind die Praxiserfahrungen der Erfolgreichen in der Lebensmittelbranche.

Fritz Gempel

BILDNACHWEIS